RODRIGO MOTTA   WAGNER CASTROPIL   WAGNER HILÁRIO

JORNADAS HEROICAS

O ESPORTISMO COMO INSTRUMENTO DE APRENDIZAGEM NA PRÁTICA

ALTA BOOKS
E D I T O R A
Rio de Janeiro, 2020

Jornadas Heroicas
Copyright © 2020 da Starlin Alta Editora e Consultoria Eireli. ISBN: 978-65-552-0252-6

Todos os direitos estão reservados e protegidos por Lei. Nenhuma parte deste livro, sem autorização prévia por escrito da editora, poderá ser reproduzida ou transmitida. A violação dos Direitos Autorais é crime estabelecido na Lei nº 9.610/98 e com punição de acordo com o artigo 184 do Código Penal.

A editora não se responsabiliza pelo conteúdo da obra, formulada exclusivamente pelo(s) autor(es).

Marcas Registradas: Todos os termos mencionados e reconhecidos como Marca Registrada e/ou Comercial são de responsabilidade de seus proprietários. A editora informa não estar associada a nenhum produto e/ou fornecedor apresentado no livro.

Impresso no Brasil — 1ª Edição, 2020 — Edição revisada conforme o Acordo Ortográfico da Língua Portuguesa de 2009.

Produção Editorial Editora Alta Books	**Produtor Editorial** Illysabelle Trajano	**Marketing Editorial** Livia Carvalho marketing@altabooks.com.br	**Editor de Aquisição** José Rugeri j.rugeri@altabooks.com.br
Gerência Editorial Anderson Vieira		**Coordenação de Eventos** Viviane Paiva eventos@altabooks.com.br	
Gerência Comercial Daniele Fonseca			

Equipe Editorial Ian Verçosa Juliana de Oliveira Maria de Lourdes Borges Raquel Porto	Rodrigo Ramos Thales Silva Thiê Alves	**Equipe de Design** Larissa Lima Paulo Gomes

Revisão Gramatical Gabriella Araujo Hellen Suzuki	**Diagramação** Joyce Matos	**Projeto Gráfico | Capa** Larissa Lima

Publique seu livro com a Alta Books. Para mais informações envie um e-mail para autoria@altabooks.com.br

Obra disponível para venda corporativa e/ou personalizada. Para mais informações, fale com projetos@altabooks.com.br

Erratas e arquivos de apoio: No site da editora relatamos, com a devida correção, qualquer erro encontrado em nossos livros, bem como disponibilizamos arquivos de apoio se aplicáveis à obra em questão.

Acesse o site www.altabooks.com.br e procure pelo título do livro desejado para ter acesso às erratas, aos arquivos de apoio e/ou a outros conteúdos aplicáveis à obra.

Suporte Técnico: A obra é comercializada na forma em que está, sem direito a suporte técnico ou orientação pessoal/exclusiva ao leitor.

A editora não se responsabiliza pela manutenção, atualização e idioma dos sites referidos pelos autores nesta obra.

Ouvidoria: ouvidoria@altabooks.com.br

Dados Internacionais de Catalogação na Publicação (CIP) de acordo com ISBD

M921j   Motta, Rodrigo
            Jornadas Heroicas: o Esportismo como instrumento de aprendizagem na prática / Rodrigo Motta, Wagner Castropil, Wagner Hilário. - Rio de Janeiro : Alta Books, 2020.
            288 p. ; 16cm x 23cm.

            Inclui bibliografia.
            ISBN: 978-65-552-0252-6

            1. Esportes. 2. Judô. I. Castropil, Wagner. II. Hilário, Wagner. III. Título.

2020-1363   CDD 796.8152
                                           CDU 796.853.23

Elaborado por Vagner Rodolfo da Silva - CRB-8/9410

Rua Viúva Cláudio, 291 — Bairro Industrial do Jacaré
CEP: 20.970-031 — Rio de Janeiro (RJ)
Tels.: (21) 3278-8069 / 3278-8419
www.altabooks.com.br — altabooks@altabooks.com.br
www.facebook.com/altabooks — www.instagram.com/altabooks

AGRADECIMENTOS

Agradeço aos meus parceiros desta obra, Wagner e Castropil, por terem dedicado anos de pesquisas e trabalhos para concluir o livro, o qual espero que seja útil para os leitores em seus desafios pessoais e profissionais. O meu muito obrigado também a todos os entrevistados, Marília, Salibi, José Vicente, Brunoro, Canto e Lemann, que dividiram com os autores suas histórias de vida, para que elas pudessem ser utilizadas para demonstrar a vitalidade das competências do Esportismo: atitude, visão, estratégia, execução e trabalho em equipe. É necessário reconhecer também a prefaciante, doutora Maria Amélia, que agregou densidade teórica à obra, algo necessário para uma teoria que se propõe a causar um impacto abrangente e duradouro na sociedade. Finalmente, meu eterno reconhecimento a todos os familiares, e para agradecer a todos, agradeço ao meu pai, Ivan Martins Motta, que além de ter tido uma trajetória longa e vitoriosa como executivo, empresário e professor, é um esportista apaixonado, que não poupou esforços e recursos para que eu e meus irmãos praticássemos esportes.

— Rodrigo Motta

"Mens sana in corpore sano" era um mantra que escutava em casa desde pequenino. Sou eternamente grato aos meus pais por isso. Aos meus mestres no esporte: Luiz Tambucci que me fez faixa-preta, João Gonçalves que me fez atleta e Chiaki Ishii que me fez judoca. Arigatô!! Espero poder transmitir tudo o que aprendi aos meus próximos: filhos, sobrinhos, amigos, netos, bisnetos, quem sabe... E um agradecimento especial à minha esposa e companheira Daniele, que compartilha comigo de todos estes princípios e que tem me ajudado a deixar a caminhada desta vida muito mais feliz!

— Wagner Castropil

Agradeço, em primeiro lugar, a Castropil e Motta, por me deixarem trilhar, ao lado deles, uma parte desta jornada Esportista, tão cheia de significado e inspiração para a vida. Agradeço, ainda e não poderia ser diferente, à minha família, pela inestimável e incondicional compreensão em relação ao tempo que precisei tirar deles para dedicar a este projeto. Finalmente, agradeço ao esporte, pelo infinito valor e sentido que traz em si.

— Wagner Hilário

A todos que enxergam no esporte
uma fonte de competências
para uma vida de realizações.

"Devemos nos lembrar que a essência do esporte
não está nas marcas alcançadas ou nos pontos somados,
mas nos esforços e na habilidade despendidos para atingi-los."

— Jigoro Kano, fundador do judô.

SUMÁRIO

PREFÁCIO   xi

INTRODUÇÃO   1

1 O Acidente   6

2 O Sacro Ofício Marcial   20

3 Via Crucis   36

4 O diagnóstico de Castropil   42

5 A História do Mentor   48

6 De lesões e decepções se realizou um sonho   62

7 Realização de Vida   70

8 A Recuperação   78

9 Vencer é todo dia   90

10 Para ser melhor sempre   98

11 A vida é uma luta   104

PERFIS ESPORTISTAS   116

EPÍLOGO   258

REFERÊNCIAS BIBLIOGRÁFICAS   271

AUTORES   273

PREFÁCIO

O ESPORTE TRANSFORMADO EM NATUREZA

— Maria Amelia Jundurian Corá[1]

Ao ser convidada para fazer o prefácio desta obra, imaginei que era um fruto de uma construção intelectual que tenho vivenciado com um dos autores e organizadores desta obra. E, assim, pensei que seria um texto elaborado a partir deste processo; mas, ao ler o livro, me vi motivada a trazer algumas possibilidades de reflexão, sobretudo de como a "leitura" destas histórias de vida poderiam configurar um processo de aprendizado que pudesse dar conta da diversidade de práticas vividas e apropriadas pelas experiências de cada um destes atores.

Evidente que partirei da ideia de que o esporte é uma prática social, dotada de relativa particularidade, que ocupou lugar central na vida de cada um destes personagens reais, em uma cumplicidade entre o esporte e o significado da vida que nos faz considerar como se dá esta passagem do atleta para o homem e vice-versa.

Para entender tudo isso, me debrucei em Bourdieu (1983, 1990, 2008) para compreender o *habitus* destes esportistas e, com isso, verificar as distinções dos "estilos de vida" que são determinadas nas escolhas feitas pelos sujeitos e como isso era fruto de competências culturais, escolares e técnicas.

O exercício, neste sentido, era partir da constituição de competências vivenciadas pela prática esportiva para perceber como estes homens consti-

---

1 · Graduada e Mestre em Administração, Doutora em Ciências Sociais pela Pontifícia Universidade Católica de São Paulo, atualmente é professora adjunta do curso de Administração da Universidade Federal de Alagoas campus Arapiraca.

tuem — ao mesmo tempo em que são constituídos — um campo de forças no qual um *habitus* se expressa pela conexão entre o esporte e o ser.

Bourdieu demonstra como objetividade e subjetividade se entrelaçam e se constituem em dois momentos de uma mesma operação epistêmico-social, tal qual pode ser observado na construção de vida destes atletas-homem.

É no sentido de conciliar essas duas formas de conhecimento, de práticas sociais e história de vida que fazem sentido, porque, no campo sociológico, trabalhar com a teoria de Bourdieu é justamente construir um "espaço relacional dos possíveis", que é denominado de campo, sem perder de vista que tal *locus* só existe em função dos agentes dotados de um *habitus* específico, que constitui o campo e as crenças que nele atualizam as práticas. Neste caso, trata-se de explicar como estes personagens do livro se predispõem a dedicar suas vidas ao esporte, sem necessariamente terem planejado tal investimento.

A respeito desse entrelaçamento, Bourdieu adverte que: "o *habitus* como sentido do jogo é jogo social incorporado, transformado em natureza" (Bourdieu, 1990a, p. 82).

Ainda debruçada nas obras de Bourdieu (1983), encontrei no texto "Como é possível ser esportivo?" uma reflexão sociológica sobre o campo do esporte. Neste texto, o autor afirma que:

❚❚ HÁ CONDIÇÕES SOCIAIS QUE TORNAM POSSÍVEL A CONSTITUIÇÃO DO SISTEMA DE INSTITUIÇÕES E DE AGENTES DIRETAMENTE OU INDIRETAMENTE LIGADOS À EXISTÊNCIA DE PRÁTICAS E DE CONSUMOS ESPORTIVOS. ISSO VAI DOS AGRUPAMENTOS 'ESPORTIVOS', PÚBLICOS OU PRIVADOS, QUE TÊM COMO FUNÇÃO ASSEGURAR A REPRESENTAÇÃO E A DEFESA DOS INTERESSES DOS PRATICANTES DE UM ESPORTE DETERMINADO E, AO MESMO TEMPO, ELABORAR E APLICAR AS NORMAS QUE REGEM ESTAS PRÁTICAS, ATÉ OS PRODUTORES E VENDEDORES DE BENS (EQUIPAMENTOS,

INSTRUMENTOS, VESTIMENTAS ESPECIAIS ETC.) E SERVIÇOS NECESSÁRIOS À PRÁTICA DO ESPORTE (PROFESSORES, INSTRUTORES, TREINADORES, MÉDICOS ESPECIALISTAS, JORNALISTAS ESPORTIVOS ETC.), E PRODUTORES E VENDEDORES DE ESPETÁCULOS ESPORTIVOS E DE BENS ASSOCIADOS (MALHAS, FOTOS DOS CAMPEÕES OU LOTERIAS ESPORTIVAS, POR EXEMPLO)".

Fazendo a contraposição com a obra *Jornadas Heroicas*, identifica-se na vivência de cada uma destas histórias de vida a constituição das condições sociais que tornam o sujeito esportista por meio de um *habitus*, de um estilo de vida e de um campo simbólico, sugerindo que os "interesses" e valores dos praticantes se harmonizam com as exigências correlativas da profissionalização, tanto da racionalização da preparação (treinamento) quanto da execução do exercício esportivo pela busca da maximização da eficácia específica (medida em "vitórias", "títulos" ou "records").

Neste momento passo para um outro olhar, agora como educadora do campo dos estudos organizacionais. O que se observa nesta obra é o processo de formação de competências que podem ser utilizadas para além do esporte. É na aprendizagem pela prática de ser atleta que estas pessoas se tornaram profissionais reconhecidos nas suas áreas de atuação, compreendendo ainda que o livro é bastante pertinente ao trazer a teoria do Esportismo como forma de compreensão das competências narradas nestas histórias de vida.

Isso pode ser notado quando buscamos um entendimento sobre os ganhos da aprendizagem pela prática, assim Nicolini, Gherardi e Yanow (2003) afirmam que o "aqui e agora" das práticas em tempo real, o "saber" e o "fazer" promovem uma aprendizagem na interação social que não pode ser restringida a uma atividade cognitiva, visto que as pessoas e espaços de práticas se conectam.

Ou ainda na experiência trazida por Motta e Corá (2019), em que por meio dos espaços de trabalho, de confraternização e também de conflito e do inesperado que se induz a constituição de pensamento criativo e de inovação, melhorando a consciência do processo de aprendizagem.

Logo, as competências do Esportismo trazem a "energia para atitude", a "coragem para execução", a "vontade pela estratégia", virtudes de "líderes de visão" e o "espírito de equipe", tais competências simbolizadas pelo entendimento de sucesso na vida destes atletas-profissionais-pessoas.

REFERÊNCIAS:

BOURDIEU, Pierre. *A distinção*: crítica social do julgamento. São Paulo/Porto Alegre: Edusp/Zouk, 2008.

_____. *Coisas ditas*. São Paulo, Brasiliense, 1990.

_____. *Questões de sociologia*. Rio de Janeiro: Marco Zero, 1983. p. 136-153.

MOTTA, R. G.; CORÁ, M. A. J. Teoria do esportismo e as Economíadas: evento de festa e esporte universitário em São Paulo. *Revista Pensamento e Realidade*. São Paulo, v. 34, n. 1, p. 94-110, jan./mar. 2019.

NICOLINI, D., GHERARDI, S., YANOW, D. Introduction: towards a practice-based view of knowing and learning in organizations. In: Nicolini, D.; Gherardi, S.; Yanow, D. (Eds.), *Knowing in Organisations*: A Practice-Based Approach. Londres: Sharpe, 2003.

INTRODUÇÃO

A ORIGEM CHEIA DE VIDA, SIGNIFICADO E HISTÓRIAS DE UMA TEORIA

Dar vida a uma teoria, com toda a carga emocional e narrativa que uma vida merece, é a grande finalidade da obra *Jornadas Heroicas: O Esportismo como instrumento de aprendizagem na prática*. Como se pode notar pelo título, trata-se de uma obra que se propõe a contar histórias com toda a conotação mítica, na acepção junguiana[1], que lhes cabe. Estamos falando de jornadas relacionadas à superação de adversidades em busca da realização de uma visão inspiradora.

Contudo, para entender melhor o que se quer dizer com "dar vida a uma teoria", é preciso explicar alguns fatos que precedem a concepção de *Jornadas Heroicas*.

Em 2010, Rodrigo Motta e Wagner Castropil, autores e personagens deste livro, escreveram outra obra intitulada *Esportismo: Valores do esporte para o alto desempenho pessoal e profissional*. O objetivo do livro era apresentar a teoria do Esportismo, segundo a qual a vivência do esporte competitivo dota as pessoas de cinco competências que são fundamentais para a autorrealização pessoal e profissional. Tais competências seriam: atitude, visão, estratégia, execução e teamwork (trabalho em equipe).

No *Esportismo* (a obra), os autores mostram, conceitualmente, amparados em alguns exemplos de profissionais, em que consistem as competências e

---

1 · "O que se é, mediante uma intuição interior, e o que o homem parece ser sub specie aeternitatis só pode ser expresso através de um mito. Este último é mais individual e exprime a vida mais exatamente do que o faz a ciência, que trabalha com noções médias, genéricas demais para poder dar uma ideia justa da riqueza múltipla e subjetiva de uma vida individual." C. G. Jung. *Memórias, Sonhos e Reflexões*. Nova Fronteira, 18. ed., 1975. p. 19.

como elas se inter-relacionam. Basicamente, explicam que a **atitude** é uma competência que funciona como uma misteriosa e inspiradora força que empurra o "esportista" em uma dada direção. O papel do "esportista", nesse caso, é alimentar esse impulso e descobrir aonde ele quer levá-lo, não se deixando bloquear por nenhum obstáculo que inevitavelmente aparecerá.

A primeira obra explica também que, por meio da atitude, chega-se a uma **visão**: aonde eu, de fato, quero chegar. Com a clareza da visão, começa a ser possível aplicar competências de natureza mais racionais: traça-se a **estratégia** — "o grande plano", desenhado, se possível em detalhes, para se chegar à visão — e, a partir dessa estratégia, é a hora de pôr mãos à obra: a **execução**, realizar o plano, com os ajustes inevitáveis que a prática impõe à teoria.

No entanto, sozinhos não somos capazes de fazer muita coisa e, para alcançar a visão, é fundamental executar — quiçá agir, enxergar e planejar também — com **teamwork** (trabalho em equipe). A capacidade de envolver pessoas para que, juntas, alcancem um objetivo comum é, para muitos estudiosos, o principal salto evolutivo da espécie humana. É o famoso e gasto, mas verdadeiro: "a união faz a força". É dessa competência, essencial para qualquer pessoa realizadora, que estamos falando.

Medalha que ilustra a dinâmica das competências do Esportismo.

Em linhas bem gerais, o primeiro livro, *Esportismo*, cumpre esse papel, que podemos chamar de pedagógico ou didático. Porém, como se vê, essa visão predominantemente conceitual e teórica não dá a medida de quanta vida e humanidade há nesse processo.

Isso porque explicações conceituais a respeito de quaisquer temas os tornam frios e bem menos desafiadores e emocionantes do que o são na prática. Em outras palavras, completar o ciclo das competências do Esportismo traz muitos desafios e emoções, bem mais do que se pôde verificar na primeira obra. Foi justamente com o objetivo de rechear as competências de desafios e emoções, ou seja, de vida, que se decidiu escrever uma nova obra, contando histórias de pessoas que encontraram, no esporte, uma fonte de inspiração e de conhecimento prático para realizar seus objetivos e sonhos.

JORNADAS HEROICAS

Compreendida essa ideia, é possível dividir *Jornadas Heroicas* em dois pilares narrativos. O primeiro e basilar é autobiográfico. Nele, Castropil e Motta, com o texto do jornalista Wagner Hilário, contam, cada qual de sua perspectiva (a obra alterna três vozes narrativas: a de Motta, Castropil e uma terceira de caráter mais neutro), como foi a jornada percorrida por Motta para se recuperar de uma lesão gravíssima no joelho direito.

Motta entra na história como o paciente que quer voltar aos tatames e ao judô, esporte que ama com todas as forças e sem o qual não consegue se ver. Castropil, ortopedista e ex-judoca olímpico, participa da história como seu médico e mentor nessa complicadíssima recuperação. Não é exagero dizer que essa história real, compartilhada por ambos, foi a grande inspiração da teoria do Esportismo. Por isso, essa história se mostra tão apropriada para ilustrar suas competências.

O segundo pilar narrativo da obra, contudo, visa justamente mostrar que as competências do Esportismo não são encontradas apenas nas histórias vivenciadas pelos autores da teoria. Dessa forma, *Jornadas Heroicas* traz, além da história de Motta e Castropil, seis perfis robustos de pessoas autorreali-

4 ▪ JORNADAS HEROICAS

zadas e para as quais a prática esportiva contribuiu e contribui, claramente, para as suas realizações. Em todos os seis casos, é possível identificar as cinco competências do Esportismo. No entanto, procurou-se, em cada um deles, destacar uma das competências.

Os cinco personagens e a competência que cada um representa na obra são: Marilia Rocca, atualmente CEO da Hinode, mas com uma carreira executiva vasta e eclética, que ilustra a competência atitude; José Salibi Neto, fundador da HSM e hoje um dos principais palestrantes do país na área de gestão, cuja história ilustra a competência visão; José Vicente Marino, hoje presidente da Avon, mas que já comandou outras grandes multinacionais, que ilustra a competência estratégia; José Carlos Brunoro, ex-atleta e técnico de vôlei da Pirelli e da seleção brasileira, que dirigiu o futebol do Palmeiras em um dos seus períodos mais gloriosos, ilustra a competência execução; e, para completar, ilustrando a competência teamwork, Flávio Canto, judoca brasileiro, medalhista olímpico, apresentador de programas esportivos na TV e fundador do Instituto Reação, entidade que usa o judô como instrumento de inclusão social para crianças e jovens carentes.

O perfil-síntese do Esportismo, o sexto perfil, em que enfatizamos a interdependência das competências numa biografia de sucesso, tem como protagonista um dos maiores empresários do mundo, Jorge Paulo Lemann, sócio da Anheuser-Busch Inbev, maior cervejaria do mundo, e de empresas como Burger King e Lojas Americanas. O empresário de 81 anos, que até hoje joga tênis, esporte que pratica desde a infância e, em suas palavras, ajudou-o demais ao longo de toda a vida, mostra de forma exemplar a aplicação bem combinada de todas as competências.

Antes de terminar esta introdução-apresentação, vale frisar que, ao trazer histórias reais e explorar ao máximo essas narrativas, a obra ilustra, como poucas, não apenas o conceito do Esportismo, mas também a teoria da "aprendizagem na prática"[2], já que mostra como, no ambiente organizacional, administrativo e esportivo, o conhecimento se desenvolve de maneira

---

2 ▪ GHERALDI, Silvia; STRATI, Antonio. *Administração e Aprendizagem na Prática*. Campus, 2014.

circunstancial, fazendo de cada ambiente terreno fértil para germinar frutos de conhecimento únicos.

Em síntese, esse é o conteúdo de *Jornadas Heroicas*, cuja finalidade é contar boas e inspiradoras histórias, mostrando que teorias não nascem de reflexões frias e meramente racionais. No caso do Esportismo, a teoria se origina de uma prática cheia de vida e significado.

O ACIDENTE

A dor intensa me torceu os sentidos e irradiou do joelho até a minha visão: minha coxa estava virada para dentro. A ponta do joelho esquerdo apontava para a lateral do joelho direito, e eu não podia mudar aquela posição por meio de uma simples e automática ordem cerebral. Também não podia dormir, estava aceso, concentrado, ciente de tudo o que se passava, inclusive da dor. De verdade, não desejava mexer nada, nem dormir, só pensava em suportar, guardar energia e vencer o instante, que era só o começo de uma longa jornada.

Eu veria esse mesmo sentimento de autopreservação, concentração de energia, anos depois, nos olhos de minha mãe, dona Maria Alice. Ela, contudo, vivera situação bem mais crítica do que a minha. Passei por adversidades, mas conheço quem passou por outras bem maiores. De alguma forma, isso me faz crer que posso ir sempre além, que meu limite está sempre um pouco mais adiante.

Estava ali, estendido no tatame, guardando energias e suportando aquela dor severa, porque, de alguma maneira, eu havia falhado. Aquele castigo talvez tivesse sido duro demais, mas não nos cabe julgar os contratempos, avaliar se há ou não merecimento; cabe-nos superar, seja lá o que for.

Era 5 de outubro de 1998, uma segunda-feira. No dia 3, sábado, fizéramos uma festa de aniversário para minha esposa, Sintya. Não somos do Paraná. Eu sou paulistano. Ela, de Montes Claros, norte de Minas Gerais. Tínhamos nos casado em novembro de 1996, em Montes Claros, e nos mudamos para Curitiba em março de 1997. Estávamos há um ano e meio na capital paranaense, tempo de sobra para ela ingressar em uma universidade, para fazermos inúmeros amigos, para desfrutarmos de uma agradável vida e para nos sentirmos em casa.

Os excessos gastronômicos da festa do fim de semana me deixaram com fome de treino naquela segunda-feira de outubro. Dificilmente algo supera a minha vontade de treinar, mas, na ocasião, queimar as calorias indesejadas, ingeridas na festa, era um estímulo extra. Ao chegar ao clube, o tradicional Curitibano, encontrei "a casa" cheia. Os cascas-grossas estavam lá, em peso: Vilalba, Fioravante e cia.

Aquecemos, treinamos alguns golpes e demos início à parte que mais gosto: o randori: treino livre, no qual se deve lutar mais suave do que competitivamente, embora, na prática, não costume ser assim. Fiz o primeiro randori com Luís Henrique Vilalba, judoca gaúcho duro, competitivo, difícil de ser batido em qualquer contexto e, naturalmente, não seria diferente em um randori. Não lembro se o joguei mais do que fui jogado naquele randori. Apenas me lembro do que acontecia em outra luta, ao nosso lado.

Em um randori, vários judocas se "enfrentam" ao mesmo tempo, no mesmo tatame e, enquanto treinava com Vilalba, sensei Júlio, responsável pelo dojo do Curitibano, enfrentava um garotão faixa verde, que devia ter seus 14 anos. Contudo, ele era bem alto, mais alto do que Júlio, eu e Vilalba: tinha por volta de 1,90m. Era visivelmente forte também, devia pesar perto de 100kg.

Sensei Júlio, mesmo com toda a experiência, mesmo com toda a competência técnica, não reunia, à época, condições atléticas para enfrentá-lo em uma luta a valer: tinha por volta de 1,70m e pesava aproximadamente 150kg. Mas, ainda assim, dispunha-se a participar dos treinos, o que, a meu ver, era um ato de compromisso com os alunos.

O jovem gigante, contudo, não demonstrou a mesma consideração e, valendo-se de sua condição física privilegiada, fez questão de subjugar o sensei inúmeras vezes, derrubando-o, menos na técnica do que na força, e mostrando ser capaz de vencer um faixa preta.

Fiquei irritado. Mal terminou o randori com Vilalba, eu convidei o garoto para outro. Movido pela raiva e pela vontade de dar uma lição ao grandão, comecei a ferir um dos princípios mais caros do judô: o da suavidade ou da flexibilidade. Não fui maleável como deve ser um galho de salgueiro e como costumam ser os bons guerreiros. Fui rijo e seco e, por isso, coloquei-me em condições de quebrar.

TRABALHO E JUDÔ

Aos 29 anos, eu vivia um ótimo momento profissional na capital paranaense. Acabara de ser promovido a gerente comercial na Nutrimental, empresa de alimentos com uma boa linha de produtos desidratados e que desenvolvia sua marca de barra de cereais. Pouco menos de uma década antes, a companhia vencera uma baita crise: até o início dos anos 1990, tinha, no governo federal, seu principal e quase exclusivo cliente, até que o governo a deixou e ela precisou, efetivamente, sair para o mercado. O desafio foi vencido e a empresa crescia.

Cheguei lá para ajudá-la a crescer ainda mais. O desafio da Nutrimental era um combustível para mim. Estava acostumado a trabalhar em multinacionais, com inúmeros profissionais com formação similar à minha, aos quais eu consultava para tomar decisões. Na Nutrimental, uma empresa nacional, em desenvolvimento, eu tinha a caneta nas mãos e não dispunha desse "colegiado" para consultar antes de assinar uma decisão. O desafio me excitava.

Com a vida profissional e familiar em ordem, senti-me forte e tranquilo para seguir, paralelamente, com a minha paixão: o judô. Foi então que busquei o Clube Curitibano, onde treinavam alguns dos melhores judocas do estado e alguns dos melhores do país, como o bicampeão mundial universitário Rogério Cherubim. Fiz uma aplicação para ser sócio-atleta. No clube, devem ter achado estranho. Afinal, quando fiz, tinha de 28 para 29 anos de idade e não era comum alguém com essa idade buscar ser sócio-atleta de um clube como o Curitibano.

Aliás, nesse ponto, antes de seguir adiante com a narrativa e o contexto do fatídico dia, vale voltar alguns anos — antes, ainda, do meu casamento e da minha ida a Curitiba...

Para os que não se profissionalizam nem vivem do judô, como professores, há fases da vida que tornam sua prática quase impossível. No meu caso, depois que me formei e comecei a trabalhar, embora tenha ficado bem mais difícil seguir praticando o esporte, fazia questão de encontrar meios de manter-me judoca. Tive uma atenção especial a esse período, porque costumam dizer que é, ao lado da época de faculdade, o mais crítico para determinar se um judoca seguirá praticando a arte na maturidade ou não.

O fato é que, com essa preocupação, quando fui para Porto Alegre (RS), recém-formado e contratado pela P&G (Procter & Gamble), não demorei a encontrar lugar para treinar e que me desse, também, condições para competir. A academia ficava em Esteio, cidade da Grande Porto Alegre, e era formada por faixas pretas bastante competitivos. O treino era diferente do que eu me acostumara em São Paulo, com professores japoneses, que zelavam muito pela hierarquia. No Sul, fazíamos breve aquecimento — um futebol de meia — e um pouco de entrada de golpe e partíamos para o randori. Eram muitas e verdadeiras batalhas: um povo guerreiro, como o gaúcho, não seria diferente no tatame.

Competi bastante, Jogos Metropolitanos, Abertos etc., mas menos do que gostaria, em razão dos compromissos profissionais. Se os treinos eram batalhas, os campeonatos eram guerras. Venci algumas e vi, muitas vezes, pelo exemplo dos gaúchos, que, depois do esgotamento, você sempre tem um pouco mais de energia, basta querer ir mais longe e saber o momento de respirar fundo e concentrar todo o seu foco em um só propósito.

Foi um período em que aquela áurea de caserna parecia mais presente em minha vida, porque estava, muitas vezes, com os colegas. Algo similar ao que vivera na faculdade e nos círculos esportivos em São Paulo, mas, a essa altura, mais velho. Muitas vezes, após o treino, saíamos para comer e beber algo e passávamos um tempão falando sobre lutas, sobre adversários enfrentados e sobre os nossos ídolos no esporte, grandes judocas, como sensei Ishii ou outros medalhistas olímpicos, alguns, de ouro, como Aurélio Miguel e Rogério Sampaio.

Passar por essa época de começo no mercado de trabalho sem precisar me afastar do judô foi muito importante para que, anos depois, já em Curitiba e casado, eu me visse em condições de, aos 29 anos, fazer uma aplicação para ser sócio-atleta do Curitibano. Só não imaginava que viveria, no clube, o início de uma das experiências mais desafiadoras da minha vida.

O LANCE DE AZAR

Ao fim do primeiro randori, sensei Júlio estava visivelmente atordoado pelo castigo imposto por seu aluno faixa verde, e eu estava com raiva. Sendo bem sincero, queria dar um "esfrega" nele. Eu o chamei para o randori e, mal começamos, com mais experiência e técnica, contra sua força e envergadura, eu o dominei. Então, em desespero, ele aplicou um golpe chamado soto-makikomi: segurou minha manga esquerda, passou o braço esquerdo sobre meu ombro esquerdo, passou o quadril na frente do meu para fazer a alavanca e girou o corpo para me projetar e finalizar o golpe caindo por cima.

Mas, nesse meio tempo, uma falha de execução fez com que "o feito" dele fosse bem mais do que superar outro faixa preta naquele treino. Ao passar o quadril para aplicar o golpe, ele pisou no meu pé esquerdo e, ao girar o corpo para finalizar a ação, levou, com sua força e o peso do seu tronco, a parte de cima da minha perna, enquanto a parte de baixo estava travada pelos seus 100kg concentrados em seu pé esquerdo que estava sobre o meu. Senti o joelho esquerdo se desconstruir em uma torção lancinante.

Chamaram o médico do clube, que estava de folga. Chamaram o enfermeiro, não acharam, já tinha ido embora. Fazia uns 18°C. Enquanto o clube chamava a ambulância, senti um calor enorme e fiquei apenas de cuecas. Eu não sangrava, mas, pela posição da perna, a parte de baixo reta e a de cima virada para dentro, eu via que as pessoas viravam a cara.

JORNADAS HEROICAS

Logo depois, a sensação térmica se inverteu e senti tanto frio que meus colegas de treino me cobriram de quimonos e agasalhos. O fato é que, nesse meio-tempo, passou-se uma hora e nada da ambulância. Um dos colegas de treino, então, tomou uma medida extrema: pegou uma faca e cortou o tatame, que era revestido de uma lona verde, eu me lembro. Assim, improvisou uma maca e uns quatro caras a seguraram, comigo em cima, e me levaram para um carro. Lembro que era um Gol, mas, antes de darem a partida no motor, enfim, a ambulância chegou.

Eu não precisava de diagnóstico para saber que a lesão tinha sido séria, mas, se não soubesse, descobriria pela velocidade da ambulância... Como se eu fosse um frágil objeto, o motorista do veículo me conduziu até o hospital. Sua lentidão me angustiava e não me ajudava. Pelo menos, eu não percebia dessa forma. Quão mais lento seguia a ambulância, mais eu sentia a dor.

DEPOIS DO CASAMENTO

O acidente veio em um momento de retomada. Depois do período intenso de judô em Porto Alegre, saí da P&G e retornei a São Paulo, para trabalhar no grupo italiano Ferrero. Manoel, meu chefe na P&G, assumira uma função importante no grupo Ferrero e me levara com ele. Segui treinando forte e competindo por um bom período, até que reencontrei Sintya.

Durante o tempo que passei em Porto Alegre, trabalhando pela P&G, tive a oportunidade de viajar muito, não apenas a trabalho, mas também de folga. Na ocasião, pude, pela primeira vez, ir ao Nordeste, justamente na época em que Porto Seguro estava no auge da badalação. Eu me apaixonei pela cidade, pelos ritmos, pela praia... Por isso, voltaria lá e, em um Carnaval, conheci uma linda mulher, bronzeada do sol da estação, um sorriso que irradiava vida e um balanço que a fazia mais nativa daquelas praias do que filha da montanha norte-mineira. Enfim, era o que de melhor o verão poderia me oferecer.

Não a vi muitas vezes naquele Carnaval, porém foi-me entregue, na Quarta-Feira de Cinzas, na recepção da pousada onde eu estava hospedado, um bilhete, dela, com o seu endereço em Montes Claros e telefone. Não fui imediatamente ao seu encontro. Faltava-me sensibilidade para saber, de antemão, o que o destino nos reservava.

O fato é que, dois anos depois, quando já estava em São Paulo, na Ferrero, viajando tanto a trabalho quanto no período de Porto Alegre, eu tive a oportunidade de viajar para Montes Claros. Oportunidade de ouro para pegar o bilhete que havia guardado. Felizmente, ela não havia me esquecido. Agendamos e eu fui visitá-la.

Foi um reencontro sensacional: parecia que havíamos nos encontrado em Porto Seguro há uma semana. Logo, estávamos nos vendo quase todos os finais de semana. Para nos vermos, vencíamos, semanalmente, uma distância de 1,2 mil quilômetros, uma parte de avião e outra de ônibus. Considerando a volta, estamos falando de 2,4 mil quilômetros por semana. Sintya, então, propôs encurtar o caminho e passamos a nos encontrar em Belo Horizonte (MG).

Confesso que, nesta época, faltei a muitos campeonatos, chegando, até mesmo, a prejudicar a academia. O amor me cobrou um empenho que paguei com cabelos, literalmente. O estresse de ter de dar conta de inúmeros compromissos me fez perder cabelos de fato.

Sintya e eu, então, decidimos nos casar. Foi muito legal ver familiares e amigos fretarem um ônibus e encararem estradas horríveis para estar em Montes Claros para o nosso casamento. Mais uma vez, aquele espírito de camaradagem tão importante à nossa vida falou mais alto. Muitos colegas judocas encararam aquela maratona também, com o mesmo espírito de amizade que sempre tivemos nos treinos e nas intermináveis conversas sobre judô.

Depois da lua de mel, passamos a viver em São Paulo, mas por poucos meses. A proposta da Nutrimental apareceu e, logo, aprendi uma lição preciosa: quando você casa, nenhuma grande decisão é solitária. Assim, em março, Sintya e eu fomos para Curitiba, em uma decisão compartilhada.

NO HOSPITAL

No Hospital XV, fui recebido por médicos e enfermeiros de plantão que me olhavam assombrados. Era visível o estarrecimento deles diante da minha lesão. Essas lembranças são claras para mim até hoje. Eu estava desperto como costumo ficar quando entro no tatame para uma competição. A dor desperta nossa concentração.

Aquela multidão de médicos e enfermeiros à minha volta, prestando os primeiros socorros, não me passava segurança e ainda me dava falta de ar. Isso pareceu durar muito tempo, mas, do quase desespero, fui à esperança quando, na porta da sala, surgiu, luminoso (juro que foi assim que o vi, como se iluminasse o ambiente), um médico baixo, de bigode e olhar tranquilo, que depois descobriria ser o Dr. Sílvio Neupert Maschke. Soube, no instante, que aquele senhor me ajudaria muito.

Todos ficaram quietos quando ele chegou. Veio, olhou, pegou os exames e me disse:

— Você teve ruptura dos ligamentos cruzado anterior, posterior, colateral externo, medial, do nervo ciático…

Citou mais uns problemas que agora não me ocorrem e completou:

— Você vai ficar dois dias em repouso. Na quarta, passará por cirurgia.

No momento em que eu recebi o diagnóstico e a notícia de que ficaria internado por dois dias até ser submetido à cirurgia, Sintya chegou acompanhada de seu irmão, Wanderley, que estava passando uns dias conosco em Curitiba. Com a calma que lhe é peculiar, ela me ajudou a não perder o foco e suportar a dor.

Fui para o quarto do hospital e liguei para minha família. Minha mãe se desesperou e queria vir imediatamente para Curitiba, meu pai, Dr. Ivan Martins Motta, emendou uma bronca, como se eu ainda tivesse 8 anos de idade:

— Já está na hora de você parar com essa história de judô.

No quarto, fiquei vendo TV. Não conseguia dormir, por causa da dor. Por volta da meia-noite, pedi um cobertor. Estava com muito frio, gelado, tremia. Sintya foi conversar com o Dr. Sílvio sobre o meu frio desproporcional. Ele entrou no quarto com olhar bem mais grave que no primeiro encontro, puxou o cobertor e minha perna estava roxa e inchada.

— Houve rompimento vascular. Precisamos operar imediatamente, disse.

Perguntei se não tinham visto antes e ele explicou que os microvasos, às vezes, são capazes de manter a irrigação da perna nesse tipo de lesão por algum tempo, impedindo os médicos de diagnosticarem rapidamente a ruptura da artéria. O fato é que, no acidente, além da infindável lista de lesões, houvera um dilaceramento de 35 centímetros da artéria poplítea, a única responsável pela irrigação da perna e que passa pela parte de trás do joelho.

Tomei um Dormonid, fui anestesiado com uma raqui e me levaram para a sala de cirurgia, onde seria feita, por um cirurgião vascular, a ponte de safena para reconstituir a artéria poplítea. No entanto, a primeira raqui que tomei, por alguma razão, não cumpriu o papel desejado. Eu acordei no meio da cirurgia, senti uma dor insuportável e ergui o tronco. Então, vi meu joelho aberto, sendo operado. Berrei por causa da dor e da impressão que aquela visão me causava. Depois, Sintya e seu irmão, que estavam na sala de espera da clínica durante a cirurgia, revelariam ter escutado meu berro. O fato é que, para finalizar o procedimento, a equipe médica precisou me dar uma anestesia geral.

Embora, a princípio, a ideia fosse apenas reconstituir a artéria, Dr. Sílvio aproveitou para fazer o mesmo com o ligamento cruzado posterior. Depois de nove horas e meia, a cirurgia acabou.

O JUDÔ PARANAENSE

Com a chegada a Curitiba, retomei a dedicação ao judô, que não fora a desejada no período de namoro que precedeu meu casamento. Estar no Curitibano me colocava de cabeça nesse universo que amo desde a infância e do qual nunca me imaginei apartado. A ideia de, um dia, não poder mais praticar nem competir no judô não passava pela minha cabeça, era inadmissível, daquelas que me levavam a bater na madeira três vezes. Não queria sequer dar consciência à possibilidade.

O que me preocupava, efetivamente, àquela altura eram os meus resultados como judoca. Estava insatisfeito com meus desempenhos e treinava com a finalidade de corrigir meus erros e escrever uma respeitável história no judô paranaense. No início de 1998, estabeleci como meta ser campeão paranaense. Cismei com a ideia e, conforme a data da competição se aproximava, a tensão aumentava.

No grande dia, durante a viagem de ônibus de Curitiba a Toledo, onde seria a disputa, não consegui pregar os olhos. Após a pesagem, a tensão estava lá em cima. Pensei que passaria após a primeira luta e a vitória que obtive sobre um faixa marrom. Mas, de forma totalmente excepcional em minha história como judoca, o sucesso na primeira luta, em vez de me acalmar, deixou-me ainda mais tenso. O peso da responsabilidade que eu mesmo, em um acordo íntimo e tácito, havia colocado sobre os meus ombros estava tirando minha concentração.

A segunda luta foi com um faixa preta de uma cidade do interior paranaense. O judoca demonstrava, no rosto altivo, calma e concentração. Era destro e não tinha a pegada muito forte. Logo no início da luta, apliquei um tai-otoshi que valeu um yuko. Na sequência, mais um tai-otoshi que, desta vez, valeu-me um koka. Fui capaz de aplicar, ainda, um ouchi-gari, somando o segundo koka.

A luta estava controlada, mas, sem razão aparente, comecei a me sentir desconfortável no tatame. O adversário cresceu e passou a dominar as ações. Se eu, em termos de pontuação, tinha a luta na minha mão, mentalmente estava em desvantagem. Só conseguia me defender ou fugir das ações ofensivas dele.

Mesmo com a vantagem no placar, incomodei-me com a situação. Faltando dois minutos para o fim da luta (eternidade no judô), fiz uma pegada firme, sobre a cabeça dele, na parte de trás da gola, com a intenção de forçá-lo para baixo, numa demonstração de força e intimidação, que, no judô, é classificada com o termo "patolar".

O ACIDENTE • **17**

Porém ele mostrou que tinha recurso e que aquele jogo de força que eu propunha era ideal para o jogo dele: aproveitando o espaço que deixei sob meu braço ao pegá-lo por cima, ele aplicou, no tempo certo, um morote-seoi-nage, golpe de mão em que o atleta se agacha, virando de costas para o oponente, usa o quadril como alavanca, coloca o oponente em suas costas e o joga à sua frente... Ippon!

A sensação de frustração durou muito mais do que a longa volta de ônibus de Toledo para Curitiba. Ela me acompanhou até a competição seguinte: o "Torneio Marrom e Preta", disputado em Maringá, onde encontrei o judoca de olhar focado, desta vez, aparentando, para mim, mais autoconfiança do que da primeira vez. Na mesma medida em que ele me parecia mais seguro, eu me sentia mais inseguro. O fato é que eu não me via o vencendo.

A luta começou quase como a primeira: apliquei um tai-otoshi, que me valeu um yuko, e, depois, um ouchi-gari, em que pontuei um koka. Para que o fim fosse diferente, tentei aplicar um seoi-nage de joelhos, mas ele conseguiu bloquear e contragolpeou me virando de costas e aplicando uma imobilização. O juiz gritou osae-komi (imobilização) e a contagem foi aberta. Eu tinha 30 segundos para escapar e não sofrer mais uma derrota para ele.

Fiquei desesperado, confesso. Perder de novo, no mesmo contexto. Não queria ter este sentimento de impotência, de não conseguir superar, por toda a vida, um obstáculo que me barrou no passado. Com a força do desespero, consegui me virar de bruços, sair da imobilização e retornar à luta em pé. No final, venci a luta e fui vice-campeão do torneio.

Não ter sido derrotado novamente pelo mesmo adversário e nas mesmas condições, de vantagem desperdiçada, mais do que o vice-campeonato, trouxe-me uma sensação de alívio. Contudo, a noção de que estive tão perto dessa derrota quanto da vitória, traz-me, até hoje, uma incômoda sensação de impotência, que precisa ser superada todos os dias, por meio de uma atitude que só pode vir de dentro de mim.[1]

DESPERTAR

Depois da cirurgia, apareceu mais um inconveniente de uma série que parecia interminável desde o acidente no Curitibano. No dia seguinte ao procedimento, ao despertar, estava com uma enorme vontade, mas não conseguia urinar. Então, descobri, na prática e na pele, como funcionava uma sonda.

Adormeci de novo e acordei entre pacientes que pareciam ter acabado de passar por cirurgias cardíacas, alguns com angustiante dificuldade para respirar, "entubados". Notei que se tratava de uma UTI (Unidade de Terapia Intensiva) e fiquei aflito.

— Por que tô aqui? — Perguntei à enfermeira.

A resposta da moça, cujas palavras não lembro com precisão, não me trouxe a clareza tranquilizante que ansiava. Estava ali mais por precaução em razão da complexidade do procedimento e da minha situação, mas não foi bem isso o que ela me disse, e, na hora, não pude deixar de pensar no pior, até porque, um mês antes, o campeão da vela em Atlanta 96, Lars Grael, havia sofrido um acidente no mar e perdido uma das pernas.

> **" NOSSA MENTE É UMA FÁBRICA DE SONHOS E PESADELOS E NÃO PRECISAMOS DORMIR PARA PRODUZI-LOS."**

Claro que, no meu caso, havia pouca margem para sonhos e muita para pesadelos. Assim, diante da evasiva resposta da enfermeira, associei minha

---

1 · Há um provérbio oriental muito disseminado que, em grande medida, sintetiza o princípio da atitude, uma competência que não se aprende em aula, não se aprende de fora para dentro, mas de dentro para fora: "Se caíres sete vezes, levanta-te oito." Essa força, essa disposição para não se entregar à frustração, à decepção, é também o que classificamos como atitude.

situação a pesadelos reais, como o de Lars Grael, e, por um rápido instante, imaginei e me senti sem a perna esquerda. Arranquei todas as cobertas e, com muito alívio, descobri que minha realidade era menos trágica que minha imaginação fazia supor: a perna ainda estava lá. Pude, então, respirar aliviado.

Mas estar hospitalizado não nos costuma permitir muito tempo de alívio. Foram dias difíceis aqueles que somaram as duas semanas que passei internado. Nos sete primeiros dias, não consegui ir ao banheiro, só com sonda. Embora a lesão tenha sido no joelho, naquela época, a dor, das lesões e das cirurgias, era controlada com morfina, que inibe a vontade de urinar e defecar. A morfina diminui a peristalse (movimento muscular) da bexiga e do intestino. Por isso, eu tinha dificuldade de ir ao banheiro.

As duas semanas que passei hospitalizado foram, para mim, piores do que o instante da lesão em si. Como saldo e prova do que estou dizendo, ao fim do período, eu estava pesando 61kg — 12 a menos do que eu tinha depois dos excessos gastronômicos do aniversário da Sintya. A dor é um cruel inibidor de apetite e de sono, e, mesmo com a morfina e seus indesejáveis efeitos colaterais, eu senti bastante dor ao longo de todos aqueles dias.

Porém embora eu soubesse que, àquela altura, a situação colocava sob risco de amputação um membro do meu corpo e que preservá-la deveria ser a minha maior preocupação, o que eu mais temia perder, de verdade, era o judô.

Por isso, foi importante para mim, ao sair da UTI, receber a carga de afeto que eu recebi. À minha espera, na ocasião, estavam, além da Sintya, do meu irmão e da minha mãe, um dos meus senseis, Rioiti Uchida, que veio de São Paulo assim que soube do acidente. Ele ficou em Curitiba até se certificar de que eu estava melhor e havia saído da UTI. Eu o encontrei sentado, com a postura ereta, serena e concentrada. Sorriu, generoso, ao me ver, e foi embora naquele dia. Chegaram, depois, ainda, dois grandes e fiéis amigos de São Paulo: Daniel e Eduardo Quilici.

Ali, tive certeza de que não me faltariam aliados ao longo da jornada incerta que teria de trilhar dali para frente.

O SACRO OFÍCIO MARCIAL

2

O primeiro grande sonho do judoca é conquistar a faixa preta. Os senseis que você tanto admira são faixas pretas, a sociedade o respeita e olha com outros olhos, você é considerado um competidor forte pelos oponentes. Após quatro anos na faixa marrom, decidi, em conjunto com meus mestres, entre eles Rioiti Uchida, que, em 1989, deveria realizar este sonho.

O exame da Federação Paulista de Judô (FPJ) é rigoroso. Ao longo de todo o ano, no qual, no final, seria realizado o exame, o aspirante à faixa preta precisava graduar-se em cursos sobre regras de competição, aprimoramento técnico, atuar como mesário em competições oficiais da federação e disputar competições. No dia derradeiro de exame, devia-se demonstrar pleno domínio de todos os golpes da arte (gokyo) e fazer o nage-no-kata, um dos sete kata do judô[1]. Isso tudo sem contar que, antes, o judoca já deveria ter passado pelo desafiador katinuki-shiai: lutar e vencer quatro lutas seguidas, sem sair do tatame e sem tempo para descansar. Se perder uma das lutas, o candidato está reprovado.

---

1 · Os kata constituem demonstrações de golpes, em sequência predefinida, respeitando os princípios técnicos de cada um deles e as etiquetas do judô.

Depois de passar pelos cursos, trabalhar como mesário nas competições e, efetivamente, competir ao longo de 1989, com a aproximação do fim do ano, chegava o momento de fazer as demais etapas do exame.

Sensei Uchida, que, na época, era auxiliar do sensei Chiaki Ishii, em cuja academia eu treinava, foi quem me preparou para as demonstrações técnicas do gokyo e do nage-no-kata. Após cada treino, ficava mais uma hora praticando as técnicas. Para essa etapa do exame, estava bastante confiante, até porque, ao longo do ano, eu havia conquistado o título de campeão paulista de nage-no-kata.

A etapa que me preocupava, de verdade, era a que teria de vencer antes dessa: o katinuki-shiai. Seria a primeira e mais amedrontadora etapa. Embora eu fosse aluno de Chiaki Ishii, uma lenda do judô competitivo, a maioria dos candidatos ficava pelo caminho no katinuki, restando, então, fazer tudo de novo no ano seguinte. Era uma tarefa dificílima. A graduação para a faixa preta foi uma das experiências que mais me absorveram energia física, mental e emocional[2]. Não se tratava, apenas, de um ano de dedicação ao judô, mas de uma vida.

FORMAÇÃO

Sou de junho de 1969 e, até meus 10 anos, minha iniciação esportiva ocorreu de forma aberta e ampla, experimentando diversos esportes nas aulas de educação física, no clube e em viagens. Meu pai sempre fez questão que seus filhos fizessem alguma atividade física. Se quisessem, podiam fazer mais, desde que priorizassem os estudos. O esporte, na concepção dele, deveria funcionar como um complemento, algo para ajudar no desenvolvimento, mas não deveria ser o fim principal.

---

2 · Em grande medida, o judô e os esportes ilustram bem a ideia central de "aprendizagem na prática". Embora a essência do êxito e do conhecimento sejam as mesmas, em cada modalidade esportiva, o aprendizado e o sucesso respeitam particularidades. Mais do que isso, no caso do judô, as particularidades se ramificam de acordo com os seus professores e colegas de treino. O alcance da faixa preta, sem dúvida, significa uma vida de aprendizados na prática, uma construção delicada, feita em detalhes, muitas vezes, imperceptíveis à consciência. Por isso, é comum haver exemplos de atletas que têm um desempenho apenas razoável por muito tempo e, de repente, transformam-se em referência. É como se todas as infinitas peças do conhecimento desenvolvido na prática ao longo dos anos, de súbito, se encaixassem. Isso ajuda a explicar por que, quando perguntam ao atleta a razão do seu sucesso, ele para por um tempo em busca de resposta e, no fim, responde apenas: "trabalho".

Foi com isso em mente que meu pai, antes de nascermos, associou-nos ao Harmonia, clube do qual somos sócios até hoje e onde pratiquei inúmeros esportes: natação, futebol, polo aquático e judô. Desde aquela época, porém, não era preciso muita sensibilidade para notar meu especial gosto pelas artes marciais. Sempre fui fascinado pelos quimonos, pelas faixas e pela aura de autodomínio e força que os lutadores me transmitiam. Por isso, dos meus dez aos doze anos, dediquei-me mais ao judô do que a qualquer outro esporte.

Os professores (senseis) do Harmonia eram José e Armando Lechner. Meus primeiros mestres eram irmãos e me pareciam inseparáveis, sempre os via juntos. Aquela relação fraterna não tinha, aos meus olhos, apenas caráter sanguíneo, tinha a ver com o amor que compartilhavam pelo judô também. Ambos eram muito fortes. "Tio Zé", com sua barba, e "tio Armando", com seu bigode, eram pessoas divertidas, cheias de boa vontade e com muito jogo de cintura, competência essencial para quem dá aula em clubes.

Para reforçar esse sentimento de cumplicidade fraterna que sempre associei ao judô, meu irmão, Alfredo Motta, o Fê, mais novo do que eu um ano e nove meses, treinava comigo. Além de desenvolver domínio corporal e mental, espírito competitivo e colaborativo, éramos submetidos a uma disciplina, que, para mim, em especial, era bastante necessária.

Foi nesse período que conheci o Doutor Crocs. Quem aprontasse na aula "recebia a visita" dele, que, na verdade, era um cascudo dado sem muita força, mas enormemente temido por todos os alunos do Harmonia. Com os Lechner, foram três anos repletos de treinos, competições, viagens e mudanças de faixa: eu e Alfredo chegamos até a faixa verde. Nesse período, também, para desespero dos senseis e da nossa família, brigamos muito no colégio: os Mottas não eram fáceis e, agora, sabiam "se virar".

As brigas, aliás, sempre foram, imagino, o maior problema que eu dei aos meus pais, pelo menos no que se refere ao ambiente escolar, desde muito novinho. Digo isso porque sempre fui bom aluno. Desde que aprendi a ler, tornei-me um leitor voraz e esse gosto, para não dizer paixão, sempre me ajudou muito academicamente.

Porém eu transbordava energia e, mesmo com inúmeras atividades (inglês, esportes etc.), vazava um bocado dessa energia em forma de confusão.

Certa vez, devia ter 6 anos de idade, depois de uma briga com um colega na escola, a professora me proibiu de participar, com a classe, de um passeio ao zoológico que aconteceria no dia seguinte. Na hora da partida da excursão, empolgado com o clima da classe, eufórica com a perspectiva do passeio, eu me pus no fila, mas a professora me barrou. A frustração e a humilhação de ver todos olhando para mim foi demais: voei nos cabelos da "tia" e foi preciso mais duas "tias" para me tirar dali. Conclusão: fui, merecidamente, expulso do colégio.

De alguma forma, embora não completamente, o judô ajudava a conter minha agressividade. Porém, quando eu tinha 12 anos, surgiu, no Harmonia, a febre do polo aquático. Praticamente todos os meninos do clube passaram a praticá-lo. Alfredo e eu fomos contagiados e, naquele momento, decidi parar o judô.

Passamos três anos jogando polo, mas, aos 15 anos de idade, fui para um intercâmbio nos Estados Unidos (EUA), onde passei seis meses. Fiquei em Window Rock, capital da reserva dos índios navajos, no Arizona, quase divisa com o Novo México. Mais do que o fato de estar numa região que preserva sua história, respeitando seus mais antigos habitantes, identifiquei-me muito com a família que me acolheu. Mr. Gilmore era professor de inglês no colégio, fora jornalista esportivo e havia lutado na Segunda Guerra Mundial. Mrs. Gilmore também era professora e veterana da Guerra. Passávamos as noites conversando sobre guerra e sobre esportes, Mr. Gilmore tomando cerveja e eu, refrigerante.

De volta ao Brasil, retomei os esportes: não apenas o polo, mas também o judô, depois de três anos e meio. No polo, porém, tive problemas, em razão de uma miopia que chegava a quatro graus. Meu desempenho caíra muito. Já no judô, eu não demorei a alcançar o nível da turma. Decidi me dedicar exclusivamente ao judô. Zé e Armando tinham, agora, uma turma mais experiente, de judocas faixas verde, roxa e marrom.

Fiquei mais dois anos treinando judô no clube, peguei a faixa marrom e me classifiquei em campeonatos importantes, como o Zonal e o Paulistano. Em 1986, fui escolhido o melhor atleta do clube. Porém, nesta época, muitos dos colegas de Harmonia, que eram, em média, um ou dois anos mais velhos do que eu, começaram a estudar para o vestibular ou a trabalhar e os treinos se esvaziaram. Eu estava cada vez mais envolvido com o judô e nutria grande expectativa competitiva. Queria encher meu quarto de medalhas e, apenas por meio dos treinos no Harmonia, isso não seria mais possível[3].

ASSOCIAÇÃO ISHII

Foi nessa época que meu pai me falou sobre um massagista, cujo consultório ficava em uma academia muito boa, na Avenida Pompéia: a Associação de Judô e Karatê Ishii. Quando fui, pela primeira vez, à academia, percebi uma aura diferente. Lá, só se respirava judô: os professores eram, em sua maioria, japoneses, e o nível técnico do treino era qualquer coisa que jamais havia experimentado.

Sensei Chiaki Ishii era o proprietário da academia: um japonês de 1,80m de altura, forte como um tanque e um dos poucos kodanshas no Brasil na época. Kodansha é uma palavra nipônica que designa uma espécie de "guardião do saber", e o judoca que alcança esse status se distingue pela faixa coral (vermelha e branca), que está acima da preta. Entre outras razões, Ishii estava nesse patamar, no mundo do judô, pelas conquistas esportivas. Embora fosse japonês de nascimento, havia se naturalizado brasileiro e foi o primeiro judoca a trazer uma medalha mundial e olímpica para o país. Ishii foi bronze em Munique em 1972.

Os métodos de treino do sensei eram bastante rigorosos, em linha com o que havia aprendido no Japão. Formava grandes atletas, mas não eram todos que se habituavam aos seus métodos. Exigia, acima de tudo, disciplina e bom desempenho nas competições, o que, se não fosse cumprido, pagava-se com castigo duríssimo: randori com ele. Eram cinco minutos que pareciam cinco horas, com quedas e mais quedas.

---

3 · A energia que eclode em atitude acompanha Motta mesmo que nem sempre de forma construtiva, como atesta a experiência com a professora. Porém o esporte, além de estimular um ímpeto da ação nas pessoas, também o depura, porque as nutre de visão, de finalidade. Não apenas o judô, mas o próprio polo aquático, enquanto foi possível, canalizavam a energia de Motta e davam sentido aos seus passos. Naquele momento, saindo da adolescência para a vida adulta, ele carecia de desafios e tinha sede de conquistas: o esporte o ajudava a enxergar isso com clareza e a realizar sua visão com honra.

Eu me identifiquei com a linha da academia, identifiquei-me com Ishii, não apenas pela marcialidade, mas, também, pelo seu carisma. Nos intervalos ou momentos de descontração, ele contava as histórias que vivera em olimpíadas e mundiais e mostrava um lado bonachão e carismático. Meu judô evoluiu muito, não apenas por causa de Ishii, mas também por causa de seu auxiliar e braço direito, sensei Rioiti Uchida, de caráter reservado, dono de técnica irrepreensível e uma didática fantástica. Um especialista em Kata, que, anos depois, se tornaria um dos maiores campeões de kata do judô mundial.

Durante algum tempo, treinava alguns dias da semana no Harmonia e outros no Ishii, mas, em dado momento, passou a valer mais a pena treinar todos os dias no Ishii. Foi com dor no coração que tomei essa decisão e comuniquei a Zé e Armando. Eles ficaram muito tristes, mas entenderam a minha decisão.

O fato é que, embora meu judô tenha melhorado muito tecnicamente e eu tenha corrigido algumas falhas em meus fundamentos, os resultados em competições não vieram como eu esperava. Cheguei a semifinais, fui à disputa de terceiro lugar no Paulista, mas faltava algo. Talvez eu precisasse estar em um grande clube, como o Pinheiros, para enfrentar um volume maior de judocas de nível de seleção e características diferentes para ganhar a condição que eu ansiava[4].

Eu podia perceber isso quando judocas desses clubes iam treinar no Ishii. Não era raro ver Aurélio Miguel, Walter Carmona (este, formado pelo próprio Ishii) e Wagner Castropil treinarem com Ishii para melhorar suas técnicas. No caso deles, a competitividade era cultivada diariamente nos clubes e a técnica era depurada com Ishii.

A ESCOLHA

No meu caso, eu vivia, na prática, o que meu pai imaginava ser apropriado desde que me entendia por gente: o esporte como auxiliar das conquistas

---

4 · Sem o melhor terreno para germinar, é impossível saber qual o potencial da semente. Partindo do princípio da aprendizagem na prática, é possível dizer que o terreno é tão importante para determinar o tamanho da árvore quanto a própria semente. Afinal, é dele que ela tirará seus nutrientes.

profissionais e pessoais que deveriam vir, efetivamente, do estudo. Na realidade, minha dedicação ao judô ainda era demais aos olhos do meu pai e chegou a ser fonte de alguns desentendimentos entre nós, sobretudo quando se aproximou o momento de decidir o que eu faria da vida.

No final do colegial, ele propôs que eu fizesse um teste vocacional para saber que faculdade eu deveria fazer. Pela ordem de prioridades, o resultado foi: carreira militar, Administração Pública e Economia. Minha família e amigos recomendaram fortemente Administração ou Economia. Concordei e, até hoje, carrego a frustração de não ter prestado exame para a escola de oficiais do Exército.

Em 1986, preparando-me para o vestibular, fiz cursinho, tive aulas particulares e treinei judô como nunca, talvez porque a arte marcial me aproximasse da carreira que não tive coragem de seguir. Assim, ganhei cabeça fria e corpo preparado para o terrível vestibular da FGV-EAESP (Escola de Administração de Empresas de São Paulo da Fundação Getúlio Vargas), única escola, na época, que oferecia o curso de Administração Pública em São Paulo. Passei e, quando fui fazer a matrícula, um professor me questionou o que eu esperava da faculdade. Respondi: esporte, esporte e mais esporte.

Assim, em 1987, estudava de manhã e, à noite, treinava, às segundas, quartas e sextas-feiras, no Ishii e, às terças e quintas, na Federação Paulista de Judô (FPJ). Na FGV, descobri que existia uma vida discente ativa, com Diretório Acadêmico, Associação Atlética e outros órgãos.

Não demorei a me envolver com esses grupos e fazer amizade com veteranos que compartilhavam, comigo, a paixão pelos esportes. Dessa forma, além de treinar no Ishii e na FPJ, criamos um grupo de judô na faculdade e passei a treinar lá também. Convidei o professor Mauro Junqueira, ex-atleta de seleção brasileira para ser o técnico na Atlética e montamos uma equipe universitária fortíssima, que tinha, entre outros, Silvinho Uehara e os irmãos Fugimoto. Vencemos vários torneios universitários por equipe.

A faculdade e a vivência na Atlética me traziam dois prazeres: o de atleta, já que participava de todas as competições oficiais da agenda regular de judô, ou seja, competia o ano inteiro, e o de gestor. Nesse período, testei minha capacidade de organizar, coordenar e executar ações em equipe[5].

GESTOR

Assim, no início de 1989, com o apoio do "veterano" Eduardo Quilici, assumi a presidência da Atlética. O desafio era grande: a FGV devia 560 UFIRS (Unidade Fiscal de Referência) para a FUPE (Federação Universitária Paulista de Esportes) e, por isso, estava impedida de competir. Havia 34 faculdades filiadas à federação e a FGV terminara o ano anterior na 32ª colocação do ranking, apesar dos bons desempenhos do judô.

Assim que assumi a Atlética, vendi praticamente todos os seus ativos; só deixei a mesa de pingue-pongue e de pebolim e, ainda assim, para usá-las como fonte de receita, porque restringi seu uso aos associados, ou seja, para usá-la, quem não fosse associado, tinha de se associar e pagar a anuidade ou pagar uma taxa pelo uso avulso. Não foi fácil, tive de me indispor com alunos que pegavam as raquetes e as bolinhas, na marra, da secretária e diziam que tinham o direito de jogar. Cabia a mim recuperar os objetos.

Eu me tornei um cara meio odiado na FGV, mas, ao longo da minha gestão, recuperei a saúde financeira da Atlética. Claro que não seria apenas por meio dessas ações de austeridade, mas, sobretudo, por causa de patrocínios conseguidos pelos membros da Atlética.

A distribuição da verba do patrocínio deu-se da seguinte maneira: 75% dele ia para a modalidade do atleta que viabilizou a negociação. Ou seja, se o cara que conseguisse o patrocínio fosse do vôlei, 75% ia para o vôlei e 25%, para a Atlética. Ney Castro Alves, presidente da extinta Bolsa de Mercadorias

---

5 · A faculdade permitiu, talvez não na escala desejada por Motta, mas, sem dúvida, a alto nível de satisfação, traçar uma estratégia para alcançar a sua visão, bem definida na resposta que deu ao diretor do curso de Administração Pública da FGV quando questionado sobre sua expectativa em relação à faculdade: "Esporte, esporte e mais esporte." Sua visão clara do que queria o aproximou rapidamente dos veteranos da faculdade que compartilhavam do mesmo propósito e, na Atlética da FGV, Motta descobriria, na prática, seu natural dom para a gestão, para a concepção de estratégias e execução por meio do trabalho em grupo (teamwork). Ou seja, na faculdade e no esporte, Motta desenvolvia todas as competências do Esportismo e via seus colegas fazerem o mesmo.

de São Paulo (BMSP), na época, era amigo de meu pai e, assim, a BMSP nos patrocinou. Como eu era do judô, 75% dessa verba foi para o judô.

Além dos patrocínios e das anuidades, criamos o primeiro Campeonato de Futebol Society Interclasses da FGV, que, por meio das inscrições pagas, viraram mais uma fonte de recursos para a Atlética. Dessa forma, além de quitarmos a dívida com a FUPE, o dinheiro que levantamos nos permitiu, até mesmo, mandar atletas para competições fora de São Paulo. Em pouco tempo, a Atlética da FGV era uma das mais prósperas financeiramente.

Porém minha intenção era que a Atlética fosse próspera esportivamente, porque esta é a sua verdadeira finalidade. Eu queria alcançar a primeira coloca-ção no ranking. Para isso, elegemos algumas modalidades como carros-chefes: judô, claro; polo aquático e tênis. Nessas modalidades, tínhamos que ganhar. Havia, ainda, as intermediárias, em que podíamos ganhar eventualmente, e as fracas, em que o importante era participar. Assim, montamos uma equipe grande, com atletas em todas as modalidades e, ao fim daquele ano, conse-guimos um respeitável oitavo lugar. Menos do que queríamos, mas bem mais do que a 32ª colocação do ano anterior e nosso melhor resultado na história.

A FAIXA PRETA

O ano de 1989 não acabaria, para mim, apenas com o bom desempenho nos jogos universitários e a recuperação financeira e esportiva da Atlética da FGV. Meu maior desafio precisava ser superado: o exame para a faixa preta. Aos 20 anos, depois de sete anos integralmente dedicados ao judô, eu ainda era faixa marrom e estava prestes a enfrentar aquele que talvez seja o rito de passagem mais importante da arte marcial. Para muitos, e eu me incluo entre os que pensam dessa forma, a faixa preta não é o ápice, mas o início do judô. Tudo o que acontece antes é preparação para saber se o aspirante dispõe ou não de estrutura para ser um judoca. Era tudo isso que estava em jogo naquele fim de ano.

Pela frente, então, finalmente, eu tinha os quatro adversários do katinuki-shiai: era vencer ou vencer e sem tempo para descansar. Estava pre-

30 ■ JORNADAS HEROICAS

parado, mas não podia bobear nem pensar em poupar energia, porque uma derrota na primeira, na segunda ou na terceira não me daria a oportunidade da quarta, e a faixa preta ficaria para 1990. Investi o que tinha em cada luta[6], venci as três primeiras, por yuko, não por ippon. Ou seja, gastei doze minutos, quatro em cada luta, para chegar à última.

A sensação, quando acabou a terceira batalha, cada uma delas feita contra um adversário descansado, é que eu não poderia lutar nem mais dez segundos sequer: sentia ânsia de vômito e uma dificuldade única em encontrar oxigênio. Meu peito doía. O ginásio parecia território lunar, com a diferença de que a força gravitacional era digna de Júpiter, puxava-me, com ferocidade impiedosa, para baixo. Estar de pé, naquele momento, era uma façanha. Nessas horas, porém, é que descobrimos: nosso limite é sempre um pouco mais adiante do que imaginamos.

A verdade é que faltava apenas um adversário e eu tinha de encontrar a saída. A última luta começou, o adversário me rodava para todos os lados, eu não conseguia ver de onde vinham os golpes, sabia apenas que não podia desistir. De repente, senti que a autoconfiança dele estava muito alta, buscava apenas me derrubar e se esquecia da defesa. Em uma fração de segundo, apliquei um tai-otoshi justo... Ippon[7]!

Daquele katinuki-shiai, participaram 84 atletas, apenas 2 passaram e eu fui um deles.

Superado esse desafio, poucos meses depois, na presença de minha família, dos meus senseis, dos colegas de academia e da FGV, fiz o gokyo e o nage-no-kata, como me havia orientado sensei Uchida e, sem errar nenhum golpe sequer, eu obtive a tão esperada faixa preta.

---

6 · No primeiro livro sob o guarda-chuva do Esportismo, a epígrafe do capítulo que trata da competência Estratégia é uma frase de Michael Jordan, simplesmente o maior jogador de basquete de todos os tempos. Ela diz: "Um passo de cada vez. Não consigo imaginar nenhuma outra maneira de se realizar algo." No katinuki-shiai e na vida, a estratégia é sempre essa.

7 · A excelência na execução de cada etapa da vida e das nossas experiências é sempre a melhor estratégia. Nem sempre um plano pode ser colocado por inteiro em prática; por isso, a sensibilidade de quem executa, para se adaptar e não abrir mão da excelência, é mais do que essencial. Olhos abertos sempre, para não perder os cavalos cilhados.

PRIMEIRA PARCERIA

A força demonstrada pela equipe de judô da FGV e a conquista da faixa preta em 1989 lançaram-me em novos desafios no ano seguinte. O mais memorável deles foi a participação, como atleta e coordenador da equipe de judô da cidade de São Paulo, na disputa de uma competição universitária estadual (JUPS), mas que não separava os atletas por universidade, e sim por cidades, o que permitia unir estudantes de instituições diferentes no mesmo time.

No caso, meu time era a cidade de São Paulo, e eu tinha por princípio convocar apenas judocas que, efetivamente, faziam faculdade. Digo isso porque acontecia, com frequência, de judocas não universitários serem convocados por coordenadores de outras cidades para defendê-las. Até era possível, mas não me parecia moral, nem ético. Foi nesse momento que me lembrei de Castropil, atleta de seleção que fazia medicina na Universidade de São Paulo (USP)[8].

Se ele aceitasse participar, seria, sem dúvida, nosso principal judoca. Embora não tivéssemos tanto contato quando nos víamos no Ishii, ele sabia quem eu era. Meu trabalho não foi simplesmente o de convidá-lo. Ele era da categoria médio, mas, como já tínhamos um bom peso médio e um bom meio-pesado na equipe, precisava de um peso pesado competitivo. Então, pedi que competisse duas categorias acima. Castropil topou sem cerimônia, não colocou nenhuma restrição e ainda se prontificou a lutar na categoria "absoluto" (sem divisão por peso). Naquele momento, não tive dúvidas: éramos a melhor equipe e tínhamos o melhor judoca do torneio entre nós.

Resultado, São Paulo venceu por equipe na modalidade judô o torneio estadual. Castropil não só venceu na categoria dos pesados, como venceu também no absoluto. Foi nessa ocasião que nos tornamos, de fato, colegas. A amizade, mesmo, estava por vir e se daria na adversidade e não envolta pelas glórias da vitória.

---

8 · Vários atletas conciliaram a medicina com o esporte, mas poucos são olímpicos.

DESPEDIDAS E COMEÇOS

Depois de uma vida discente ativa, em que, além da presidência da Atlética, desempenhei o papel de representante do Conselho de Administração do curso que fazia na faculdade, em 1991, formei-me e, de quebra, obtive o segundo dan no judô. A vivência dessa segunda conquista marcou a última vez que vi um dos meus primeiros senseis, o "tio" Zé Lechner. Ele estava, naquele dia, no local do exame, e assistiu a todas as minhas lutas. Sensei Zé estava bastante debilitado, àquela altura, em razão de uma diabetes que, em pouco tempo, seria fatal.

O exame para o segundo grau também envolvia shiai e, mais uma vez, eu havia chegado à luta derradeira. Lembro-me de ele ter dito para eu ter atenção ao uchimata do adversário que eu enfrentaria. Sua orientação foi providencial. Mais uma vez, eu estava cansado, mas tinha energia suficiente para, com base no "toque" do sensei, preparar uma armadilha ao meu oponente. Assim, fiz-me de vulnerável a receber seu uchimata, uma técnica de perna bastante eficiente. Meu adversário não demorou a aplicar a técnica e, preparado, encaixei um contragolpe certeiro. Venci por ippon, graças ao tio Zé[9].

A faixa preta que ele vestia naquele dia, hoje, está comigo, guardada em casa. Pouco tempo depois de obter aquela graduação, recebi uma visita do sensei Armando. Ele vinha me avisar da morte do irmão e me entregar sua faixa preta, como presente e legado. Fiquei devastado e honrado. Ficaria ainda mais devastado pouco tempo depois, quando me chegou a notícia de que tio Armando também havia falecido, assassinado. Sinto muitas saudades.

....

A experiência universitária me dera cancha esportiva, mas, sobretudo, administrativa e política, para enfrentar o mercado de trabalho. Foi nesse

---

9 · É curioso observar que, mesmo quando se trata do Processo de Individuação, termo cunhado pelo psicólogo e psiquiatra Carl G. Jung para designar o caminho que percorremos inúmeras vezes ao longo da vida em busca de autoconhecimento, contamos com o auxílio de alguém, mesmo que seja a figura de um mentor imaginário. Ou seja, por mais solitária que seja sua luta por alcançar a sua visão, sempre haverá a necessidade de teamwork. No caso do judô, por mais que pareçamos estar sós no tatame, na realidade, sempre estamos, de alguma maneira, acompanhados dos nossos senseis e colegas de treino.

momento, de saída da faculdade, que me deparei com dilema parecido com o vivido antes de escolher o que faria da vida e abrir mão da carreira militar.

Sensei Ishii era e ainda é muito respeitado no universo acadêmico japonês. Ele produzia artigos para revistas japonesas especializadas em artes marciais e tinha, por exemplo, uma relação bem próxima com a Universidade de Budo, que, justamente no período em que eu acabara de me formar, ofereceu, aos alunos dele no Brasil, três bolsas para participar de um programa de especialização em artes marciais e cultura japonesa. Sensei Ishii me convidou para uma das vagas, mas eu tinha acabado de entrar na P&G (Procter & Gamble). Era meu primeiro emprego e eu declinei do convite.

Arrependo-me muito de não ter ido ao Japão naquela oportunidade[10]. Hoje, compreendo que a experiência que tive na P&G poderia ser vivida depois da viagem ao Japão. Eu não precisava abrir mão dela para fazer estágio em uma multinacional: dava para fazer as duas coisas. Mas o fato é que, na época, essa foi a minha escolha. Assim, deixei de ir ao berço do judô para estudar essa arte marcial que tanto amo.

PRIMEIRO EMPREGO

De qualquer maneira, minha história se desenha a partir de cada escolha que fiz ao longo da vida, e foi na P&G que ouvi da entrevistadora ter o perfil apropriado para atuar com vendas. De pronto, vi relação estreita entre meu amor pelos esportes e os desafios do profissional de vendas. Gostei da ideia de ser incorporado ao corpo de vendedores da multinacional e a multinacional gostou da ideia de me incorporar; assim, comecei minha jornada profissional.

---

10 · Aqui talvez valha uma reflexão sobre o "combustível" da atitude e o que, de fato, pode nos levar a arrependimentos. Se atitude é algo que não se aprende — acreditamos que assim seja, embora possa ser desenvolvida por meio das demais competências do Esportismo —, sua fonte tem origem difusa, mas, com certeza, associada a algo que se ama do fundo da alma e que se pronuncia em nossa personalidade como fruto de um imperativo maior e que foge à nossa vontade racional. Assim, é possível dizer que a paixão de Motta pelas artes marciais e pelo mundo marcial, em geral, estava nele antes de ele descobrir as histórias de guerra e o próprio judô. Essas descobertas revelaram fora o que Motta já tinha dentro de si. Por isso, viver intensamente a experiência marcial se torna tão necessário a Motta e, quando não pode fazê-lo, porque demandas externas à sua vontade mais íntima sobressaem, o arrependimento vem e não passa, independentemente dos anos.

34 ▪ JORNADAS HEROICAS

Após seis meses no trabalho, fui chamado à sala do chefe do meu chefe. Os dois estavam lá, à minha espera. Manoel era o nome do chefe do meu chefe. Maurizio era o nome do meu chefe. Manoel foi direto ao assunto:

— Rodrigo, você é muito desorganizado, assume muitos riscos, precisa melhorar muito para ser um campeão no trabalho.

Comecei a suar frio. Após uma pausa dramática, que, mais tarde, eu descobriria ser um recurso que ele usava com frequência e conscientemente, continuou:

— Porém você tem algo que eu admiro muito: *guts* (colhões). Desta forma, estou transferindo você para Porto Alegre... a partir da próxima segunda-feira. Pense bem, você tem cinco minutos para dizer sim.

Ir para longe dos amigos, da academia e atender clientes com outra cultura, justo agora que estava ajeitando minha rotina, que voltara a treinar, a sair...

— Pode contar comigo.

Fiquei deprimido com a perspectiva da mudança, mas queria mostrar coragem. Meu pai ficou muito feliz com a minha atitude. Minha mãe, chorando uma barbaridade. Mas a decisão estava tomada e se provaria boa. Arrumei as malas e, claro, os primeiros itens a guardar nela foram o quimono e a faixa.

Assim, parti para Porto Alegre, onde aprendi a trabalhar com um modelo de venda diferente, baseado em distribuidores. Em pouco tempo, na nova cidade, decidimos trocar de distribuidor e, como resultado, a unidade da capital gaúcha conquistou o primeiro lugar no Brasil do Programa de Reconhecimento de Vendas da P&G.

No mais, foi o que já contei no capítulo anterior: muito judô, muitos amigos, muitas viagens a trabalho e lazer pelo Brasil, e o primeiro encontro com aquela que, em breve, descobriria ser a minha esposa.

ALTO DA LAPA

No fim de 1994, voltei para São Paulo, para trabalhar na Ferrero. Apesar da boa vida no Rio Grande do Sul, estava contente por voltar à minha cidade, à companhia dos velhos camaradas e à academia do sensei Ishii. Porém, ao chegar à academia, tive uma triste surpresa: sensei Ishii, em função da crise, havia fechado a academia que ficava na Lapa, onde eu treinava, e ficou apenas com a da Avenida Pompéia.

Sensei Uchida estava dando aulas em outra academia, a Associação de Judô Alto da Lapa. Então, optei por treinar com Uchida, no Alto da Lapa. Embora fosse discípulo de Ishii, sensei Uchida priorizava a formação integral do judoca, sobretudo do caráter de seus alunos, preocupando-se com a vida que levaria fora do tatame, considerando, assim, o desempenho deles, em competições, secundário. Confesso que, embora reconheça o valor dessa proposta, ela sempre me deixou um pouco angustiado, porque amo competir.

Nessa época, aproximei-me de outros atletas mais jovens que começavam a se destacar na academia. Aprendi muito técnica e filosoficamente. Em 1995, tornei-me terceiro dan. Achava interessante o paradoxo que vivia naquele momento: era um jovem no ambiente profissional, mas um veterano no judô. Embora não sobrasse mais fisicamente, como em outros tempos, tinha a clara noção da vantagem que a experiência me proporcionava. Sabia conduzir as lutas em um ritmo seguro para mim e vencia lutas difíceis, com atletas mais bem preparados.

Quando, em 1997, mudei-me para o Paraná, já casado, para trabalhar na Nutrimental, apesar dos tropeços em alguns torneios paranaenses, era assim que me sentia até o fatídico dia 5 de outubro de 1998, quando a parte de baixo e de cima da minha perna pareciam unidas apenas pela pele. A partir daquele momento, minha única preocupação era poder voltar a ser, na prática, um judoca. Eu não sabia se seria possível.

VIA
CRUCIS

3

Depois da reconstituição da artéria poplítea, do ligamento cruzado posterior (LCP), e de escapar do medo de ter um membro amputado, tive alta, mas não demorei a constatar que minha perna esquerda havia endurecido. Eu não conseguia dobrá-la sequer um milímetro. Imaginei que poderia fazê-lo, em algum momento, que estaria longe de ser o movimento ideal, mas faria. Por isso, não conseguir movê-la, nem um pouquinho, era meio aterrador.

Tratava-se de uma fibrose, uma espécie de cicatriz nos músculos e ligamentos lesionados no acidente, que os enrijece e prejudica os movimentos, isso quando não os impede por completo, como era o meu caso. O alívio de me ver fora do hospital durou pouco e foi substituído pelo estarrecimento de, naquele momento, ter uma "perna de pau".

Fiz dezenas de fisioterapias para romper a fibrose e recuperar, minimamente, o movimento. Não foi fácil. A dor é ultrajante, parece que vai arrancar a nossa perna, mas muito pior do que a fisioterapia é o fracasso. Depois de toda a exposição à dor e ao esforço fisioterápico, não houve resultado: tudo na mesma; minha perna continuava inflexível.

Nesse período de fisioterapias, procurei os três melhores ortopedistas da cidade. Confesso que minha preocupação ia além de voltar a ter uma perna flexível. Estava convicto de que isso seria alcançado de alguma maneira. Minha preocupação era clara, objetiva e podia ser resumida em uma pergunta: eu voltarei a lutar judô?

Os prognósticos deles, contudo, foram piores do que qualquer dor, piores do que a perna dura pela fibrose, piores do que qualquer cirurgia, porque servia, unicamente, para alimentar a inércia e a depressão contra as quais eu lutava todos os dias. Todos diziam para eu esquecer o judô e me dar por satisfeito, mas muito satisfeito mesmo, se conseguisse voltar a andar sem o auxílio de muletas, valendo-me apenas de uma bengala[1].

ARTROSCOPIA

A essa altura, eu estava bastante desesperançoso, mas não me via vivendo sem poder praticar judô. Minha mãe insistia, da sua maneira, às vezes, bastante invasiva, mas, sobretudo, maternal, para sairmos de Curitiba e voltarmos a São Paulo. Porém não seria algo simples. Minha vida na capital paranaense havia ficado ruim depois do acidente, mas Sintya seguia fazendo sua faculdade e tinha imensos compromissos na cidade.

Não era uma questão simples e, sendo franco, depois de três prognósticos igualmente fatalistas, tinha enormes dúvidas se, em São Paulo, haveria um médico capaz de me dar outro prognóstico.

No fundo, eu preferia me mudar para São Paulo para ficar perto dos meus amigos de infância, adolescência e também de meus familiares. Minha vida profissional estava combalida na mesma proporção que meu ânimo. As idas e vindas ao médico, a perna dura, enfim, tudo isso me impedia de trabalhar com a regularidade necessária. Por mais que a empresa tivesse me dado todo o apoio, a partir de dado momento, eles começaram a pressionar para que eu ficasse sob as expensas do INSS (Instituto Nacional de Seguridade Social).

Minha mãe me listava, por telefone, médicos que havia pesquisado, dizendo que cicrano, beltrano e fulano poderiam me ajudar. Na verdade e no íntimo, ela acreditava que o melhor médico para mim era ela por perto: mãe é mãe. Mas, com a perna dura, não tinha como ir para São Paulo. De carro, só se houvesse onde estendê-la e, ainda assim, não seria uma viagem, mas um verdadeiro calvário. De avião, não era possível: estava "safenado". Pelas condições de

---

1 · Atitude e visão não faltavam a Motta, mas, para encontrar uma estratégia que valesse executar, estava mais do que claro, ele precisava de um mentor, de um parceiro nessa jornada. Sem teamwork, não seria possível.

pressão de um voo, a safena feita para reconstituir minha artéria poplítea poderia entupir. Eu tinha de esperar mais tempo para poder encarar um voo.

Disso tudo, a única certeza era a de que eu precisava resolver a fibrose e poder voltar a flexionar a perna. Assim, eu me sentiria melhor, menos devastado e o tempo passaria, teria alta vascular e a viagem de avião para São Paulo se tornaria possível[2]. O fato é que a fisioterapia, por si só, não estava dando conta da minha fibrose. Decidiu-se, então, que seria desfeita por meio de cirurgia. Mal havia saído da mesa de operação e já estava de volta, passando por uma artroscopia para romper a fibrose.

Terminada a cirurgia, precisei tomar anestesia, de forma intravenosa, de seis em seis horas por três dias. Depois de cada aplicação de anestésico, o fisioterapeuta entrava no quarto e manipulava minha perna para que não se formasse fibrose novamente. A técnica minimizava as minhas dores e garantia que eu dobrasse a perna depois de tudo.

Porém, antes de sair do hospital flexionando a perna, mas muito mal, sofrendo os efeitos colaterais das anestesias e com o joelho bem sensível, de tanta fisioterapia, passei por outra operação. Desta vez, tiraram um pedaço do meu nervo sural para enxertarem o ciático, rompido no acidente. O objetivo era recuperar o movimento do meu pé, que estava todo para baixo (pé equino) e eu não conseguia puxá-lo para cima. A intervenção cirúrgica, porém, não surtiu efeito.

PARA SÃO PAULO

Assim que tive a alta vascular, embarquei para São Paulo, para alegria da minha mãe, que, com o maior prazer, estava disposta a me levar, durante quantos dias fossem precisos, a todos os ortopedistas da cidade. Porém, desde o primeiro momento, ela demonstrou grande entusiasmo com um nome, velho conhecido meu: Wagner Castropil. Sim, ele mesmo, colega de treinos no Ishii e de equipe em jogos universitários.

Sem dúvida, o fato de ter sido judoca aumentava consideravelmente meu interesse em passar com Castropil. Eu o conhecia dos tatames, e se tivesse, como médico, a mesma competência que demonstrara como judoca — es-

---

2 · Mais uma vez, a importância de encarar o desafio, a jornada, em etapas.

tamos falando de um atleta olímpico, que esteve em Barcelona em 1992 —, meus pedidos seriam atendidos. Ouvira comentários, de outros judocas, sobre o bom trabalho que Castropil vinha desempenhando como médico. Muitos judocas, a essa altura, já eram seus pacientes.

De qualquer maneira, Castropil era um jovem médico e não tinha o renome de outros. Procurei alguns figurões da medicina ortopédica, profissionais ligados a clubes de futebol antes de ir atrás de Castropil. Todos, mais uma vez, disseram para eu esquecer o judô. Um deles, como se estivesse me prestando um enorme apoio emocional, sugeriu que eu comprasse um cachorro para me ajudar a superar esse momento. Amo cachorros, sempre amei, sempre os tive, mas não para me arrastar atrás deles com uma bengala, e sim para ajudá-los a gastar a energia que têm de sobra normalmente.

Cheguei ao consultório de Castropil, na rua Teodoro Sampaio, Zona Oeste de São Paulo, com mais dois desenganos médicos. Confesso que, nesse contexto, não podia acreditar que Castropil me daria prognóstico muito melhor. Confesso, também, que me constrangia ser visto por um colega de tatame, ainda mais um que havia feito história, naquela condição em que eu estava. O constrangimento era menos pela lesão em si e mais por precisar de cadeira de rodas e pela magreza que os infindáveis dias no hospital tinham me imposto.

A consulta foi logo depois do almoço, em um dia quente do primeiro trimestre de 1999. Eu estava na sala de espera, por volta das 14h, quando ele passou, cumprimentou as pessoas que ali estavam, inclusive eu, pegou as fichas com a secretária e entrou na sala de atendimento. Claramente, não me reconheceu. Minha mãe estava ao meu lado, com uma expressão visivelmente otimista e que me parecia exagerada.

Alguns minutos depois, a porta se abriu, Castropil disse algo à secretária, que anunciou...

— Rodrigo Motta. Pode entrar.

O PROGNÓSTICO

Na sala de atendimento, Castropil cumprimentou minha mãe e depois olhou para mim, como se buscasse alguém que não estava encontrando com facilidade. Franziu o cenho, exprimiu no olhar dúvida e surpresa ao mesmo tempo:

— Rodrigo?

Eu fiz que sim com a cabeça e ele me deu um longo abraço, para depois dizer:

— Quando li o nome na ficha, pensei se seria mesmo você, mas imaginei que pudesse ser outro Rodrigo Motta. Na sala de espera, não o reconheci... Bom te ver. Me conta o que te traz aqui...

Eu contei toda a história, do acidente no dia 5 de outubro, passando pela temporada no inferno asséptico da clínica ortopédica, falei de cada uma das cirurgias, da fibrose, dos prognósticos de outros médicos... Ele ouviu tudo com paciência de padre em confessionário e a serenidade de alguém que parecia lidar com esse tipo de situação todos os dias no café da manhã. Sua serenidade também me passava a impressão de que sabia qual era o antídoto para a minha salvação, mas, com medo da desilusão, eu preferia duvidar. Assim que terminei o relato, ele, após um exame físico minucioso e análise pormenorizada de todos os exames, falou:

— É possível que você volte a praticar esportes e até judô. Isso vai depender de você tanto quanto da medicina e não vai ser fácil. Você precisa fazer alguns sacrifícios.

— Quais, doutor? — Perguntei.

— O primeiro deles, se desejar seguir o tratamento comigo, é se mudar para São Paulo, estar perto da sua família e estar preparado para seguir as orientações e fazer as inúmeras sessões de fisioterapia que serão necessárias.

Se minha mãe tivesse um rojão nas mãos, com certeza, o acenderia e o faria explodir no céu da Teodoro Sampaio. Ela não escondia a satisfação que sentia pelo que acabara de ouvir. Devia estar orgulhosa da sua intuição de mãe. De minha parte, o ceticismo congênito me levava a duvidar de que realmente fosse possível voltar aos tatames, mas, ainda assim, com o que acabara de me dizer, Castropil se transformara na minha alternativa de salvação[3].

Fui embora sem dizer se viria ou não para São Paulo. Quando somos casados, já disse, um é dois e a decisão precisa ser unânime, do contrário, será divisão. Eu precisava convencer Sintya ou ser convencido por ela a buscar outros médicos, outras alternativas em Curitiba.

---

3 · A estratégia começa a surgir de uma ação em equipe (teamwork).

O DIAGNÓSTICO
DE CASTROPIL

4

Castropil entrou em seu consultório na Teodoro Sampaio, naquele começo de tarde de verão, retornando do almoço, e encontrou um jovem de cadeira de rodas, tala no joelho, barba grande e descuidada, magro, expressão abatida, olhos baixos e incapazes de erguerem-se para mirá-lo. Com ele, uma senhora lhe fazia contraponto: queixo erguido, olhar confiante e um sorriso de gratidão.

O médico pegou a ficha. "Rodrigo Motta... Será que é o mesmo Rodrigo Motta que conheço. Chamei-o para a consulta e, depois de olhá-lo bem nos olhos, descobri que, por trás daquela barba e magreza, estava Motta, escondido em um desânimo em que jamais o imaginei."

Claro que Castropil percebeu, de cara, que se tratava de um acidente gravíssimo. "Uma luxação no joelho com lesão vascular e nervosa é risco de amputação de membro com certeza. Se ele não tivesse sido muito bem atendido e conduzido, logo de cara, teria perdido a perna. Isso tudo em um treino de judô. Ele me contou tudo, e a mãe dele, ali, sempre do lado."

O primeiro diagnóstico de Castropil foi psicológico. "Ele precisava recuperar o ânimo. Havia sido operado várias vezes, a parte vascular tinha sido recuperada, o ligamento posterior tinha sido estabilizado, mas ele precisava de cirurgia para recuperar e estabilizar o cruzado anterior, de outra para desentortar o joelho e de mais uma para recuperar o movimento do pé. Ou seja, ele ia precisar de pelo menos três cirurgias e de um intenso programa de reabilitação."

Castropil sabia que Motta precisava escutar "existe a possibilidade de você voltar a praticar esporte e até judô" e foi uma das primeiras frases que pronunciou naquela consulta, mas não o fez apenas para agradar, não mentiu[1]. Além do imperioso compromisso com o juramento médico, que havia feito anos antes, ao se formar, o que lhe impedia, sob qualquer hipótese, de mentir para motivar um paciente, Castropil acreditava, sincera e tecnicamente, nessa possibilidade.

"Veja bem a importância do que me disse Castropil: todos os médicos me diziam, categoricamente, que eu não voltaria a treinar. Não havia 'talvez', 'quem sabe', 'depende'... Castropil me disse: 'Você pode'", explica Motta.

Segundo Castropil, a parte mais desafiadora para um médico é conseguir a confiança do paciente; o mais difícil é se colocar no lugar dele e entender o que ele precisa e quer.

> **A QUALIDADE DO MÉDICO ESTÁ DIRETAMENTE LIGADA À SUA CAPACIDADE DE EMPATIA. TEM DE SE COLOCAR NO LUGAR DO OUTRO E, ENTÃO, APLICAR O CONHECIMENTO QUE TEM PARA CURAR DA MELHOR MANEIRA POSSÍVEL."

---

1 · Se atitude e visão não necessariamente exigem conhecimento aprofundado, uma estratégia boa de verdade, aquela capaz de nos dar um norte confiável e nos encher de ânimo, reforçando as outras competências, passa por alguém com muito conhecimento e disposição a explorar sua ciência ao máximo e aprender o que for necessário no processo para que o objetivo seja alcançado. Castropil, no caso de Motta, conjugava todos esses atributos. Além de médico formado em uma das melhores faculdades do país e com especialização realizada internacionalmente, Castropil havia vivido e vencido, como atleta, lesões graves. Como Motta, deparou-se com prognósticos apocalípticos em um primeiro momento. Ou seja, ele poderia, com propriedade médica e atlética, desenhar a estratégia vencedora que Motta procurava para realizar a sua visão.

CONDIÇÕES INEGOCIÁVEIS

Porém as chances de voltar aos tatames se davam por um único caminho que impunha condições inegociáveis. Mais do que novas cirurgias, Motta ia precisar de um intenso trabalho de reabilitação e seria impossível fazer tudo isso a distância. "Por isso, eu disse a ele: 'Você precisa vir para São Paulo, precisa tirar um ano para se recuperar'."

A proposta de Castropil fora extremamente disruptiva e ele não sabia se Motta iria aceitar, nem se poderia aceitar. "Porém, estava convencido de que a única chance de Motta retornar ao judô seria sua mudança para São Paulo. Eu teria de estar perto dele, transmitindo confiança, fortalecendo-o psicologicamente, porque o tratamento não seria fácil. A distância e a falta de cuidado com a parte psicológica dele poderiam deixá-lo mais vulnerável ao desânimo, que, naquele momento, era a maior ameaça à sua recuperação. Mesmo perto, correríamos esse risco, mas, distantes, o sucesso seria inviável. Essa proximidade entre médico e paciente é tão importante quanto a cirurgia."

Segundo Castropil, se, como médico, ele não fosse capaz de entender o quão importante era o judô para Motta, quando perguntado se voltaria a treinar, teria dito algo como "não pense nisso agora", o que mataria o ânimo do paciente. "Eu precisava dizer que 'era possível'. No fundo, eu sabia que, se ele cumprisse a programação, direitinho, ele voltaria ao judô, mas, para cumprir a programação, eu precisava dizer, antes, que ele poderia voltar: a certeza dele dependia da minha certeza. Como eu já o conhecia, essa identificação já existia, o que facilitou a minha abordagem."

Castropil precisava aprofundar essa identificação para ser capaz de fazer Motta vibrar com conquistas aparentemente pequenas, como voltar a andar, fazer musculação e assim por diante. "Se ele não depositasse nessas 'pequenas conquistas' a energia que colocava nas lutas e nos treinos de judô, ele não voltaria a lutar, nem treinar... Eu fui radical quando disse a ele para largar a vida que estava construindo em Curitiba para voltar a São Paulo, mas, se não fosse assim, seria impossível recuperá-lo para o judô. Em dado momento da recuperação, ele poderia desanimar e, no fim das contas, eu teria fracassado e ele também. A última coisa que queríamos era fracassar."

MEDICINA ARROJADA

Castropil diz que um ponto fundamental para que Motta embarcasse na proposta foi a presença da mãe dele. "Ela endossava cada palavra que eu dizia." Claro, ela ganharia duplamente: além de acreditar no que propunha Castropil, teria perto dela, novamente, o primogênito de seus três filhos. Mas não se tratava apenas de tê-lo perto — ela queria um médico que tivesse o espírito e a disposição dela e as palavras de que o filho precisava.

"Assim que pus os pés em São Paulo e a encontrei, ela me disse que tínhamos de ir ao Castropil. Ela não o conhecia, sabia que era meu colega de judô, só. Mesmo tendo marcado com outros médicos, era em Castropil que ela fazia questão que fôssemos. Não sei por quê, sinceramente, acho que intuição de mãe, só podia ser", diz Motta.

O fato de Castropil ter sido atleta de alto rendimento e ter sofrido graves lesões no ombro e no joelho — não por acaso, as "áreas" em que se especializou — ajuda a explicar sua postura e sua atitude como profissional de medicina. "Quando eu fiz a minha primeira cirurgia no ombro, eu escutei de médicos que nunca mais eu ia voltar a competir em alto nível. Não admitia esse prognóstico, eu sentia que havia, tecnicamente [e, nessa ocasião, Castropil já estudava medicina], maneira de voltar ao judô. Foi por meio das minhas lesões que eu tive maior contato com a medicina e a ortopedia do esporte naquela época."

Para Castropil, a medicina precisa trabalhar para recuperar os pacientes de maneira integral e não parcialmente. "Excelência médica é isso. Minha cabeça visa sempre fazer com que o paciente se restabeleça para fazer o que quiser. Nem sempre é possível, porque ainda não dispomos de todos os recursos, mas trabalho com esse propósito, porque, só assim, desenvolveremos mais e mais recursos."

O histórico como esportista de Castropil, quando reencontrou Motta, foi tão determinante para a abordagem positiva e arrojada quanto sua experiência como ortopedista, que, na época, ainda poderia ser considerada incipiente.

Em 1999, fazia dois anos que abrira seu consultório. "Encerrei minha carreira como judoca em 1992, depois de participar da Olimpíada de Barcelona."

Em 1993, 1994 e 1995, Castropil fez residência no Hospital das Clínicas (HC) e, em 1996, fez uma pós-graduação em Nova York, especializando-se em cirurgias do joelho e ombro. "Em 1997, voltei ao Brasil e montei meu consultório, mas me mantive trabalhando no HC por um tempo também."

Apesar de estar no começo de carreira, ele já era, a essa altura, médico da CBDU (Confederação Brasileira de Desportos Universitários) e não demoraria a tornar-se médico do Comitê Olímpico Brasileiro (COB).

A HISTÓRIA DO MENTOR

5

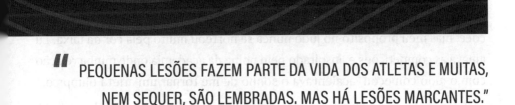

❙❙ PEQUENAS LESÕES FAZEM PARTE DA VIDA DOS ATLETAS E MUITAS, NEM SEQUER, SÃO LEMBRADAS. MAS HÁ LESÕES MARCANTES."

A minha primeira lesão séria aconteceu nas seletivas para as Olimpíadas de Los Angeles, que aconteceriam em 1984. No início de 1983, aos 16 anos, mas prestes a completar 17, depois de ingressar na faculdade, eu voltei a treinar judô todos os dias, no Esporte Clube Pinheiros. Durante dois anos, parei de treinar para me dedicar, com exclusividade, aos estudos, já que não era missão simples passar em Medicina na USP.

Nascido e crescido no Tatuapé, Zona Leste de São Paulo, dos 8 aos 15 anos de idade, eu treinava judô todos os dias, muitas vezes, até três horas por dia. Amava lutar. Minha rotina era ir à escola de manhã, voltar, almoçar, fazer lição, estudar um pouco, brincar e, mais à tarde, ir para o judô. Quanto mais eu fazia, mais eu gostava. Comecei fazendo das cinco às seis da tarde, três vezes por semana. Depois, todos os dias. Depois, das cinco às sete ou, algumas vezes, das cinco às oito. Duas a três horas de tatame por dia. Assim, eu fiz dos meus 8 até meus 15 anos.

Porém, depois dos 15 anos, a minha geração, que constituía o maior contingente de alunos do sensei Luiz Tambucci e que havia sido responsável por resultados expressivos para a Associação Olímpica Tambucci, como a conquista, em sequência, de três ou quatro Campeonatos Brasileiros Beneméritos, do infantil ao juvenil, começou a deixar a academia, preparando-se para os desafios da vida adulta: fazer uma faculdade, construir uma carreira e assim por diante.

Comigo não foi diferente. Foi uma despedida triste, porque, no fim das contas, em razão da falta de alunos, sensei precisou fechar a cademia. Tambucci tinha colocado uma geração de moleques indômitos no eixo, contribuído para a formação de nosso caráter, mas, agora, precisava encerrar as atividades daquele lugar tão cheio de significado para todos nós.

Não sentia, contudo, que minha história com o judô deveria terminar ali. Eu já trazia na cintura a faixa preta, conquistada de forma relativamente precoce, mas meu propósito no judô nunca se norteou muito pela cor da faixa. Eu amava as competições e, inspirado pelo nome da academia onde minha relação com o judô começou, acalentava o sonho de me tornar um atleta olímpico.

Esse sonho — me lembro bem — se tornou vivo mesmo quando assisti à Cerimônia de Abertura das Olimpíadas de Moscou, na extinta União Soviética, atual Rússia, em 1980. Àquela altura, eu tinha 14 anos, já participava de competições importantes e obtinha resultados expressivos. Apesar desse histórico nos tatames, o que engendrou em mim o sonho de participar de uma Olimpíada foi a mascote dos Jogos de Moscou, o ursinho Misha, que, durante a cerimônia, chorou em razão da ausência de muitos países do bloco ocidental, um declarado boicote motivado por razões políticas.

De alguma maneira, aquela cena despertou, em mim, a consciência de que as Olimpíadas eram um evento grandioso, do qual valia muito a pena participar[1]. Para me empurrar rumo ao sonho olímpico, além da inspiração simbolizada pelas lágrimas de Misha e de tudo o que as Olimpíadas passaram a representar para mim, o judô, por si só, entusiasmava-me demais. Adorava, como lutador, nas competições pelo estado de São Paulo e pelo Brasil, acompanhar atletas como Fuscão, Cunha e Luiz Shinohara, o Jun, que depois viria a ser técnico da seleção.

---

1 · A cena da abertura da Olimpíada de Moscou com a mascote Misha revelou a visão de Castropil. Ele amava o judô e se dedicava ao esporte com entusiasmo. Ou seja, a atitude já estava com ele, mas o futuro próximo o colocaria à prova, diante da necessidade de conciliar a jornada em busca de seu sonho olímpico e o curso de Medicina na USP. Para solucionar o inevitável conflito, ele precisaria manter sua disposição anímica, sua atitude e, ao mesmo tempo, teria de lançar mão de uma boa estratégia.

> **"** A REALIZAÇÃO DO SONHO OLÍMPICO NÃO SERIA NADA FÁCIL, MAS EU ESTAVA DISPOSTO COMO SÓ ESTIVE NA VIDA NAS OCASIÕES EM QUE REALMENTE REALIZEI ALGO DO QUE PUDESSE ME ORGULHAR DEPOIS."

Os obstáculos para realizar esse sonho começavam pela necessidade de conciliar os treinos com as aulas na faculdade.

Depois de ingressar na Medicina da USP, um curso, sem dúvida, desafiador, encontrar tempo para encaixar o judô era quase impossível. Sem contar que, no primeiro problema de conciliação entre as atividades, apostaria o que tivesse que meu pai, Roberto Castropil, um militar de alta patente, descendente de croatas, não daria muito crédito ao meu sonho de ser um judoca olímpico.

Contudo, eu estava disposto a pagar para ver até onde seria capaz de me equilibrar entre os estudos e os treinos. Aliás, a ordem mais apropriada seria entre os treinos e os estudos, porque, depois de aprovado na USP, sendo muito franco, a minha prioridade eram os treinos.

CLUBE PINHEIROS

Por causa do fechamento da Associação Olímpica Tambucci, eu não voltaria ao judô pelas mãos do meu primeiro mestre. Tinha de procurar outra "casa" e, assim, por meio de um amigo de infância, colega dos tempos de Tambucci, eu descobri o Esporte Clube Pinheiros. Cheguei lá fora de forma, estava gordinho mesmo. Dois anos de estudos e quase nenhuma atividade física. Passei esse tempo todo sem nem pisar em um tatame.

Hoje, eu me sinto meio maluco por ter voltado justamente no Pinheiros. Não sabia onde estava me metendo. Só tinha fera: Douglas [Vieira], [Walter] Carmona, Aurélio [Miguel]. Os caras estavam treinando para a Olimpíada de 1984. Até por não ter a dimensão do que era aquilo tudo, eu fui àquele primeiro treino. Apanhei muito. Era difícil até levantar o rosto depois de cada luta[2].

Assim que acabou o treino, pensei: "Vou embora rapidinho." Saí do tatame, peguei minhas coisas, e o sensei João Gonçalves me chamou: "Meu garoto, se você quiser vir treinar, pode vir." Em outras palavras, eu tinha sido aceito como militante no clube em que se praticava o judô mais forte do Brasil na época. Não poderia negar aquela oportunidade. Assim, passei a treinar, segunda, quarta e sexta, na Atlética da USP na hora do almoço e no Esporte Clube Pinheiros todas as noites.

Para ter ideia da intensidade do treino no Pinheiros, algumas vezes, eu chegava a vomitar. Mas, logo, entrei em forma e, em meio às feras, comecei a me convencer de que também poderia ser um deles e ir aonde desejava no universo do judô. Eu estava no lugar certo, nas mãos de um sensei altamente competitivo e treinando com os caras mais competitivos do país.

O protagonismo que eu imaginava para o judô, nesse momento da minha vida, tornou-se incontestável. Meu pai percebeu, mas, como eu seguia estudando, guardou suas palavras. Meus desempenhos em competições estaduais e nacionais foram excelentes. Já no primeiro semestre de 1984, eu era um dos destaques da categoria no país, chegando, no segundo semestre, às finais do Brasileiro.

Meu judô crescia exponencialmente e eu começava a acreditar em Olimpíadas, mas não para dali a quatro ou cinco anos. Estava pensando em Los Angeles 84 mesmo. Minha crença não era infundada. Pelo meu desempenho ao longo de 1983, tinha grandes chances de ser convidado a participar da primeira seletiva olímpica, a ser disputada em dezembro daquele mesmo ano pelos cinco melhores atletas do país em cada categoria.

Assim foi e eu estava entre os melhores, aos 17 anos, disputando a seletiva, que funcionaria da seguinte maneira: os cinco atletas lutariam entre si e o que

---

2 · É importante considerar a natureza inconsciente e intuitiva que caracteriza o Esportismo na maioria das vezes. Motta e Castropil sempre fizeram questão de destacar essa faceta ao longo das produções acadêmico-literárias sobre o assunto. Eles próprios tomaram consciência e passaram a entender racionalmente o Esportismo depois de realizarem muitas coisas na vida sob a influência desse conceito, que é também um estado de espírito. De qualquer maneira, ao dispor-se a treinar no Pinheiros, Castropil, sem dúvida, estava lançando mão de uma estratégia (inconsciente, em um primeiro momento) para aproximar-se de seu sonho: disputar uma Olimpíada. Treinando com os melhores, ele estava mais próximo disso e, com certeza, em algum momento, ele tomou consciência e passou a trabalhar com ainda mais afinco junto com os melhores.

tivesse melhor desempenho enfrentaria Douglas Vieira, o meio-pesado mais bem avaliado pelo corpo técnico da Confederação Brasileira de Judô (CBJ). Quem ganhasse esse último desafio seria o representante brasileiro em Los Angeles. Os cinco judocas eram Tico, Thales, Alexandre Abreu, Carlão Miguel e eu.

A SELETIVA

A seletiva aconteceu na cidade do Rio de Janeiro, no ginásio da Universidade Gama Filho. Foram lutas difíceis, não apenas pela qualidade dos adversários, mas pelo calor de dezembro que derretia juízes, mesários, senseis e quem mais estivesse naquela verdadeira sauna competitiva.

Todos os pretendentes à vaga lutaram entre si e, no fim, Thales e Alexandre foram eliminados. Tico, Carlão e eu estávamos empatados e precisaríamos nos enfrentar novamente. Tico e eu lutamos primeiro e eu venci. Depois, Carlão venceu Tico e, por fim, disputamos, Carlão e eu, para ver quem enfrentaria Douglas Vieira na luta decisiva. Porém recebi um golpe e, no esforço para que não resultasse em pontuação, virei-me no ar, caí de ombro esquerdo no chão e Carlão caiu por cima de mim.

Eu senti uma forte dor, mas não me pareceu ser nada grave. O fervor da batalha não me deixou notar que aquela dor era mais do que momentânea. Meu rendimento caiu absurdamente e, percebendo minha queda, Carlão conseguiu aplicar golpes e vencer a luta. Era o fim da linha para a conquista de uma vaga no time olímpico de 1984.

Voltei para São Paulo e continuei achando que a lesão na luta decisiva não fora nada grave. Tratei com anti-inflamatório e não fiz mais nada, não passei em médico nem nada. Na ocasião, não havia ressonância magnética para precisar o diagnóstico. Algumas semanas depois, contudo, meu ombro saiu do lugar e, então, pude perceber que a lesão sofrida na luta contra Carlão tinha sido mais séria do que eu supunha.

Como estava estudando medicina, pude compreender que, possivelmente, na luta, eu havia sofrido uma subluxação: o ombro tinha saído do lugar e voltado na mesma hora, mas, por não lhe ter dado o tratamento adequado, abriu espaço para que ele saísse do lugar, com facilidade, mais vezes. Em 1984, ele começou a sair do lugar descontroladamente. Não foi uma, nem duas, nem três, nem quatro. Ele saiu oito vezes do lugar.

UMA GRANDE LIÇÃO

Apesar do ombro instável, em 1984, eu tive um grande ano. Segui treinando no Pinheiros, fazendo faculdade e vencendo mais competições do que havia vencido em 1983. Meu grande objetivo, naquele ano, era ser campeão brasileiro. Já tinha sido campeão paulista e precisava ficar entre os dois melhores no campeonato Sul-Brasileiro para chegar ao campeonato nacional que, naquele ano, seria disputado em Brasília. Foi nessa ocasião que vivenciei uma experiência que considero importante compartilhar.

O estado de São Paulo concentrava e ainda hoje concentra os principais judocas do país. Ao vencer o estadual, com apenas 18 anos, ou seja, ainda com idade de júnior, eu me enchi de uma confiança pouco recomendável. Excesso de confiança somado à inexperiência quase sempre resulta em deslumbramento e, no jargão do esporte, "salto alto".

O Sul-Brasileiro era disputado no modelo todos contra todos. Havia quatro representantes, um por estado: São Paulo, Paraná, Santa Catarina e Rio Grande do Sul. Para reforçar minha autoconfiança, na primeira luta, enfrentei o representante de Santa Catarina. Fisicamente, o mais forte dos quatro competidores. Ele tinha por volta de dois metros de altura. Fiz uma excelente luta e o venci por ippon.

Na sequência, enfrentei o representante do Rio Grande do Sul e venci também. Na última luta, estava certo de que venceria de novo. Entrei no tatame com certa displicência e o representante do Paraná, Rubens Tempski, não precisou de mais do que dez segundos para acertar um golpe perfeito e terminar a competição com a melhor campanha, deixando-me em segundo lugar.

Até hoje, tenho uma viva e dolorida memória daquela experiência. Eu me lembro da mão erguida do árbitro marcando ippon e, na minha cabeça, eu dizia: "Não, não, sensei, começa de novo porque sei que, se não subestimasse o desafio, eu venceria essa luta." Naquela ocasião, eu aprendi a jamais subestimar qualquer que seja o desafio.

" AO SUBESTIMAR UM DESAFIO, VOCÊ REDUZ, E MUITO, AS CHANCES DE SUPERÁ-LO."

Foi o que aconteceu comigo.

Ao voltar para São Paulo, eu me lembrava daquela luta e do que tinha acontecido em todos os treinos que fazia. A lembrança dessa derrota me perseguiu no tatame até o Brasileiro daquele ano, o mesmo que havia colocado em risco ao ter aquela atitude no Sul-Brasileiro[3].

NAS FÉRIAS, UMA AULA DE ESPORTISMO

Fosse como fosse, meu objetivo ainda estava na mira. Eu disputaria o Brasileiro e vencê-lo era minha meta maior em 1984. Além da inexperiência e do ombro instável, havia outro obstáculo: a insatisfação de meu pai com a minha dedicação ao judô, que ele via, no horizonte das minhas possibilidades, como adversário da faculdade de Medicina.

Nas férias de julho, a pouco mais de dois meses para o Brasileiro, meu pai alugou uma casa em Ubatuba e determinou que todos da família fôssemos passar o mês lá. Eu argumentei que não poderia, porque precisava treinar para o Brasileiro, que aconteceria em setembro. Porém meus apelos eram estéreis em seus ouvidos. Era uma determinação e eu devia cumprir. Não teve papo.

Era curioso esse momento de tensão velada entre mim e meu pai. Minha vida esportiva se devia, e muito, a ele. Absorvi muito da sua austeridade e disciplina, o que é fundamental para o esporte. Minha dedicação ao judô tinha influência dele. O lema do meu pai, que eu peguei para mim, era *mens sana in corpore sano* [mente sã em corpo saudável], que tem tudo a ver com a prática de esportes.

---

3 · A ideia de que a melhor estratégia é a busca inegociável pela excelência se prova no exemplo de Castropil. O famoso "salto alto" resulta na quebra do compromisso com a excelência e foi o que lhe aconteceu. Porém a estratégia, ao constituir-se em conhecimento, pressupõe a importância da experiência. Tanto a vivência dessa derrota no Sul-Brasileiro quanto a derrota para Carlão na seletiva, e a maneira como ele subestimou a lesão que havia sofrido naquela luta, serviram de aprendizado e o ajudariam a ser um estrategista e um executor mais eficiente não apenas no tatame, mas na vida.

56 ▪ JORNADAS HEROICAS

Mas, além desses valores, ele cultivava outro que julgava bem importante também e tinha tudo a ver com sua carreira militar: o respeito à hierarquia. Aliás, um valor também muito apreciado no judô. Em casa, ele, sem dúvida, tinha autoridade. Assim, quando estabeleceu que toda a família iria a Ubatuba, eu não consegui dizer não. Aos 18 anos e ciente de sua influência, eu obedeci.

Talvez eu tenha obedecido porque aquela viagem não necessariamente significaria a interrupção dos meus treinos. Eu poderia agradar meu pai sem me desagradar. Assim, no primeiro dia em Ubatuba, saí caçando o que fazer: corri na praia, ajudei pescador a puxar rede para treinar a pegada e, assim que deu, fui atrás de uma academia.

Disseram-me que tinha um tal de Josino, um careca, que era sensei, tinha uma academia. Fui até lá, estava fechada, mas tinha um "cara" varrendo. Perguntei pelo Josino e o cara me disse que ele estava na padaria. Fui lá e encontrei um sujeito com as características da descrição que me fizeram de Josino.

— Tudo bem? Você que é o Josino?

— Sou.

— Então, sou de São Paulo e queria treinar judô nas minhas férias...

— Ó, a academia tá de férias, tá fechada, mas tem um aluno meu que toparia treinar com você... Cês podem usar a academia. O nome dele é Max.

Foi aí que eu conheci Max Trombini, meu amigo até hoje, e passamos, naquelas férias, a treinar todo o santo dia juntos. Treinamos julho inteiro. De manhã, eu fazia a parte física, corria, fazia barra, enfim, e, à tarde, eu treinava com Max.

A importância desse período foi maior do que se pode imaginar. O campeonato Brasileiro é uma competição duríssima e, um mês sem treino, há dois meses da competição, seria minha perdição. Seguramente, eu não chegaria em condições de alcançar meu propósito. Por isso, os treinos nas férias eram indispensáveis. Em setembro, estava na ponta dos cascos e fiz um Brasileiro irretocável. Foi o primeiro dos meus três brasileiros. Não houve ombro, nem férias que me impedissem de ser campeão[4].

---

4 ▪ Essa passagem atlética da vida de Castropil ilustra como poucas a essência do Esportismo. Ele tinha uma visão: ser campeão brasileiro. A experiência recente lhe mostrara qual era a melhor estratégia e atitude para alcançar seu propósito. Com isso em mente, ele executou de forma primorosa, mas, antes, precisou da ajuda de outras pessoas. Ou seja, teamwork. Em Ubatuba, com a ajuda do colega Max, Castropil pôde se preparar para alcançar seu objetivo.

CIRURGIAS

No início de 1985, resolvi, finalmente, operar meu ombro. Fiquei um ano com a instabilidade nele e, verdade seja dita, tive vários aprendizados ao conviver longamente com essa lesão. Aprendi que a gente deve ter um médico de confiança; eu tive, foi o doutor Arnaldo. Aprendi que não se deve postergar o tratamento e o cuidado necessário; que não se deve abreviar o retorno às competições — eu cometi esse erro, voltei muito rápido, sem fazer a base física exigida e isso me predispôs a novas lesões.

O problema no ombro me mostrou a importância da prevenção a lesões e do pós-operatório. E morri de dor no pós-operatório e, hoje, faço questão, com a minha equipe de anestesistas, de reduzir, ao máximo, as dores dos meus pacientes. A minha ideia é que a cirurgia não seja algo traumático. Passei a noite em claro por causa da dor; foi uma verdadeira tortura.

Além de tudo isso, teve muito colega "orelhudo" que veio me dizer coisas como: "Olha, agora acabou o judô para você." Até porque, na época, a medicina, quase sempre, não era capaz de devolver ao atleta a condição necessária para voltar a competir em alto nível. Por tudo isso, quem está lesionado precisa de foco na recuperação, precisa dedicar-se à fisioterapia, cumprir o plano, entender e enxergar que isso terá começo, meio e fim. Precisa também de pessoas positivas ao lado, que encorajem e não desestimulem. De qualquer forma, essa seria apenas a primeira das lesões que eu sofreria[5].

Depois da cirurgia no ombro, voltei para a seleção, fui campeão sul-americano em julho, o que me deu uma vaga para o mundial e, em outubro, uma semana antes de embarcar para disputá-lo em Seul, capital sul-coreana, no que seria minha primeira viagem internacional como judoca, eu me lesionei em um torneio amistoso da Associação Vila Sônia, academia do sensei Massao Shinohara, que fica na Zona Sul da cidade de São Paulo.

---

5 · Esse registro demonstra, com clareza, a importância, para o Castropil médico, de sua experiência como atleta. É muito mais fácil para alguém que passou pelo que Castropil passou como atleta saber o que deve ser feito para reabilitar um paciente gravemente lesionado. Em grande medida, esse histórico ajudaria a justificar o talento e sucesso de Castropil como médico.

58 • JORNADAS HEROICAS

Sofri exatamente a mesma lesão que havia sofrido dois anos antes. A única diferença era o ombro: a primeira foi no esquerdo e, dessa vez, eu lesionara o direito. Na hora, eu já sabia o que tinha acontecido. Saí da competição e fui direto providenciar a cirurgia, ciente do que precisaria ser feito em termos de recuperação e sabendo que só estaria de volta no ano seguinte.

Devolvi passagens e hospedagens à Confederação Brasileira de Judô (CBJ), passei pela cirurgia na mesma semana em que me lesionei e aproveitei novembro, dezembro e janeiro para me recuperar e pegar um ano cheio de competições em 1986...

Que ciclo haveria de ser não apenas o de 1986, mas todos os demais, até o fim da minha carreira como judoca!

Isso porque, depois que passei por essas duas experiências e consegui retornar à seleção, minha confiança foi parar na estratosfera.

> **❚❚ QUANDO SOMOS CAPAZES DE SUPERAR UMA LESÃO, NÓS NOS FORTALECEMOS ABSURDAMENTE. A PERDA TAMBÉM CUMPRE ESSE PAPEL, DESDE QUE SE USE A EXPERIÊNCIA DA FRUSTRAÇÃO PARA, POSTERIORMENTE, ALCANÇAR O SUCESSO. SE A DERROTA NÃO MACHUCA, NÃO SENSIBILIZA, É SINAL DE QUE NÃO SE FOI CAPAZ DE APRENDER NADA COM ELA. AGORA, SE ELA TOCA, SE INCOMODA E COLOCA QUEM A SOFREU EM MOVIMENTO PARA QUE, NA PRÓXIMA DISPUTA, VENÇA, AÍ A DERROTA ESTÁ ENSINANDO ALGO. É PARA ISSO QUE ELA SERVE."**

Todos aqueles momentos, não só da minha vida esportiva, mas em geral, em que pensei em desistir, mas, na prática, não desisti; os momentos em que me senti derrotado, amarguei a derrota, mas segui em frente são os mais marcantes, são os divisores de água em minha vida. É nessas horas que temos de ser fortes. Se conseguirmos ser fortes nessas horas, seremos capazes de superar as adversidades e o sucesso virá inevitavelmente. Quem para na derrota, fracassou.

> **❚❚** A DISPOSIÇÃO EM SEMPRE SUPERAR A DERROTA EM BUSCA DE ALGUMA VITÓRIA NÃO É ALGO QUE SE ENSINA. PODE-SE PROVOCAR, PODE-SE ESTIMULAR, COMO SE FAZ, COM FREQUÊNCIA, NOS ESPORTES EM GERAL, MAS NÃO SE PODE ENSINAR. É UMA QUESTÃO DE ATITUDE E, NO FIM DAS CONTAS, CADA UM TEM DE ENCONTRÁ-LA DENTRO DE SI."

DECIDIR: A VISÃO DO QUE IMPORTA

Lesões, cirurgias, prognósticos assustadores, conquistas, frustrações e uma decisão importante marcou meu ano de 1986. Depois de dois anos, com muito esforço, conciliando judô e faculdade, chegou o momento em que eu precisava, mesmo que momentaneamente, abrir mão de um deles. Logo no começo do ano, surgiu a oportunidade de fazer parte da equipe de judô do Banco do Estado do Rio de Janeiro (Banerj). Receberia US$500 por mês e US$500 por viagem.

Contudo, não foi o caráter profissional que o judô adquiria, naquele momento, para mim, o que me obrigou a fazer a escolha entre o judô e a faculdade. O contrato com o Banerj exigia que eu me mudasse para o Rio de Janeiro para dedicar-me, com exclusividade, aos treinos. Foi um período difícil, mas que me colocou, definitivamente, como dono do meu destino. Isso porque, para fazer o que mandava meu coração, eu precisava enfrentar meu pai.

Nessa época, havia uma senhora, devia ter perto de 80 anos, dona Egle, que era secretária da Faculdade de Medicina da USP. Eu costumava conversar com ela, quando estava na faculdade. Eu gostava dos nossos bate-papos e sentia que a recíproca era verdadeira. O fato é que, certo dia, com algumas palavras, ela conseguiu se tornar fundamental e inesquecível em minha vida. Lembro-me de que não sabia o que fazer, porque me sentia pressionado pelo que meu pai diria, por um lado, e pelo que eu desejava, de fato, fazer, de outro. A situação me abatia. Ela notou e veio conversar comigo. Eu disse a ela tudo o que acontecia.

— Menino — disse-me ela — cê tá esperando o quê? Vai viver! A faculdade pode esperar, mas seu sonho, não. Depois que fizer o que tem de fazer, você retoma os estudos.

Eu teria a vida inteira para ser médico, mas não teria a vida inteira para representar meu país em uma Olimpíada[6]. Foi com a certeza de que a decisão não tinha retorno que cheguei para comunicar e não para pedir um conselho ao meu pai. Depois de ouvir, firme, como era sua natureza, ele disse:

— Você não vai.

— Eu vou — respondi.

— Como é que cê vai parar uma faculdade de Medicina para fazer judô no Rio de Janeiro? Tá louco?

Com calma, expliquei a ele o que representava aquela oportunidade para mim, disse que havia me tornado um judoca da seleção brasileira, estudando e treinando, e que uma oportunidade como aquela, de viver do judô, seria fundamental para me colocar em uma Olimpíada, que era o meu grande sonho. Expliquei que não desistiria da Medicina, que trancaria a faculdade e voltaria aos estudos assim que fosse possível.

Ele não se convenceu com os meus argumentos, mas eu não quis saber: tranquei a faculdade e me mudei para o Rio. Eu o entendia, mas não podia, em nome da desconfiança dele ou de qualquer capricho, abrir mão do meu sonho. Se eu agisse diferentemente, seria alguém frustrado para o resto da vida.

---

6 · Castropil, o mentor de Motta, também teve uma mentora em sua jornada em busca de seu sonho olímpico. Uma senhora que nunca havia entrado no tatame, mas que tinha vivência suficiente para entender a importância de um chamado individual e íntimo. Sua mentora não foi um sensei, em uma demonstração de que um bom conselho não depende tanto da autoridade técnica de quem o dá, mas da autoridade afetiva. Mais do que isso, um bom conselho depende, essencialmente, de quem ouve.

ISHII: SINÔNIMO DE EXCELÊNCIA

Foi também em 1986 que cheguei até a Associação de Judô e Karatê Ishii. Eu já treinava no Banerj, mas, com frequência, vinha a São Paulo, para treinar com os atletas da seleção no Pinheiros. Nessa época, eu sentia necessidade de melhorar meu judô. Sentia-me um pouco estagnado e os meus colegas diziam que eu precisava ter mais golpes, aumentar meu repertório e melhorar meu tokui-waza (golpe de preferência).

Aurélio e Carmona me disseram que, no Pinheiros e no Banerj, eu ganhava competitividade, mas a ampliação dos meus recursos técnicos passava por começar a treinar com sensei Ishii, primeiro medalhista olímpico da história do nosso judô. Fui aconselhado pelos meus colegas de seleção a fazer um agrado ao sensei, levar-lhe um presente. Disseram-me que ele tinha bom gosto para bebida e eu levei um whisky, para quebrar o gelo, afinal, Ishii tinha fama de bravo e não seria tão simples convencê-lo a me aceitar como aluno. Ele recebeu o presente de bom grado e disse que eu poderia treinar. Ficou observando tudo de fora.

De repente, quando estava treinando uchikomi (entrada de golpes) ele me pediu que entrasse meu tokui-waza, no meu caso, o uchimata. Entrei o golpe algumas vezes. Ele ficou olhando, depois de um tempo, levantou, veio até mim e pediu para eu entrar o golpe nele. Entrei. Ele mandou parar, me pegou pelo punho e balançou vigorosamente minha mão direita, a que pega na gola, dizendo:

— Pegada muito mole! Espera um pouco...

Foi até o canto, trouxe um taco de beisebol, entregou-me e disse para eu segurar na ponta mais fina e fazer movimentos abaixando e subindo o taco, para fortalecer a pegada. Perguntei quantas vezes, e ele respondeu:

— Umas mil, tá bom[7].

Nessa ocasião, Motta, ainda com 15 anos, já era aluno do sensei Ishii e, possivelmente, estava nesse dia em que fiz mil movimentos com o taco de beisebol. Porém, não me lembro de ter-lhe visto e, pelo que sei, tampouco ele se lembra dessa passagem.

---

7 · Não se atinge a excelência sem sacrifícios e, afinal, o que eram mil movimentos de punho, para um jovem que se dispusera a contrariar seriamente a vontade de seu pai para realizar seu sonho.

DE LESÕES E DECEPÇÕES SE REALIZOU UM SONHO

6

Tomei a decisão de lutar pelo sonho olímpico e adiar o de ser médico, mas confesso que me deparei com mais obstáculos do que supunha e, diversas vezes, temi fracassar no meu intento. Na verdade, inúmeras vezes, pensei em desistir e voltar para a Medicina. Além das duas lesões no ombro, machuquei duas vezes o joelho direito, ligamentos, e descobri que estar em uma olimpíada exigia mais do que apenas bons desempenhos. Era importante, também, cair nas graças de dirigentes e, na década de 1980, o judô brasileiro estava nas mãos de Joaquim Mamede.

Quando nos aproximávamos da seletiva para as Olimpíadas de 1988, que seria disputada em Seul, na Coreia do Sul, Mamede estava prestes a completar uma década à frente da CBJ, considerando que, neste período, alternava-se na superintendência e presidência da entidade. Estava encastelado no poder e suas vontades transcendiam suas atribuições de cartola.

Viveria um episódio frustrante nas seletivas para as Olimpíadas de 1988. Havia chegado até a luta decisiva, já somava, naquele momento, três títulos brasileiros na categoria dos médios. Tinha chances muito maiores de obter uma vaga para Seul, embora tivesse pela frente o medalhista mundial e olímpico, em Los Angeles, Walter Carmona.

Fizemos uma luta muito parelha. Contudo, os critérios que definiram aquele embate não seguiram diretrizes claras, o que dava muita margem à subjetividade dos árbitros. Isso, para mim, não fazia nenhum sentido, porque o judô tem regras objetivas, bastava usá-las. Não as usaram e eu acabei derrotado. Não digo que, se houvessem usado as regras, eu venceria Carmona. É impossível afirmar isso. Mas decidir quem vence sem critérios claros decepcionou-me e me incomodou demais. Com Carmona, o Brasil estaria bem representado, mas a maneira pela qual a justiça do combate foi administrada não tinha, para mim, sido justa.

Tudo isso deixou claro, para mim, que eu não fazia parte do grupo que Mamede queria nas Olimpíadas e, naquele momento, algo que já acontecia naturalmente se acentuou. Eu me tornaria parte de um grupo que contestaria a presidência de Mamede. Logo, seria cortado da seleção.

Tudo caminhava para que eu largasse as competições e voltasse de cabeça para a Medicina. Nesse momento, eu já havia retomado o curso e retornado a São Paulo, porém resolvi insistir no judô, mas buscaria outro país. Assim, comecei a tratar com a Bolívia a possibilidade de naturalização. Iria para Barcelona (sede das Olimpíadas de 1992) para defender o país vizinho, se fosse preciso[1].

A ESSÊNCIA DAS MINHAS ATITUDES

Atitude tem a ver com amor, com o que você ama fazer, o que lhe dá sentido à vida e constitui seu propósito. Eu amo o judô ainda hoje, mas não amo mais lutar como amei na minha juventude. Esse é o ponto. Eu não precisava seguir no judô, depois de tantos contratempos. Podia parar e dar um novo rumo à minha vida. Mas, em vez disso, buscava formas de continuar a lutar, de chegar a uma Olimpíada.

Hoje, eu amo a Medicina, amo empreender, administrar. Naquela época, eu amava lutar. Eu era bom lutador por causa disso. Via muita gente que amava

---

1 · Mais uma vez a visão, o propósito, sobressai às adversidades. Castropil queria ir às Olimpíadas. Primeiramente, queria fazê-lo defendendo seu país, mas, depois de tantos sacrifícios — lesões e frustrações —, em sua cabeça, não haveria obstáculos capazes de impedi-lo. Estava tão tomado pelo que aspirava que não titubearia em "mudar" de país para chegar aonde queria.

a vitória, lutava por ela, mas esses raramente eram destaque. Os bons judocas eram os que se divertiam no tatame, os que gostavam de estar lá dentro independentemente de qualquer coisa.

> **PARA QUEM GOSTA DE LUTAR, A VITÓRIA É UMA CONSEQUÊNCIA NATURAL, ASSIM COMO A FELICIDADE É UMA CONSEQUÊNCIA NATURAL PARA QUEM GOSTA DE VIVER. QUEM SE INEBRIA COM A PERSPECTIVA DA VITÓRIA OU DA FELICIDADE, PERDE MAIS DO QUE VENCE E É MAIS INFELIZ DO QUE É FELIZ."**

Em grande medida, devo essa mentalidade de lutador, essa postura sempre alerta para o combate, a João Gonçalves, meu sensei no Pinheiros. Ele dizia: "Lutador tem de estar pronto para lutar." Eu era lutador. De 1984 até 1992, minha profissão era lutar. Eu acordava pronto para lutar. Dormia pronto para lutar. Quando, em 1990, em meu último ano de faculdade, Motta me chamou para lutar, na categoria dos pesados, os jogos universitários, ele veio cheio de dedos, receando que me desagradasse, mas era assim que eu pensava. Na verdade, a proposta dele foi um desafio mais interessante para mim. Recebi de bom grado.

Foi por amar lutar que contrariei meu pai, que superei duas lesões no ombro, uma no joelho direito e estava prestes a superar outra que, se não seria a mais grave, seria a mais dramática de todas que já sofri. Por amar a luta, cogitei me naturalizar boliviano e cheguei a treinar um tempo na Bolívia. Por amá-la, não desisti e, em 1990, em virtude de uma conciliação temporária com a diretoria da CBJ na época, voltei para a seleção brasileira, sabendo que a seletiva de 1992 seria a minha última chance de ir à Olimpíada para representar meu país e realizar um sonho. Depois disso, o Castropil lutador seria aposentado.

O VELHO E CONHECIDO JOELHO

Das minhas lesões no joelho, a primeira foi a mais complicada e aconteceu no ligamento cruzado posterior (LCP). Foi logo no começo do ciclo olímpico para Barcelona. Tive tempo de recuperar, voltar e fazer o ciclo. A outra aconteceu em dose dupla, atingiu o ligamento colateral medial e ocorreu durante o aquecimento para a seletiva para as Olimpíadas de Barcelona.

Estávamos em janeiro de 1992 e, pela primeira vez, a seletiva era realizada em evento aberto, com transmissão televisiva, enfim: tudo às claras, respeitando as regras do esporte e não critérios subjetivos. A cidade era o Rio de Janeiro e o local, o ginásio da Universidade Gama Filho. Um calor úmido, daqueles de desidratar cacto. Em tese, isso facilita o aquecimento.

Porém, como diz o texto bíblico, "o imponderável sobrevém a todos". Na área de aquecimento, um dos colegas, que também se preparava para os embates, ao aplicar um golpe, desequilibrou-se e veio para cima de mim. Caiu sobre meu joelho direito... Na hora, ouvi um estalo e, em seguida, senti o joelho bambo, com um "jogo" entre o fêmur e a tíbia. Suei frio em meio ao abrasador calor do verão carioca. Não podia acreditar no que estava acontecendo.

Mais do que a dor, suportável, incomodava-me a falta de firmeza na perna. Aqueci e fui para a arquibancada pensando: e agora? Seriam três lutas disputadas entre quatro atletas: Mario Sabino, Marcos Daud, Hespanha e eu. Desses, sobrariam dois que fariam uma melhor de três alguns meses depois. Pensei em desistir, mas aquele momento nunca mais voltaria. Se desistisse, eu me arrependeria pelo resto da vida. Decidi, então, que morreria lutando, se fosse necessário.

Thales, adversário de outras seletivas, notou minha aflição e veio conversar comigo. Eu disse a ele que havia machucado, já sabia que era o colateral medial, movimentei o joelho e mostrei a ele. Ele sugeriu que eu usasse uma joelheira e me ajudou a encontrar alguém que tivesse. Quase ninguém usava na época, mas acabei encontrando uma joelheira, que ajudaria a amenizar o problema, mas não me resolveria a questão.

Eu estava avoado, no mundo da lua, pensando em tudo que vivi para estar ali. Mas não era hora para esse tipo de reflexão, nem para autopiedade. A primeira luta seria contra Hespanha; adversário duro. Ele sempre foi chato de lutar. Ele soube conduzir o combate, encaixou um ouchi-gari, derrubou-me sentado e conseguiu um koka, à época, a menor pontuação possível. Administrou até o fim e ganhou. Aí, eu pensei: acabou meu sonho de ir para a Olimpíada.

ESPORTISMO NA VEIA PARA VENCER O CONTRATEMPO

Eu já era médico formado nessa ocasião. Por isso, sabia qual era uma das lesões que havia sofrido naquele aquecimento. Sabia também que, com a experiência que eu tinha, era capaz de administrá-la e lutar bem, mas, por ter acabado de acontecer e em um momento tão decisivo, parecia o fim de tudo.

O pulo do gato era manter a calma e enxergar as alternativas, bolar uma estratégia nova e segui-la. Mas meu emocional e a mania que temos de pensar que tudo tem de estar na mais perfeita ordem para funcionar atrapalhavam, tiravam-me da realidade.

> **A REALIDADE NÃO É COMO QUEREMOS. TEMOS DE NOS ADAPTAR A ELA E NÃO A DETESTAR."**

Fui para fora do ginásio, estapeei a mim mesmo, berrei, chorei e prometi que eu ia jogar os dois, Sabino e Daud, de ippon, com uchimata. Os dois eram canhotos e eu sabia como adaptar meu jogo à lesão e à movimentação deles para aplicar os golpes. A lesão me atrapalhava, sobretudo, contra destros, como Hespanha, mas, contra canhotos, dava para fazer um bom trabalho. Em resumo, a lesão não seria desculpa para um provável fracasso.

Voltei ao ginásio para enfrentar Daud, que era um cavalo de forte. Mal começou a luta, eu o empurrei. Ele segurou meu quimono, fazendo força no sentido contrário ao do empurrão. Então, eu o puxei, suavemente; não precisava brutalidade, ele se esforçava para vir na mesma direção. Dominado, eu encaixei um belo de-ashi-harai (rasteira): wazari, a segunda pontuação mais alta do judô.

Retomada a luta, não lhe dei tempo de pensar, nem tempo para o meu azar: balancei-o, vigorosamente; ele tentou resistir e eu o acompanhei. Ele ficou no ponto certo para o uchimata. Eu soltei o golpe. Estava treinando, havia treinado a vida toda para aquilo: ippon!

Aí, veio Marião (Sabino) e sua habitual "retranca". Pensei: "Beleza, vou levar essa luta na manha; uma hora ele vai abrir." Um, dois, três minutos e eu fazendo volume, movimentando, ganhando por pontos. No terceiro minuto, ele abriu; quando abriu, eu encaixei o uchimata. Ippon!

É difícil explicar o que se passou comigo naquela primeira etapa da seletiva; com certeza, a mais complicada. Estava eletrizado depois de vencer Sabino. Saí do ginásio, tirei o quimono e berrei toda a angústia daquele dia vitorioso.

Hespanha e eu teríamos algumas semanas para nos preparar para a finalíssima melhor de três, que seria na primeira semana de março. Nesse ínterim, fiz muita fisioterapia e fortalecimento.

Estávamos em março e o clima não era muito diferente do que experimentamos três semanas antes. Lutei contra Hespanha, já bem mais preparado emocional e fisicamente do que estivera nas circunstâncias da primeira luta, em janeiro. Resultado: ganhei as duas primeiras e não foi preciso fazer a terceira. Fiquei com a vaga. Finalmente, eu estava nas Olimpíadas.

VIVENDO UM SONHO

Em Barcelona, descobri o tão comentado e desejado espírito olímpico: o olimpismo; uma das experiências mais fantásticas que experimentei na vida. É difícil, para não dizer impossível, descrever. Sintetiza o que há de melhor no esporte ao despertar, em todos os participantes, uma vontade enorme de fazer-se maior do que se é por meio da vitória. Ao mesmo tempo, porém, nutre todos os envolvidos de um desejo de cooperação e generosidade.

> **" PARECE CONTRADITÓRIO, MAS NÃO É. O ADVERSÁRIO QUE QUEREMOS E PRECISAMOS VENCER TEM TANTO RESPEITO DA GENTE QUE A VONTADE DE COOPERAR E SOMAR COM ELE É A MESMA. POR ISSO, O VERDADEIRO ESPORTISTA SABE QUE O VITORIOSO É TÃO NOBRE QUANTO O DERROTADO QUE, AO DAR O MÁXIMO DE SI, É, DE ALGUMA FORMA, CAMPEÃO TAMBÉM."**

Minha participação olímpica não refletiu o empenho que tive para chegar lá, mas não me arrependo de nada. Fui eliminado na primeira luta. Há dias que as coisas não andam para um judoca. Com certeza, não estava em um dia bom, mas atribuir minha derrota a isso não seria justo com meu adversário. Ele lutou mais do que eu e mereceu seguir em frente. Lamentavelmente, não foi tão em frente quanto seria desejável para que eu conseguisse avançar pela repescagem e, quem sabe, até disputar uma medalha de bronze. De qualquer forma, ele me venceu com todos os méritos.

De minha parte, além de tudo o que disse sobre os aprendizados em Barcelona, a experiência foi o desfecho de uma jornada da qual me orgulho imensamente, uma jornada de aprendizados e, só por isso — nem me refiro aqui às medalhas e aos troféus —, de muito mais vitórias do que derrotas. Ali, encerrei uma etapa inesquecível da minha história de vida para iniciar outra, igualmente gratificante.

REALIZAÇÃO
DE VIDA

7

Um dos momentos mais críticos para um atleta profissional é o fim de sua carreira. Ele é velho para aquilo que sabe fazer e faz como poucos, mas inexperiente em qualquer outra atividade. Mesmo que tenha procurado aprender algo nesse meio-tempo, para não ficar tão vulnerável ao se aposentar, demorará muito para ter o mesmo reconhecimento que tivera. Terá de conquistar seu espaço, pedaço a pedaço, tudo outra vez.

No entanto, não há outra saída. Além de buscar uma nova atividade e, nela, encontrar satisfação similar à que sentia no esporte, o atleta precisa experimentar outra transição: a física. Ele não poderá comer da mesma maneira que comia quando competia e treinava sempre. Precisa, antes de encerrar a carreira de vez, reduzir a frequência e a intensidade dos treinos e buscar acompanhamento de nutricionista para reduzir a alimentação na mesma proporção. Precisa desacelerar seu metabolismo e, assim, evitar sofrer com a obesidade, que será um problema extra à autoestima, já abalada nesse momento.

Como ex-atleta e médico de atletas, vi muita gente talentosa e brilhante, não apenas como esportista, mas com enorme potencial em outros campos de atividade, entrarem em depressão e perderem tempo, quando não perderam a vida, tentando encontrar — ou simplesmente abrindo mão de fazê-lo — um novo propósito de existência. Se contarem com boa orientação e assistência, isso pode ser bem diferente.

Embora tenha feito, de forma intuitiva, uma excelente transição de carreira, não foi fácil[1]. Imagino que para outros atletas seja bem mais difícil. Os desafios psicológicos são os mais significativos da transição de carreira. O atleta, que está sob os holofotes, na mídia o tempo todo, de repente, cai no esquecimento. Todo o prestígio parece desaparecer e ele que, em grande medida, pensava ser a figura pública que construiu ao longo da carreira como atleta, precisa reencontrar-se, agora, em outra condição.

Por isso, desde o início da carreira esportiva, o atleta deve pensar na construção de outra carreira. Precisa se preparar para a inevitável "morte e renascimento" que faz parte da vida de todo o atleta.

> **" OS QUE NÃO ENCONTRAM UM NOVO SENTIDO PARA A VIDA, SÃO INCAPAZES DE RENASCER E É AÍ QUE ESTÁ O MAIOR PROBLEMA. SÓ HÁ SENTIDO EM 'MORRER' QUANDO SE VISLUMBRA A POSSIBILIDADE DE 'RESSURREIÇÃO'. "**

O problema é que, quando isso não ocorre e a "morte" é inevitável, a pessoa corre, de fato, o risco de ficar por aí, perambulando sem sentido, pois não pode mais viver o passado, que acabou, e, ao mesmo tempo, não encontra futuro para dar continuidade à vida.

Eu tinha uma profissão fora do esporte, uma nova história para escrever e marquei data para me aposentar, inclusive, me preparando, física e psicologicamente, para a nova fase.

---

1 · Ao longo da vida, o Esportismo precisa ser posto em prática uma quantidade incalculável de vezes. Contudo, há aqueles momentos-chave e aquele empenho de energia prolongado e com uma boa dose de intensidade. Estes são os que nos marcam. A transição de carreira é um desses momentos, porque tem um caráter de vida e morte, e de morte e vida. Para nascer novamente, é preciso muita atitude, principalmente até que se encontre a visão necessária que nos traz conforto. Quando se encontra a visão que nos entusiasma, que, por si, enche-nos de energia e autossustenta nossa atitude, a tendência é que tudo se encaixe, que as estratégias se apresentem com relativa espontaneidade, que executemos incansavelmente na direção do nosso olhar e que os aliados, o teamwork, juntem-se a nós.

Depois das Olimpíadas de Barcelona, eu, literalmente, coloquei o pé no freio. Da seleção, eu não faria mais parte; de competições, participava de poucas, só para não parar com tudo; e, nos treinos, fui diminuindo a frequência. Ao mesmo tempo, eu ia construindo minha nova história. Confesso que, em um primeiro momento, não tencionava ser médico, apesar da formação que tivera na USP. Pode parecer loucura, provocação ao meu pai, mas não era nada disso.

FIT STOP: O ENSAIO DE UMA NOVA VISÃO

Sempre tive uma vontade grande de ter o meu negócio próprio e de fazê-lo se desenvolver. A minha primeira empresa foi uma academia no Tatuapé, chamada Fit Stop. Tinha ginástica, musculação e, claro, artes marciais: judô, kung-fu, esgrima e karatê. Eu a inaugurei logo depois de me aposentar nos tatames. Foram dois anos de experiência à frente da Fit Stop. Entrei nessa porque, ao terminar a faculdade, no fim de 1990, estava desgostoso da Medicina.

Eu via a vida levada por colegas que tinham terminado antes a faculdade e me convencia de que não queria aquilo para mim. O que me diziam reforçava a experiência negativa que eu tivera como estagiário no SUS (Sistema Único de Saúde). Participei de plantões em que me vi, ao lado dos médicos já formados, obrigado a trabalhar por 12 horas seguidas. Lidamos com vidas e fazer atendimentos depois de tantas horas de trabalho, em condições desfavoráveis e com poucos recursos para fazer um bom trabalho, parecia-me uma temeridade.

No quinto ano da faculdade, a gente entra em um esquema que se chama internato. Eu comecei o meu na área de cirurgia. Na hierarquia, você está na base entre os médicos: há o residente superior, o residente, o sextanista e o quintanista. No meu primeiro plantão, o residente mais velho (superior), que sabia que eu era judoca, e eu já lhe havia dito que teria treino na manhã seguinte na Federação Paulista de Judô (FPJ), recebeu-me dizendo que seria um plantão tranquilo, que eu dormiria às 22h ou 23h.

Era uma sexta e ele me passou uma lista de afazeres burocráticos, exames, enfim, e disse que, terminada a lista, eu estaria liberado. Não lembro se dormiria lá ou em casa, mas, de qualquer forma, preocupava-me em dormir para ir ao treino no dia seguinte. Porém, quando já tinha terminado tudo, no horário estimado, chegou uma urgência e eu entrei, como instrumentador, em uma cirurgia, às 22h. Instrumentei até 1h da manhã.

Terminada a cirurgia, lembro que estava levando a maca com o paciente para a enfermaria, quando me aparece outro médico dizendo que havia chegado outra emergência e que eu teria de voltar para a sala de cirurgia. Deixei o paciente, fui para a operação e só saí da sala de cirurgia às 7h30 da manhã. Eu pensei: se esta é a vida de um médico, não quero.

Foi por isso que criei a Fit Stop, mas, com o tempo, percebi que uma academia, sozinha, não atenderia aos meus propósitos anímicos de vida, nem minha ambição profissional e material. Então, resolvi voltar à medicina, mas precisava ser de outra maneira, não no modelo dos convênios e do SUS, em que se tem de baixar sessenta fichas no dia. Esse modelo desumanizante, baseado em quantidade de pessoas, não era para mim. Precisava ser uma medicina de qualidade, envolvendo relações sólidas com os pacientes, uma medicina transformadora. Uma medicina que eu ainda não havia conhecido na prática, mas estava disposto a conhecê-la.

A academia, na realidade, foi determinante para eu reencontrar a medicina. Enquanto mantive a Fit Stop, a maior parte das procuras que eu recebia era de professores de educação física, musculação ou qualquer outra atividade, que vinham me consultar como médico. Percebi que eu queria e deveria, no fundo, montar um negócio que conciliasse esporte com medicina. Percebi que havia total sinergia entre esporte e medicina e que, pela experiência que vivera, estava vocacionado a trabalhar com medicina do esporte[2].

Assim, conclui que deveria vender a academia. Eu descobri, no jornal, um empresário do ramo que queria expandir a rede de academias dele para o Tatuapé. Entrei em contato, disse que sabia de seus planos de expansão, que minha academia tinha trezentos alunos, que eu era médico e queria retomar a medicina. Fechamos negócio.

_____

2 · A primeira experiência prática de Castropil como médico lhe dera a impressão de que a medicina não servia para ele ou que ele não servia para a medicina. Em grande medida, essa passagem ilustra como as experiências práticas são capazes de definir as bases do nosso conhecimento mais do que as experiências teóricas (aprendizagem na prática). Contudo, por outros caminhos, Castropil, também de forma prática, encontrou um ponto de conciliação entre a ideia íntima que tinha da medicina e sua paixão antiga pelos esportes. Dessa forma, ele se tornaria um ortopedista cirurgião do joelho competentíssimo, realizado e reconhecido. Mais do que isso, seria também um bem-sucedido empreendedor do ramo.

CONSULTÓRIO: O EMBRIÃO DE UMA NOVA "VITA"

Retomei minha vocação fazendo residência no Hospital das Clínicas (HC) de 1993 a 1996. Em 1997, fiz uma especialização em ombro e joelho nos Estados Unidos. No ano seguinte, voltei e, além de seguir trabalhando no HC, não mais como residente, resolvi atuar em meu próprio consultório também, um desejo antigo. Em um primeiro momento, não tinha condições para comprar um conjunto, por isso, alugava. Eu tinha uma boa demanda, justamente por ter sido do esporte. Como disse, na Fit Stop, mesmo sem atuar com medicina, atletas me procuravam para eu atendê-los como médico.

Assim, meu consultório engrenou rapidamente. Ajudou-me, ainda, o fato de ter integrado times de atletas universitários, defendendo a USP e a cidade de São Paulo em jogos dessa natureza. Logo, seria convidado para ser o médico da Confederação Brasileira de Desportos Universitários (CBDU). Fui ganhando nome no meio esportivo como médico e, em breve, me tornaria o médico do Comitê Olímpico Brasileiro (COB).

Essa natural vocação, fruto também das minhas escolhas no passado — no fim das contas, ter seguido carreira no judô se mostraria fundamental para a segunda etapa da minha vida profissional, como médico —, procurei reforçar com muitas viagens internacionais. Além da especialização nos Estados Unidos, sempre que podia ia para outros países saber o que estava sendo feito em termos de vanguarda na área da ortopedia. A todo o tempo, procuro estar em linha com o que há de ponta no mundo da ortopedia e, mais especificamente, da cirurgia do ombro e do joelho.

Foi nesse período, então, que comecei a notar que apenas um bom trabalho médico, como cirurgião, não era suficiente para garantir os resultados desejados. Não era raro uma cirurgia lograr êxito, mas a recuperação deixava a desejar por causa da falta de frequência do paciente à fisioterapia. Percebi que as faltas dos pacientes às sessões de fisioterapia aconteciam, muitas vezes, porque eles estavam psicologicamente fragilizados para encarar o duríssimo período de reabilitação e, assim, precisavam de mais atenção e cuidados que iam além da parte física.

Em outros casos, os pacientes também não tinham a orientação nutricional apropriada, excediam o peso e, assim, sua disposição emocional para encarar a recuperação caía ainda mais. Ou seja, mais uma vez, estamos falando do aspecto motivacional. Suporte, seja psicológico ou físico, embora tenha caráter técnico, denota, ao paciente, cuidado, e o cuidado demonstrado é uma injeção de ânimo. O mais importante para o paciente, nesse processo todo, é a motivação. O conhecimento técnico é de responsabilidade da equipe médica. O diferencial dessa equipe é a capacidade de manter o paciente motivado para que ele também faça a sua parte.

Os êxitos e fracassos na recuperação de pacientes — doía-me ver cirurgias jogadas fora por erros no pós-operatório — fizeram-me ter certeza de que, para eu ser, de fato, o profissional que queria ser, precisava de outros profissionais e, mais do que isso, precisava estar perto deles e dos pacientes, porque, assim, conseguiria passar o apoio humano de que necessitariam para se recuperarem como é desejável. Eu precisava unir, em um só lugar, todas as competências médico-ortopédicas.

Sozinho, meu teto, técnico, financeiro etc., era baixo. Somar competências, de modo a combiná-las, era essencial para realizar um trabalho, de fato, diferenciado e bem-sucedido. Eu precisava de médicos especialistas em coluna, mão, tornozelo... Precisava de fisioterapeutas, psicólogos e nutricionistas, enfim, precisava de todos eles comigo e no mesmo lugar para mudarmos a vida dos nossos pacientes para melhor.

De repente, ficou claro, para mim, o que eu desejava desde que havia criado a Fit Stop: uma clínica que funcionasse e tivesse ares de clube, de academia. Ou seja, mais do que um lugar de recuperação, um lugar de transformação, que remetesse à saúde e não à doença. Não sabia que nome teria a clínica, mas tinha uma certeza, ela não se chamaria Castropil, nem Wagner. Um dia, estava correndo na Avenida Sumaré, Zona Oeste da capital paulista. Cheio de endorfina, por causa da corrida, tive a ideia: Vita...

Foi justamente nessa época que Motta apareceu no meu consultório. Eu não era dos médicos mais experimentados, mas havia adquirido, em razão do meu interesse pelas novidades do universo da ortopedia e da grande demanda que recebia de atletas profissionais e amadores, conhecimento suficiente para saber o que era preciso para recuperar Motta para o judô. Mais do que isso, o trabalho feito com Motta seria fundamental para que eu amadurecesse como médico e realizasse a minha ideia de empreendimento.

REBENTO DE VITA

Trabalhando no HC e no consultório que, na época, ficava na rua Teodoro Sampaio, comecei a pensar o que poderia fazer para realizar meu novo projeto profissional. Lembro que mudei meu consultório para a rua Capote Valente e, ali, havia um prédio comercial sendo construído. Eu conseguia guardar uma grana, nessa época, sobretudo por causa do trabalha no HC. Além disso, eu tinha guardado um dinheiro também da época em que lutei, como judoca, pelo Exército Brasileiro.

Resolvi pegar essas economias e investir em um conjunto naquele prédio na mesma rua Capote Valente, para onde já havia mudado meu consultório. Com essa disposição, fui até o prédio que estava em construção e conheci Jaime, dono da construtora Atlântica, que era a responsável pela obra.

A partir daquela reunião, meu consultório começou a virar o Vita. Ao menos endereço, a clínica já tinha. Sem dúvida, naquele dia, fundei as bases do que considero um dos melhores negócios que já fiz em minha vida e, em março de 2000, com 95 metros quadrados, o Vita, que englobava dois consultórios e uma área de fisioterapia, foi inaugurado na rua Capote Valente.

Em breve, eu compraria e instalaria na sala da fisioterapia uma máquina ultramoderna para a época, da marca Cybex, que servia para análise de simetria, equilíbrio muscular, enfim, para mensurar a recuperação clínica dos pacientes. Investi, na ocasião, 50 mil dólares. As pessoas que me acompanhavam no Vita acharam uma extravagância. Não entenderam, a princípio, que, além de ser um diferencial clínico bastante relevante, a máquina contribuía também para o nosso marketing. No Brasil, nenhuma clínica tinha o Cybex, só o Vita.

Porém era apenas o começo da história de um empreendimento que diz muito sobre o que sou e como enxergo os desafios da vida. O Vita, em si, se configuraria e tem se configurado um desafio e tanto, seria e tem sido minha nova Olimpíada.

A RECUPERAÇÃO

Motta levou quase um ano para levantar as âncoras de Curitiba e zarpar para a capital paulista: esperou Sintya terminar o ano do curso que fazia; durante esse período, saiu da Nutrimental, empregou-se na Refinações de Milho Brasil (Unilever), cuja sede ficava em São Paulo, mas tinha uma filial em Curitiba; pediu, então, transferência para a sede da empresa e conseguiu; providenciou as questões de moradia na capital paulista e se mudou para sua cidade natal.

Depois de pouco tempo morando em São Paulo, Motta mudou de empresa: foi para a Coca-Cola, também na área comercial e de marketing. Assim, quando retornou ao consultório de Castropil, não foi para dizer que mudaria para São Paulo e que faria o tratamento com ele, mas para dizer que já havia mudado e que queria saber quando e como começaria sua recuperação.

Embora caiba em um parágrafo, esse período foi bastante doloroso para Motta. A dúvida ainda o acompanhava. Sua única certeza era Castropil. "Há algo em Castropil que sempre me contagiou: autoconfiança. Quando estou perto dele, sinto como se fosse possível tomar emprestada essa autoconfiança. Naquele momento, isso ficou ainda mais evidente, mas é algo natural para ele e o acompanha hoje, acompanhava-o nos treinos, nas competições universitárias. Sempre o acompanhou."

80 ▪ JORNADAS HEROICAS

Naquele momento, os passos de Motta, em grande medida, seriam dados sob os comandos de Castropil. "A primeira consulta foi muito decisiva, porque a avaliação técnica me dava esperança e Castropil se colocava como o aliado ideal para atingir um objetivo que não era simples. Ali, voltei a ter esperança. Pela primeira vez, depois da lesão, eu me animei. Voltei a acreditar que poderia dar um novo passo de vida. Foi assim que retornei a Curitiba para falar com Sintya."

Apesar do apoio da esposa, nesse processo de transição, Motta se ressentiu de outros apoios e afetos em alguns de seus círculos de convívio mais próximos em Curitiba. Um acidente dessa magnitude nos fragiliza e aumenta as expectativas sobre o tipo de consideração que nos será dedicada no trabalho, no clube que frequentamos... Nesses momentos, precisa-se de mais empatia e, quando não há, a indiferença queima como gelo até nos anestesiar.

"Há um ponto importante; tenho a sensação de ter gastado uma parte da minha energia vital naquela situação: lesão, cirurgia, reação das pessoas etc. A forma de eu abordar uma experiência, meu entusiasmo, minha energia nunca mais foram os mesmos. Minhas relações pessoais e profissionais também não. Eu perdi alguma coisa, que gastei naquele momento. Nunca mais olhei as coisas com o mesmo grau de entusiasmo[1]."

Ao mesmo tempo, Motta reconhece que adquiriu uma capacidade de resiliência que, antes do acidente, jamais imaginou que pudesse ter. Essa capacidade faria a diferença em muitos aspectos e o ajudaria a alcançar seus objetivos, assim como o tornaria, segundo ele próprio, mais ousado em campos da vida em que sempre fora conservador.

A JORNADA

Essa natureza mais "gelada" e, ao mesmo tempo, obstinada, possivelmente foi o atributo que Motta precisava despertar em si para vencer a longa jornada

---

[1] · Apesar de fazer referência à queda em seu entusiasmo depois da lesão e dos contratempos que a acompanharam, Motta teve a atitude e a estratégia mais apropriadas e harmônicas para preservar ao máximo a integridade dos projetos que ele e a esposa tinham em curso na capital paranaense, mas, ao mesmo tempo, foi capaz de providenciar seu retorno, no tempo possível, para tratar-se da lesão. Em São Paulo, a ideia era executar o que precisava ser executado para chegar, com a ajuda de Castropil e dos profissionais médicos de sua confiança, ao que desde o início mirava com inegável entusiasmo: o retorno ao judô e às competições.

que teria pela frente. O fato é que, enquanto Motta encontrava a certeza de sua recuperação em Castropil, Castropil, por sua vez, teve certeza de que seria capaz de recuperar Motta quando, no início do ano de 2000, ele apareceu novamente em seu consultório, que já havia saído da Teodoro Sampaio e ido para Capote Valente e virado Vita.

"Tínhamos pela frente mais quatro cirurgias, muito fortalecimento muscular, muitas sessões de fisioterapia e administração de anti-inflamatórios. No caso de Motta, mais do que física e clinicamente, a musculação e a fisioterapia eram emocionalmente necessárias. Ele precisava criar músculo antes de fazer as cirurgias para se sentir forte. Isso era importante psicologicamente para ele encarar o que viria depois. Assim, eu coloquei um fisioterapeuta do lado dele, para fazê-lo ganhar disposição para alcançar nosso objetivo."

A primeira cirurgia feita em Motta foi a reconstrução do ligamento cruzado anterior (LCA); depois, Castropil fez a osteotomia e, por fim, duas vezes, porque a primeira operação não deu certo, reconstruiu o tendão frontal do pé, responsável pelo movimento para cima e para baixo. "Motta tinha problemas no pé e no joelho. Era uma combinação de problemas bem complicada: o pé não subia, era um pé equino, e o joelho tinha uma tremenda instabilidade." Motta conta que, antes de fazer as cirurgias com Castropil, praticamente não andava, porque tropeçava o tempo todo.

"O que a gente fez? Primeiro, estabilizou o joelho; depois, por meio de osteotomia, corrigiu o ângulo do joelho, que havia ficado torto por causa da série de lesões." Essa cirurgia é bem impressionante: o médico corta a perna, logo abaixo do joelho, nas duas laterais, coloca-o no lugar e calça a perna, lateralmente, com uma placa de alumínio presa por parafusos. "Por fim, foi a vez do pé, onde fizemos transferência de tendão. O pé dele ficou na posição certa, mas ainda não tinha força para subir depois da primeira cirurgia", explica Castropil.

É evidente que as cirurgias não eram feitas uma atrás da outra no mesmo dia. Elas eram feitas em momentos diferentes, conforme as condições físicas de Motta melhoravam, e depois da consolidação da cirurgia feita anteriormente. A cada cirurgia realizada e a cada reabilitação, Motta agregava alguma atividade física à sua vida. Assim, na fase que antecedeu a segunda cirurgia do pé, Motta não apenas tinha restabelecido sua vida profissional, como realizava atividades físicas simples.

"O processo traz ansiedade, mas ver os avanços é bem mais motivador do que angustiante. O grande perigo, nesse processo, era a minha vontade de retornar logo aos tatames.

> **"** **POR MELHOR QUE SEJA O TRABALHO DO MÉDICO E DO FISIOTERAPEUTA, SE, COMO PACIENTES, NÃO FORMOS AJUIZADOS, PODEMOS COLOCAR OS PÉS PELAS MÃOS."**

"No meu caso, essa precipitação sempre foi mais frequente do que convém. A mesma atitude que tinha para seguir o protocolo de treinos da fisioterapia, eu tinha para, com um pouco mais de confiança, voltar ao tatame antes do tempo[2]."

O TOQUE FINAL

O grande objetivo de Motta era voltar ao judô e, para isso, ele ainda precisava recuperar o movimento do pé. Ou seja, em virtude da derradeira grande limitação que tinha naquele momento, ele não poderia cometer nenhuma indisciplina. A ideia de Castropil, então, para resolver esse problema, foi pegar o tendão que servia para movimentar um dos dedos do pé e desviá-lo para cumprir o papel de levantar o pé todo. Funcionou, mas Motta conta que não foi fácil se adaptar. "Foi muito louco no começo, porque o tecido tem memória. Inúmeras vezes, eu levantava o pé sem estar esperando, porque, na minha cabeça, achava que estaria fazendo outro movimento."

---

2 · Compreender as competências do Esportismo e sua ideia central é relativamente simples, o difícil é aplicá-las. Embora uma se emende na outra, o excesso de atitude pode prejudicar a estratégia, por exemplo, e é muito comum as pessoas terem, das competências do Esportismo, uma mais proeminente do que a outra.

Castropil explica que essa última etapa foi fundamental para que Motta recuperasse massa muscular e ganhasse maior amplitude nos movimentos, passando por longas sessões de fisioterapia cuja finalidade era reensinar os músculos a realizar os movimentos essenciais para Motta andar da melhor maneira possível. Quando Castropil disse que seria necessária muita disciplina, não estava brincando. Nos intervalos entre as cirurgias, em meio ao pesado tratamento, era comum o aparecimento de tendinites, para as quais eram ministrados anti-inflamatórios e gelo. Aliás, longas sessões de gelo.

"Nesse processo, tive até uma entorse no outro joelho e contraturas musculares na perna", diz Motta. Mas a resistência à dor que as experiências vividas lhe conferiram e a vontade de voltar aos tatames, o que, naquele momento, era uma viva realidade e não mais uma utopia, falavam muito mais alto que qualquer sofrimento. Motta não perdia de vista o destino aonde queria chegar e tinha pressa para isso.

O período foi longo; no entanto, o ambiente criado na clínica, segundo Motta, contribuiu muito para tornar a temporada mais do que aceitável. Muitas vezes, era até prazerosa. "É um ambiente gostoso. Você vai à fisioterapia e o Castropil passa para visitar, porque estão todos no mesmo ambiente, o fisioterapeuta está em contato permanente com o médico, trocam ideias, discutem estratégias e, com essa integração, passam segurança ao paciente."

Castropil explica por que essa impressão é fundamental para a recuperação dos pacientes no Vita. "Quem frequenta a clínica, não está doente." Segundo o ortopedista, quem vai ao Vita trabalha para recobrar uma condição desejável, está num processo de reabilitação, que, no caso de Motta, além de difícil, inspiraria cuidados para o resto da vida.

"Alertei Motta sobre o risco de, depois de reabilitado, por causa da lesão, ter artrose aos 45 anos de idade, quando o normal é que surja a partir dos 60. Também fui taxativo em dizer que ele precisaria manter-se em forma, com a musculatura fortalecida e, em hipótese alguma, poderia engordar, sob pena de comprometer todo o trabalho feito em sua perna esquerda."

Esses avisos foram dados ao longo de todo o tratamento, mas foram enfaticamente reforçados no início de 2003, quando, oficialmente, Motta teve alta.

Apesar das dificuldades inevitáveis e dos aspectos limitantes irreversíveis, em razão da gravidade da lesão, no fim das contas, Motta voltou a ter condições de praticar esportes como corrida e, o mais importante, voltou ao judô.

RENASCENDO DO CHÃO

Motta superou a lesão, oficialmente, em 2003, ou seja, aos 34 anos. Porém o que talvez nem Castropil soubesse é que Motta já vinha "dando seus pulos" no tatame um ano antes, embora ainda não exatamente como vislumbrara ao longo de toda a sua reabilitação.

Em dezembro de 2001, já com quase dois anos de reabilitação no Vita, durante almoço em restaurante nos arredores do escritório da Coca-Cola, na Zona Sul de São Paulo, Motta reencontrou um velho conhecido dos tatames: Max Trombini. Sim, o mesmo judoca de Ubatuba que, quase vinte anos antes, havia ajudado Castropil na preparação para a conquista de seu primeiro Brasileiro de judô.

Max, além de faixa preta de judô, era faixa preta e professor de jiu-jitsu na Cia. Athletica, rede de academias que tinha uma unidade naquela região. Motta conhecia bem a proficiência do colega no newaza (técnicas de luta no solo), que é a essência do jiu-jitsu brasileiro.

Antes daquele inesperado encontro no restaurante, eles tinham se visto pela última vez em 1995, durante um treino de newaza na Associação de Judô Alto da Lapa. Na ocasião, eles treinaram juntos e Max encaixou estrangulamento em Motta, que se recusou a bater em desistência. "Ele me 'apagou'", revela Motta.

Aquele reencontro, naturalmente, trouxe a lembrança do episódio vivido seis anos antes, e o mais irônico é que aquela "finalização" não brotou na memória de Motta como uma passagem triste, mas, ao contrário, saudosa, associada ao período em que ele podia estar no tatame, perdendo ou vencendo, mas sempre se divertindo de alguma forma.

O reencontro com Max foi transformador, apesar do visível espanto de Max ao ver Motta, que, mesmo com todos os progressos, ainda estava debilitado, sobretudo porque acabara de realizar a última cirurgia, a que lhe resolveu o problema do "pé equino".

"Me fez muito bem encontrar Max naquele momento da minha vida." Com a sensibilidade que só os lutadores têm, ao ouvir a história de Motta, Max notou que o colega precisava do oxigênio do esporte. Se o judô ainda não era possível em sua plenitude, algumas doses de jiu-jitsu fariam um bem danado a Motta. Assim, Max não titubeou em convidá-lo para treinar com ele, sem compromisso, de forma "suave" assim que fosse "possível".

"Uma força interior inexplicável e sem nenhum fundamento lógico [nem médico, obviamente] me disse que havia chegado a hora de voltar aos tatames", diria, visivelmente entusiasmado, Motta.

Conciliando o espírito guerreiro com o de vendedor, Motta ainda conseguiu desconto nas aulas ao "arregimentar" vinte colegas de trabalho para fechar um convênio com a Cia. Athletica, sendo que seis entraram, exclusivamente, para o treino de jiu. No fim, o jiu-jitsu se mostrou, de fato, menos agressivo e mais adequado às suas limitações naquele momento.

Não demorou, então, para que Motta se adaptasse à nova modalidade e começasse a treinar com o ímpeto que lhe é peculiar. Ainda em 2002, depois de quatro meses de treino, mas contagiado pelo entusiasmo que só a luta é capaz de lhe proporcionar, Motta começou a competir no jiu-jitsu.

"Para a primeira competição, Max nos passou uma preparação baseada em mentalização e imaginação criativa. O clima era muito positivo na academia, e eu me sentia com a força que pensei não fosse mais experimentar na vida. Max era incrível no *corner* e muito comprometido com seus alunos." Naquele mesmo ano, Motta venceu quatro campeonatos de jiu-jitsu, com destaque para o brasileiro de veteranos, na categoria que ia até a faixa roxa.

DE VOLTA AO CAMINHO

Esse período de quase um ano de transição do chão para a luta em pé foi fundamental para Motta sentir o gosto das competições e ganhar autoestima,

86 ▪ JORNADAS HEROICAS

ver-se capaz de vencer, mesmo com todas as lesões superadas e limitações decorrentes. Porém talvez não fosse o suficiente para Motta fazer o que fez logo depois de sair do consultório de Castropil com a sua alta médica. "No dia seguinte à alta, eu me inscrevi no Campeonato Brasileiro de Judô de Veteranos, que seria disputado dali alguns poucos meses, em Araraquara (SP)."

Antes que se atribua a Motta loucura maior do que a habitual e já verificada nessas linhas por se meter em uma competição de maneira tão precoce, vale ponderar outra providência tomada por ele antes da alta oficial. "Como ganhara confiança no jiu, também em 2002, passei a treinar judô, dentro de alguns limites clínicos, o que pressupõe não competir. Ou seja, eu treinava entrada de golpe, newaza, kata e, com todo o cuidado dos meus colegas de treino da Associação de Judô Alto da Lapa, um pouco de randori também."

Para sorte de Motta, nessa época, as competições de kata e de veteranos ganhavam importância no cenário nacional e internacional de judô[3]. A natureza mais artística do que marcial do kata, dessa maneira, permitiu que, ainda em 2002, ele pudesse participar desse tipo de competição com conquistas importantes e ainda bem menos riscos de lesão do que tinha, por exemplo, ao competir no jiu-jitsu.

Assim, inscrever-se no Brasileiro de Veteranos de 2003 era uma visão de Motta desde 2002[4]. O que, contudo, pode parecer ousado ao leitor, para Motta, ficava um pouco aquém da sua histórica expectativa. Se não fossem as limitações, ele tentaria algo mais ousado mesmo. "Eu preferiria estar competindo entre os seniores do que entre os veteranos, mas estava velho para isso. Felizmente, a essa altura, as competições entre veteranos evoluíam, com cada vez mais participantes e alto nível competitivo." Ou seja, Motta teria diversão de sobra pela frente.

---

3 · Desde fins da década de 1990, o mundo percebeu que as pessoas estavam mais longevas. Não apenas o judô, mas as corridas de rua e outros esportes, como triátlon, ganharam espaço entre as pessoas "mais velhas", como parte de planos pessoais por maior qualidade de vida.

4 · Até 2002, as competições de veteranos no judô só podiam ser disputadas por atletas com mais de 35 anos. Em 2003, expandiu-se a categoria para atletas com mais de 30 anos. Assim, Motta, ao receber alta médica aos 34 anos, ganha a chance de competir entre atletas de sua idade, reduzindo as desvantagens que teria, afinal, se lutasse entre os seniores, além das limitações físicas resultantes das lesões, ainda teria a desvantagem etária.

A ADRENALINA DAS COMPETIÇÕES

"Cinco anos depois da minha última competição de shiai como judoca, no Paraná, quando havia sido vice-campeão, estava eu viajando para Araraquara para a disputa do Brasileiro de Veteranos. Confesso que estava receoso e, mesmo depois de inscrito, eu cogitava a possibilidade de desistir."

Apesar das competições de jiu-jitsu e de kata, a luta, no judô, era diferente, exigia muito mais do seu joelho. "Eu estava inscrito para ambas as disputas (kata e shiai), mas não sabia ainda se ia lutar. Estava muito inseguro. Já tinha feito o kata em parceria com o velho amigo, dos tempos de Ishii, Eduardo Maestá. Ficamos na quarta posição. Para o shiai, ainda não sabia se lutaria."

Motta conta que sensei Uchida o procurou, depois do kata, e disse que ele deveria participar do shiai se desejasse. Sintya, que estava com Motta, assim como estivera nas horas mais difíceis de todo aquele processo, também o estimulou, apesar de não esconder o temor natural de quem se lembrava de tudo que havia acontecido em Curitiba no fatídico dia 5 de outubro de 1998.

Era inevitável que Motta pensasse na possibilidade de viver todo aquele calvário outra vez. "Eu estava mesmo muito tenso. Mas o clima de jogos, a viagem compartilhada com velhos amigos do judô… O apoio do sensei, de Sintya. Tudo isso me remoçou e me encheu de entusiasmo. A vitória de participar daquele shiai não era só minha; eu via que era deles também… Decidi lutar."

Motta conta que as chaves do torneio foram sorteadas. Havia muitos atletas, até por ser a primeira competição de veteranos a partir de 30 anos. "No sorteio, peguei 'chapéu'[5]. Meu primeiro adversário seria Carlinhos Macena, velho conhecido, atleta duro de ser batido, ágil, tinhoso e muito técnico. Fiz uma luta defensiva, mas, nos momentos de respiro do adversário, colocava volume e pressão de golpes. Sentia, claramente, a falta de ritmo de luta, mas, em meio a gritos de toda Associação de Judô Alto da Lapa, aos quais se somavam os de Sintya, que demonstrava uma empolgação inédita para os seus

---
5 · Saltou diretamente para a segunda rodada.

padrões como torcedora, consegui avançar para a terceira rodada vencendo Macena por um shidô[6]."

Na sequência, Motta enfrentaria Willy, um gaúcho muito competitivo desde os tempos de mirim. "Tinha inúmeros títulos em inúmeras etapas da sua história no judô. Achei que poderia ficar por ali, mas consegui pontuar primeiro, ao aplicar um ouchi-gari. A partir daí, ele se abriu. Consegui, em contragolpes, mais duas pontuações e, assim, avancei para a semifinal. Se eu vencesse agora, garantiria uma medalha."

Motta começou a acreditar. A adrenalina subiu, porque ele notou que o pessoal da academia também acreditava na medalha. Bastava uma vitória. Considerando o contexto, a conquista de uma medalha naquele brasileiro seria um feito incrível. "Meu próximo adversário era Hércio, de Atibaia — embora, na época, competisse por São José (ambas cidades paulistas) —, judoca com muito recurso, com uma boa técnica de chão; professor de jiu-jitsu também. Eu comecei bem e consegui aplicar um tai-otoshi, pontuei e administrei a pontuação até o fim."

Motta estava emocionado, mas, já que estava na final, não podia se contentar com a prata, pelo menos não antes de saber o resultado da disputa pelo ouro. Seu adversário seria Morita, judoca de Bastos, que chegou a defender seleções de base.

---

6 • Penalidade aplicada pelos árbitros, normalmente em razão de falta de combatividade.

" FOI UMA LUTA PARECIDA COM A PRIMEIRA, A QUE HAVIA FEITO CONTRA MACENA. USEI E ABUSEI DA TÁTICA. PROCUREI CANSÁ-LO E, TOMADO POR UMA ADRENALINA E UMA COMOÇÃO QUE PARECIA DOMINAR O GINÁSIO, FUI CAMPEÃO BRASILEIRO DE VETERANOS. FOI UMA DAS MAIORES ALEGRIAS DA MINHA VIDA. NO TATAME, FOI A MAIOR ALEGRIA QUE SENTI, PELO MENOS ATÉ NOVEMBRO DE 2016."

VENCER É TODO DIA

"A VITÓRIA ENTUSIASMA, MAS PODE PASSAR DO PONTO E INEBRIAR."

Depois daquele brasileiro de veteranos épico, Motta pensou: "Vou participar de todos os campeonatos para atleta máster". Mas, embora pudesse lutar e vencer, a condição física dele, por inacreditavelmente melhor que fosse, considerando tudo o que ocorrera em Curitiba, não lhe dava garantia nenhuma de que poderia viver competitivamente, como um garotão da Atlética da FGV.

Se, com o passar do tempo, as competições são naturalmente mais arriscadas para os atletas, sejam profissionais ou amadores, para Motta e seu histórico digno de veterano de guerra eram ainda mais. O fato é que, repetindo a história de seu mentor e médico Castropil, Motta voltou a se lesionar no fim de 2003, ou seja, no mesmo ano em que havia regressado aos tatames. "Rompi, de novo, o ligamento cruzado anterior (LCA) do joelho esquerdo."

Diante do que havia vivido, isso era, praticamente, uma picada de mosquito. Embora as consequências dessa picada tenham sido bem mais dolorosas para Motta: mais dois anos sem competir em shiais de judô. Porém ele tinha a atitude que lhe servia de combustível para percorrer o caminho todo novamente. Tinha a visão de aonde poderia chegar depois desse período, a estratégia para superar o contratempo, disposição para executar o plano e aliados, como Castropil, para vencer mais essa jornada.

Claro, ele precisou escutar o sermão paterno e materno, que o viam como um moleque irresponsável no que dizia respeito à sua insistência no judô, porém, de fato, quase não sofreu com a lesão. "Eu estava muito feliz com os resultados do ano. Fui bem em inúmeras competições de judô e jiu-jitsu." O brasileiro foi o ponto alto daquele ano de ressurreição, mas houve outras conquistas.

Ainda assim, Motta precisou de pouco mais de dois anos para sentir o gostinho do tatame em competições de judô. "Voltei a treinar em 2005 e só fui competir em 2006." Dessa vez, porém, não haveria medo nem drama para encarar os desafios. Motta, assim como ocorrera com Castropil no período de atleta, tinha, depois de mais essa lesão, uma disposição e força mental que lhe conferiam uma áurea *highlander*[1]. Tanto é verdade que, em 2006, ele emplacou seu segundo título brasileiro entre os veteranos.

O sonho de Motta, então, passou a ser um pouco mais ousado: queria uma medalha em mundiais. Assim, a felicidade por vencer os brasileiros começou a não ser mais significativa do que as frustrações em mundiais. "Em 2007, fui quinto. Até aí, gostei do resultado. Fiquei cheio de ânimo para o próximo, mas, então, fui sétimo colocado e, em vez de melhorar, nos seguintes, meus desempenhos foram piorando cada vez mais, até o ponto de, em 2014, perder na primeira rodada. Neste mesmo ano, um dos mais difíceis da minha vida, bem mais do que foi 1998, eu acreditei, piamente, que não seria mais capaz de conquistar uma medalha em mundiais."

É curioso constatar que, embora se considere frio, pragmático e até desa-pegado, característica que ele próprio diz ter adquirido depois do acidente no Curitibano, quando se trata de judô, não apenas logo depois da lesão,

---

1 - O caminho para vencer grandes adversidades físicas já era conhecido por Motta. Ele sabia qual era a atitude, sabia aonde queria chegar (visão), conhecia muito bem a estratégia, sabia executar com maestria e tinha aliados supercompetentes ao lado (teamwork). Depois que se aprende — e essas lições só podem ser aprendidas na prática, por isso, leia esta obra, mas, sobretudo, pratique o que está aqui —, o Esportismo vira uma ferramenta preciosa e confiável de superação.

mas mesmo ao longo das duas décadas que se passaram depois do acidente, Motta demonstra profundo apego. É como se fosse uma paixão da qual não se imagina, em hipótese alguma — em hipótese alguma mesmo —, apartado.

A mesma paixão, porém, não se verifica, em Motta, quando o assunto é seu campo de atuação profissional, o que não significa que não goste do que faz, muito pelo contrário. Manda a sensatez que nos preocupemos menos com discursos e mais com atitudes. Ao longo desses anos todos, Motta construiu uma carreira, como executivo da indústria de bens de consumo, mensurável em atos e na teoria.

Cita-se, aqui, teoria, no sentido estrito do termo, já que a produção acadêmica de Motta, no campo da administração de empresas, é vasta e valiosa. Porém, como até a teoria de Motta costuma enaltecer a natureza pedagógica da prática[2], seus textos geralmente são, antes de tudo, um convite à ação, porque, na cabeça dele, conhecimentos valiosos de verdade só podem ser obtidos por meio da prática. Por isso, como se poderá ver nas próximas linhas, é possível dizer que suas conquistas profissionais são tão ou mais expressivas do que as obtidas no tatame.

A CONSTRUÇÃO

"Passei por várias áreas do *trade* e do marketing, trabalhando na P&G, Coca-Cola (RMB), Heineken e Nutrimental, até chegar à do bem, que considero o ponto alto da minha carreira. Foram 28 anos de atuação como executivo na área. De todas essas experiências, posso dizer que a empresa que mais me preparou para o que vivi na do bem foi a Nutrimental."

Motta não tinha a "retaguarda da matriz", com profissionais altamente qualificados e prontos para lhe dar suporte, como ocorria nas multinacionais em que trabalhou. Na Nutrimental, Motta era o cara e ele precisaria ser ainda mais o cara na do bem. "Não se trata de diminuir a experiência que tive nessas grandes empresas, mas de explicar quão diferentes eram os desafios."

---

2 · "... as teorias práticas veem as ações como 'realizando-se' ou 'acontecendo', como desempenhadas por meio de uma rede de conexões em ação, como mundo vivido e *dwelling* [habitar]" (GHERARDI, Silvia; STRATI, Antonio. *Administração e Aprendizagem na Prática*, p. 44).

Foi durante o período que esteve na Coca-Cola, por exemplo, que o projeto do qual essa obra faz parte, o Esportismo, começou a ganhar vida, em 2007. Ali, Motta percebeu que sua história de superação, guiada por Castropil, produzira um fruto que ia além de si, que encontrava eco no inconsciente de outras pessoas e, mais, que tinha a ver com o esporte e tudo o que ele havia aprendido desde a infância, quando correra atrás de uma bola pela primeira vez.

"Eu montei a área comercial da Nutrimental. Eles tinham poucos clientes quando cheguei. A empresa havia sobrevivido a um baque enorme. No início da década de 1990, quase 100% de sua receita vinha de contratos com o governo federal. Quando o governo resolveu cancelá-los, a empresa, por muito pouco, não foi 'cancelada' também."

Porém a empresa sobreviveu, reformulou-se e se tornou, de fato, uma companhia de mercado. "Minha chegada foi justamente para consolidá-la nessa nova fase." O objetivo foi alcançado, embora o acidente tenha interrompido, naquele momento, a continuidade de Motta na empresa. Mas Motta voltaria à Nutrimental em 2009, mais de dez anos depois, e trabalharia intensamente em lançamentos e produtos de maior valor agregado. Faria da empresa uma das pioneiras em marketing digital, ampliaria os canais de distribuição em todo o país e aumentaria as vendas da companhia.

No entanto, Motta queria mais. "Eu tinha uma agenda de desenvolvimento pessoal e profissional e não conseguia recursos para desenvolvê-la. Comecei a procurar por um emprego que me rendesse mais e recebi uma proposta de Optimum Nutrition, marca de suplemento alimentar internacional, para ser *country manager* no Brasil e estabelecer uma unidade deles aqui. Era um segmento que eu conhecia, pela experiência que tinha da Nutrimental. Fiquei animado com a perspectiva."

DO BEM

Porém outra proposta apareceria sem que Motta esperasse. "Sempre fui muito conservador em questões profissionais, mas, dessa vez, eu ousei. Minha cabeça, até esse momento, era a de um executivo, mas a proposta que me chegou me obrigava a pensar como empreendedor."

Motta, embora ainda não tivesse saído da Nutrimental, já estava apalavrado com a Optimum, quando Marcos Leta, sócio da empresa de sucos saudáveis do bem, fez-lhe uma ligação e, junto, uma proposta. "Estávamos em novembro de 2012 e eu ia pedir minha saída da Nutrimental no início de 2013 para assumir a unidade da Optimum no Brasil", explica. Embora fosse bem ousada para o seu padrão conservador, a proposta de Marcos entusiasmou Motta, como não costumava acontecer em relação a esses assuntos.

"A pegada bem jovem dele, que, na ocasião, devia ter 28 anos, me fez sentir mais jovem. Eu ia ganhar menos do que ganhava na Nutrimental e menos da metade do que ganharia na Optimum, mas teria participação acionária e o futuro dos meus rendimentos estava em minhas mãos. Se a empresa crescesse, eu cresceria. Então, disse: 'Dane-se a segurança, vou encarar.' Na Nutrimental, já esperavam a minha saída. O meu contato na Optimum, porém, não acreditou quando eu lhe expliquei por que estava indo para a do bem. A cabeça dele era a de um executivo e não entendia como eu poderia fazer o que estava fazendo: ir para uma empresa que buscava nascer comercialmente para ganhar 30% do que ele me propunha. Ainda assim, eu fui."

Motta diz que a do bem "buscava nascer comercialmente" porque, em 2013, a indústria vendia apenas para dois supermercados cariocas, ou seja, tinha uma pequena e localizada distribuição. Mas ele via um potencial enorme na empresa e abraçou a causa. "Minha participação poderia expandir, mas dependia de abrir outras importantes praças para o produto. Foi um desafio enorme, mas a experiência adquirida ao longo de todos esses anos no mercado me fez crer que seria capaz."

Do ponto de vista conjuntural, pode-se dizer que Motta não escolheu a melhor hora para empreender. Afinal, dois anos depois de topar embarcar no empreendimento, ou seja, em 2015, o país mergulhou em uma profunda crise política que se estendeu por anos com gravíssimas consequências econômicas. O cenário e a sensação de que os planos de expansão não poderiam ser executados, já a partir de 2014, cresceram e angustiaram Motta.

Porém os contratempos político-econômicos e a maneira como desabaram sobre suas expectativas como empreendedor seriam irrisórias diante de um problema familiar, de fato, devastador. Em dezembro de 2013, Maria Alice, mãe de Motta, recebeu o resultado dos exames médicos de rotina que havia feito recentemente. Seu médico lhe informou o diagnóstico: metástase.

Para Motta, 2014 trazia a pior face possível do imponderável e do seu hálito fatal, a ponto de a vexatória derrota brasileira para a Alemanha, na Copa doméstica daquele ano, ser completamente insignificante na memória de Motta. Ainda assim, a mais absoluta e ampla adversidade pareceu, de novo, nutri-lo de força, e, pelo menos sobre a conjuntura político-econômica, Motta e a do bem obteriam uma notável vitória. Ou seja, como empreendedor, Motta venceria mais que um Brasileiro de Veteranos.

O filho de Maria Alice faria um impressionante trabalho de expansão da marca, não apenas em 2014, mas também em 2015. Em pouco tempo, a do bem, uma marca regional, carioca, passou a ser conhecida nacionalmente, e seus produtos, vendidos nas principais praças e nas principais redes de supermercados do país. "Quando cheguei, a empresa tinha atuação discreta e restrita a alguns mercados do país. Em 2016, dois anos depois, estava entre as maiores de seu segmento[3]."

Esse desempenho — fruto da aplicação na íntegra e conscientemente de todas as competências do Esportismo — despertou o interesse de gigantes do setor de bebidas, como a Ambev. Em abril de 2016, a maior empresa de bebidas do mundo comprou a indústria de sucos saudáveis do bem.

"De 2013 a 2016, vivi, sem dúvida nenhuma, um dos períodos mais gloriosos da minha vida profissional, mas, ao mesmo tempo, especificamente em 2014, eu viveria o dia mais doloroso também. Um dia que nunca passará, porque a saudade não me deixa esquecê-lo… Em 7 de junho de 2014, minha mãe morreu."

COM A ALMA EM PEDAÇOS

A perda da mãe teve um impacto brutal no estado emocional de Motta e sua tristeza se estendeu pelo tempo, mas não apenas por meses, e sim por anos. Motta não se permitiu parar para digerir todas as emoções que emergiam daquela experiência de perda que nos arranca do solo com raiz e tudo. Em sua cabeça, parar e mergulhar nesses sentimentos lhe tiraria do que precisava

---

3 · Como empreendedor, Motta pôde aplicar, na íntegra e com consciência, todas as competências do Esportismo. Em grande medida, sua participação no êxito impressionante da do bem se deveu ao conhecimento que havia, ao lado de Castropil, sistematizado.

continuar realizando na vida. Assim, se já vivia tudo com uma intensidade kamikaze, agora, seria ainda mais difícil segurá-lo.

O empenho demonstrado por sua mãe para preservar-se viva, em face de um adversário tão poderoso e impiedoso quanto o câncer, deixou em Motta a sensação de que ele não poderia ceder a nenhum sentimento que considerasse negativo. Ele precisava passar por cima de suas dores e tristezas. No fundo, desejava provar, a si mesmo, ser capaz do mesmo destemor e força que sua mãe demonstrara em seus últimos dias. Além disso, queria transmitir, a seus filhos, o mesmo exemplo que recebera de Maria Alice.

Depois da grave lesão ocorrida em Curitiba, de seu retorno a São Paulo e aos tatames, Motta pôde experimentar a paternidade. Tornou-se pai de dois meninos: João Abade e Antônio Bento. Foi com enorme satisfação pessoal que ele acompanhou o forte vínculo que se desenvolveu entre seu primogênito, João Abade, nascido em 2009, e sua mãe. Um vínculo de afeto único e genuíno que duraria ao menos cinco anos; os cinco anos que restavam a Maria Alice.

Do caçula, Antônio Bento, nascido em 2014, ano de sua morte, ela desfrutaria apenas alguns poucos meses. "Quando Bento nasceu, minha mãe, com a metástase já diagnosticada, cheia de dores e recém-operada — pelo próprio Castropil, de uma fratura espontânea no fêmur em razão do câncer —, não tinha quem a levasse à maternidade. Mesmo assim, ela deu um jeito de ir até Bento sozinha e de muletas. Depois de mim e de Sintya, foi a primeira da família a vê-lo. Talvez soubesse, embora lutasse com todas as forças contra essa ideia, que teria pouco tempo com ele."

Bento foi, em dada medida, a flor de cerejeira daquele ano invernal. Sua vinda aqueceu, um pouco, o coração resfriado de Motta pela perda materna e por mais uma lesão, agora no joelho direito, e, a exemplo das demais, sofrida dentro do tatame.

Na maioria das lesões que Motta sofrera, sempre houve um componente épico. Mas esta seria, talvez, a mais heroica. É difícil se orgulhar de uma lesão e é impossível não se orgulhar de superá-la. Naquele 2014, ainda no tatame, depois de romper o LCA do joelho direito, Motta tinha muitas dores e decepções para superar antes de qualquer tratamento ortopédico e fisioterápico. Ele não podia sair dali sem superá-las e não importava o quão sacrificante isso seria...

PARA SER MELHOR SEMPRE

10

Motta tem testemunhado toda a evolução do Vita como paciente. Começou a se tratar comigo no primeiro ano do Instituto, em 2000, e segue até hoje. É um paciente ativo, porque gosta de grandes desafios. Quem almeja grandes conquistas tem de estar preparado para grandes contratempos. A história dele é rica, porque nunca se esquivou dos riscos.

> **QUEM QUER O CONFORTO DO SOFÁ, PARA SEMPRE, NÃO TERÁ MUITA HISTÓRIA PARA CONTAR NA VIDA."**

Ele podia ser um pouco mais disciplinado, não antecipar retornos às atividades físicas, não exagerar nos desafios, mas, ainda assim, há mais qualidades em suas ações do que falhas.

Este livro faz de Motta um dos pacientes-símbolo do Vita. A história construída, de forma conjunta, ilustra bem o espírito e o propósito da empresa. Nossas qualidades, ao longo de quase duas décadas de história, assim como no caso de Motta, também se sobrepuseram aos percalços e às falhas, fazendo com que chegássemos, aos dias de hoje, com um tamanho que eu, confesso, não seria capaz de imaginar em seu primeiro ano de existência.

Em grande medida, os frutos que colhemos têm relação com o caráter colaborativo do Vita. Ninguém faz nada sozinho: não venci três brasileiros, alguns sul-americanos e estive em uma Olimpíada porque não precisei de ninguém. Tampouco Motta fez o que fez em sua vida, como atleta amador e como profissional do segmento de bens de consumo, porque era o super-homem. Tenho certeza de que minhas conquistas se devem, justamente, à humildade de pedir ajuda e de contar com pessoas competentes dispostas a me ajudar.

> **TRABALHO EM EQUIPE É FUNDAMENTAL, E A CAPACIDADE DE ENGAJAR UM GRUPO DE PESSOAS EM UM MESMO OBJETIVO TALVEZ SEJA A MAIS PODEROSA DAS FERRAMENTAS DE QUE DISPOMOS[1]."**

No esporte, essa ferramenta é permanentemente aprimorada, o que ajuda a explicar por que o Vita nasceu para agregar profissionais de excelência que tivessem alguma relação com o esporte. Assim, para cada área da ortopedia abrangida pelo Vita, consegui um médico com histórico esportivo.

Essa relação com o esporte não é apenas ação de marketing. Sempre achei que o esporte fosse capaz de fazer as pessoas pensarem de maneira diferente. Eu queria médicos e profissionais que pensassem como esportistas e que compartilhassem os princípios e valores que julgo essenciais para a nossa atividade: empatia, positividade, trabalho em equipe, rigor científico, inovação, comprometimento com a excelência, oportunidades por mérito e responsabilidade social.

Listar e pensar nesses valores é uma tarefa simples, difícil é vivê-los no dia a dia da profissão. Eu falo dessa dificuldade por experiência própria: em dado momento da minha vida, ao ter de lidar com um paciente, quase me faltou a essencial empatia e, sem ela, também me faltariam positividade e, em dada medida, responsabilidade social.

TEAMWORK NA VEIA

Esse paciente estava em coma no Hospital Israelita Albert Einstein. Tinha sofrido um acidente de moto, quando fui chamado, pelo pai dele, para atendê-lo. Ele havia fraturado os úmeros, o quadril, os joelhos e os pés. Em bom português: estava arrebentado.

---

1 · "A diferença real entre nós e os chimpanzés é a cola mítica que uma grandes quantidades de indivíduos, famílias e grupos. Essa cola nos tornou os mestres da criação." HARARI, Yuval Noah. *Sapiens*: Uma breve história da humanidade. L&PM, 2015.

O pai me chamou para assumir o caso. Eu aceitei, mas coloquei minhas condições: operá-lo, mesmo em coma, no dia seguinte. Com um detalhe: faríamos todas as cirurgias necessárias de uma só vez. O pai dele olhou para mim e disse:

— Como assim?

Eu respondi:

— Exatamente o que o senhor ouviu. É a melhor maneira de garantir a vida de seu filho. Ele tem fratura em múltiplas partes do corpo e está sangrando por todas elas. Desse jeito, não vai resistir, ele vai morrer em pouquíssimo tempo.

— Mas como você vai fazer isso?

— Vou chamar a minha equipe.

O cara topou. Em um domingo, eu operei um úmero; outro médico, o outro; um terceiro, um dos pés. Terminei o úmero, fui para um dos joelhos. E, assim, os demais médicos fizeram também. Levamos entre sete e oito horas nos procedimentos. O rapaz teve o quadro clínico estabilizado e passou, ainda assim, um longo período em coma e na UTI, mas se recuperou.

Nesse meio-tempo, descobri que ele era viciado em drogas; usuário e extremamente dependente de crack. Digo que foi difícil, porque fizemos um tremendo trabalho de recuperação, mas, assim que se restabeleceu, em razão do problema com drogas que tinha, ele voltava a se acidentar e nós voltávamos a recuperá-lo e, na sequência, ele voltava às drogas e aos acidentes... Um interminável ciclo que não era fruto de um propósito edificante, não era para realizar um sonho, como no caso de Motta; nós o recuperávamos para ele tentar se matar. Essa era a sensação que eu tinha.

Eu despendia uma baita energia tentando colocá-lo para cima, mostrando a importância do que ele estava vivendo, da recuperação, da superação. Envolvi psiquiatra e psicólogo no processo, mas, mesmo assim, ele reincidia. Eu não conseguia entender suas atitudes, suas decisões. Não as aceitava. Aquilo estava me consumindo, era tudo muito frustrante. Este foi o paciente que mais frequentou o Vita e o único que eu quis abandonar.

Vendo que ia desistir do paciente, um amigo médico veio e me disse:

— Se você não cuidar dele, quem vai cuidar? Além disso, pode acreditar, com todos esses defeitos, ele vai fazer você ser um médico melhor.

EXPANSÃO

Ele me convenceu. Cuidei dele por mais de dez anos e, graças a Deus, ele conseguiu abandonar o vício e abriu uma clínica de reabilitação, mas, antes de completar 40 anos, faleceu, dormindo, em decorrência de um infarto. A família me ligou para avisar do falecimento e me agradeceu por tudo o que eu havia feito por ele. Eu me senti um médico e uma pessoa melhor, mas não teria sido, nem me sentiria assim, se não fosse pela ajuda e pelo aconselhamento de um colega.

EXPANSÃO

O Vita cresceu rapidamente. Alguns meses depois da inauguração, em março de 2000, foi preciso ampliar o espaço que ocupávamos na rua Capote Valente. Passamos dos 95 m² iniciais para 130 m². Em 2003, abrimos a segunda unidade, em Moema. Três anos depois, em 2006, nossa matriz saiu da rua Capote Valente e fomos para Higienópolis, região central da cidade, na rua Mato Grosso.

Estávamos vigorosos e crescendo muito — pelo menos, assim eu entendia. Porém, em 2009, descobrimos um problema: nosso negócio estava montado de forma que não priorizava a empresa. Era mais um condomínio de médicos: a maior parte da receita da empresa ficava com os médicos, que eram os emissores das notas. O Vita não as emitia. Por isso, não acessávamos crédito no BNDES (Banco Nacional de Desenvolvimento Econômico e Social), nem de nenhuma outra espécie. Em dado momento, a empresa previa uma receita que não se materializou em razão dessa estrutura.

De repente, vimo-nos com um rombo R$1,5 milhões. Tivemos de nos reorganizar e consertar o modelo de negócio. Não foi fácil. Ainda mais porque, nesse meio-tempo, apareceu uma grande oportunidade para a empresa: uma parceria com o São Paulo Futebol Clube, por meio da qual instalaríamos uma unidade do Vita dentro do Estádio Cícero Pompeu de Toledo, o Morumbi. Eu não queria perdê-la de jeito nenhum, mas muitas pessoas, no Vita — não todos, felizmente —, classificavam tal movimento, naquele instante, uma verdadeira insensatez. Cansei de ouvir:

— Você é louco, vai quebrar a empresa de vez.

Porém, confesso, algo me dizia que só nos restava ir adiante com aquele negócio. Eu sentia que conseguiríamos resolver o problema estrutural e que a nova unidade nos ajudaria a recuperar ainda mais rapidamente o fôlego de crescimento. A sensação era de que, se não aproveitássemos aquela chance, aí, sim, o Vita estaria em risco.

Nessa época, vieram, à minha cabeça, treinos que, na época do judô, eu fazia no Pico do Jaraguá. Subíamos ao ponto mais alto da cidade em grupos de judocas. A competição entre nós era fonte de motivação para cumprirmos a jornada nada fácil de subir a estradinha que nos levaria ao pico. Íamos um ultrapassando o outro, disputando mesmo, e isso me instigava. Na verdade, todos, ao fim da corrida, revelavam que a disputa tinha sido o grande combustível para que chegassem ao fim. Isso porque, invariavelmente, em algum momento da subida, alguém pensava em parar, mas, ao ver o outro avançar, passar à frente, a vontade de não ficar para trás dominava quem estivesse desanimando. A vontade de desistir, assim, desaparecia.

Pensei inúmeras vezes em desistir de continuar subindo o Pico do Jaraguá e também, em várias oportunidades, pensei em desistir do negócio com o São Paulo e, na ocasião, até mesmo do Vita. Contudo, juro, por tudo o que eu havia vivido no esporte e pelos colegas que não me deixavam desanimar, acreditando comigo no negócio do Morumbi, eu decidi, a cada manhã, seguir adiante, ir até o fim. Juntos, confiamos que alcançaríamos nosso objetivo.

Reestruturamos o empreendimento societária e economicamente e fechamos o negócio com o São Paulo. Foi um esforço grande, mas de retorno rápido. Olho para a unidade do Morumbi e posso dizer que mudou a minha empresa para muito melhor. Dobramos o faturamento depois do Morumbi. Em 2019, nossa receita ficou em torno de R$52 milhões, empregamos mais de 250 pessoas, das quais mais de 25 ortopedistas e mais de 100 terapeutas de múltiplas especialidades.

O ganho não foi apenas em receita; dobramos o número de clientes. Expandimos a nossa imagem e várias novas oportunidades surgiram. Tudo isso não é resultado de uma ação isolada, não é fruto apenas de vitórias. Exige muito empenho, exige que sejamos capazes de superar muitos inevitáveis desânimos e contratempos. Exige tomar decisões difíceis todos os dias, a todo o momento, assim como no esporte. Por isso, minha experiência esportiva foi uma escola e, sem ela, tanto quanto sem a Medicina, o Vita não existiria hoje.

A VIDA É UMA LUTA

A lesão que sofri em 2014, durante o Brasileiro de Veteranos, não foi a primeira rotura de ligamento cruzado anterior do joelho direito da minha vida — havia sofrido o mesmo tipo de lesão em 2005 —, mas, das duas, foi a mais dolorosa, com certeza. Foi a segunda maior dor física que senti na vida, só atrás da experimentada no acidente em Curitiba.

Estava na semifinal da competição, disputada no Ginásio Poliesportivo Celso Daniel, em Mauá, região Metropolitana de São Paulo. Entrei um taiotoshi de esquerda e meu adversário contragolpeou com um taniotoshi. Ao tentar calçar minha perna direita e me projetar para trás, ele travou meu joelho. Foi uma dor dilacerante e instantânea.

Na hora, não me ocorreu outra coisa senão abandonar a disputa. O golpe do meu adversário não lhe dera os pontos necessários para vencer a luta, mas, pela dor que senti, minha derrota foi inevitável, por desistência. As mãos de Castropil, que já me salvavam desde 2000, teriam de entrar em ação novamente. Ali, dentro do tatame, eu estava certo disso.

Como a derrota fora na semifinal, eu ainda tinha o direito de disputar o bronze da competição. Pela minha reação à lesão, porém, não era de se supor que eu entraria no tatame novamente naquele Brasileiro.

Depois de ser retirado do tatame, fiquei sob os cuidados da fisioterapeuta, que, diante das circunstâncias e com os recursos de que dispunha, só poderia fazer o que fez: aplicar gelo para diminuir a dor e, na medida do possível, minimizar a inflamação. Durante esse período de analgesia, tive tempo e alívio suficiente para ser tomado por dois questionamentos: O que era aquela lesão perto do que eu havia sofrido em Curitiba? O que era aquela lesão perto da recente perda da minha mãe?

Conhecedores da minha natureza, as pessoas mais próximas a mim, naquele momento, vinham conversar comigo. Sensei Rioiti Uchida estava ao meu lado, no tatame, no momento da lesão. Ficou visivelmente apreensivo. Enquanto eu fazia gelo, ele sabia que, pela minha cabeça, passava a possibilidade de tentar o bronze. "Considere a sua situação", foi o que ele me disse. Bahjet, velho amigo de tatames e, hoje, um dos camaradas que, comigo, lideram o Instituto Camaradas Incansáveis (ICI), também se aproximou. "Se quiser lutar, lute."

Eu já me provara forte a ponto de superar contratempos bem mais dolorosos. Minha mãe tinha lutado até o último segundo de vida contra adversidade bem maior. Havia feito o possível e o impossível para usufruir, ao máximo, da companhia de seus netos, meus filhos.

Pensando nisso, naquele breve momento que precede uma decisão importante, com o gelo no joelho, tudo se iluminou em minha mente[1]. Continuar a lutar naquele brasileiro não ia ser pior do que a lesão sofrida em Curitiba, muito menos do que a morte da minha mãe. Decidi ir adiante e arcar com as consequências. Eu já não acreditava, àquela altura, que poderia, depois desse Brasileiro, voltar aos tatames e, por isso, estava disposto a tudo.

---

1 · Toda a atitude é, antes de tudo, um ato de fé em si mesmo. Talvez as motivações de Motta não caibam na compreensão de outras pessoas, porque somos diferentes. Porém, o mais importante, em qualquer atitude, é o compromisso da pessoa com ela mesma, com suas crenças. A atitude respeita uma lógica íntima e individual que resulta em benefício coletivo. No caso de Motta, o benefício é o exemplo de que nada pode nos parar a não ser nós mesmos.

A ATITUDE É, ANTES, UM ATO DE FÉ EM SI MESMO

Fui para a luta e podia imaginar seu resultado no caminho. Trocar de judogui — eu estava com um branco e coloquei o azul para a disputa de terceiro — já me causou um desconforto doloroso quase insuportável. Mais do que caminhar, cambaleei até a área de luta. Quando o árbitro ordenou "hajime" (comecem), eu pendia de um lado para o outro. Tinha dificuldade de parar em pé, amarrei ainda mais a luta e, por diversas vezes, eu caía de frente, esquivando-me dos golpes e precavendo-me contra a movimentação do meu adversário, Key, um judoca da Associação Vila Sônia, de ótimo nível técnico e um caráter imenso.

Ele estava, visivelmente, preocupado comigo. Não queria agravar a minha lesão. Queria vencer, evidentemente, mas pretendia fazê-lo respeitando minha integridade. Estar ali, para ele, não era algo confortável, ao contrário; olhei seu rosto e dava para ver que estava infeliz naquela situação. Lembro-me de ouvir pessoas da academia dele gritarem, da arquibancada, coisas como "quebra o Saci", "derruba o Saci", "ataca a perna machucada dele", mas ele parecia disposto a vencer de outra maneira. Eu estava tomando inúmeros shidôs por falta de combatividade e porque, toda hora, caía e precisava de suporte médico. O árbitro veio até mim, em um desses momentos, e disse:

— Desiste, não vale a pena. Ano que vem tem outro.

O problema é que, em 1998, eu dormi à base de morfina por meses; como é que, naquele momento, não seria capaz de levantar e continuar a lutar, mesmo lesionado?

Mas a verdade é que a luta estava perdida, não conseguia fazer nada. Porém, antes de perder, efetivamente, tentei uma última cartada: entrei um tomoenage, o único golpe que conseguia aplicar naquele momento. Contudo, apliquei o golpe menos para acertar do que para levar o combate para o chão e, assim, evitar ficar em pé, o que eu já não conseguia mais fazer. Ao cair por cima de mim, ele colocou, em ato contínuo, as duas mãos no tatame, sob minhas axilas. Não acreditei: com clareza absoluta e inédita em minha vida, eu antevi minha vitória. Travei a mão esquerda dele sob minha axila, joguei o quadril para a esquerda e encaixei o juji-gatame: chave de braço.

Ali, percebi que ele queria muito a vitória, sobretudo, porque o assédio dos colegas de academia seria inclemente depois, se perdesse para o "Saci". No entanto, eu havia ajustado bem a chave e não tinha como escapar. Ele resistiu ao máximo e eu pensei que quebraria seu braço, de tanta força que precisei fazer. No limite da lesão, ele bateu em desistência. Ganhei o bronze, mas tive a impressão de que havia ganhado muito mais. Ali, foi como se vencesse uma batalha contra a morte.

GRATIDÃO

Saí do ginásio diretamente para o hospital. Os exames mostrariam ruptura no LCA e estiramentos nos ligamentos medial, colateral e posterior. Castropil, mais uma vez, costuraria a minha esperança, dizendo que eu ainda tinha lenha para queimar no judô, embora devesse me cuidar mais do que estava me cuidando.

Na primeira oportunidade que tive, chamei Key para um treino na Associação de Judô Alto da Lapa. Pedi que fosse com a família, que estava presente também no dia da competição. Durante o treino, pedi a palavra. Agradeci a grandeza dele como judoca, a disposição em me enfrentar, naquela disputa, de forma tão cortês, respeitando minhas condições. Eu destaquei sua disposição humanitária, porque, mesmo sabendo que bastava ignorar meu estado físico para vencer, optou por lutar e buscar a vitória sem se desviar do caminho da compaixão.

Eu lhe disse, no fim das contas, que nossa disputa foi desigual, que eu levei grande vantagem: estava ali, sem nada a perder, disposto, se preciso fosse, a deixar minha perna no tatame. Ele, por outro lado, estava ali para vencer preservando a mim e a ele. Eu tinha muito mais motivação e ele, mais consideração.

Vejo mérito nas duas atitudes e esse é um caso que exemplifica o princípio do judô no qual não há diferença entre quem perde e quem ganha. A importância de ambos é exatamente a mesma. Ao fim da aula, dei, de presente, uma caneta, que, para mim, simboliza conhecimento compartilhado. Key me ensinou e, acredito, de alguma maneira, eu o ensinei um pouco nessa história toda também.

Apesar da conquista, eu estava muito fragilizado naquela ocasião. Estava triturado emocionalmente. Lesão e perdas afetivas imensuráveis me devastaram; além da minha mãe, minha avó, meses depois da morte da filha, também partiu em 2014, como se não pudesse ficar por aqui sem Maria Alice. Tudo isso me cobrou um pedágio emocional altíssimo. Aprendi como nunca na vida nesse período, mas, sinceramente, não sei se precisava sofrer tanto para isso.

DESOBEDIÊNCIA

Toda a fragilidade daquele instante me fazia ainda mais dependente da força que o judô me proporcionava. Eu tinha pressa de voltar e, em mais uma recaída, voltei aos treinos, em meados de 2015, antes da alta médica da lesão sofrida no Brasileiro de Veteranos de 2014.

— Motta, você menosprezou a lesão[2].

Ao me dizer isso, Castropil não estava bravo. Não me lembro de ter visto Castropil bravo. Ele é objetivo e pragmático. Não diz mais, nem menos do que precisa dizer. Ele deixou claro, para mim, inúmeras vezes, a importância de respeitar o tempo de recuperação da lesão. Não importa se eu queria voltar a treinar logo; tinha de ter disciplina suficiente para esperar o momento apropriado. Eu não tive.

Tinham-se passado seis meses de cirurgia; achei que podia retomar os treinos e decidi me dar alta. Na primeira semana de junho de 2015, às vésperas de fazer 46 anos de idade, treinei a semana inteira, sem nenhum problema. Fiquei entusiasmado. Achei que estava inteiro e, no sábado, participei do treino de veteranos promovido pela FPJ. No uchikomi (treino de entrada de golpes), rompi, de novo, o mesmo ligamento cruzado anterior da perna direita enquanto treinava a entrada de ouchi-gari.

---

2 · Mais uma vez, a necessidade de equilibrar as competências do Esportismo para que se alcancem os objetivos se prova. Excesso de atitude (o caso de Motta aqui) pode nos fazer perder do horizonte a visão, assim como uma estratégia rígida demais também, uma execução sem estratégia ou sem teamwork, e um teamwork sem atitude, estratégia ou execução, a mesma coisa. O Esportismo é um organismo, e todos os órgãos precisam funcionar juntos e em harmonia.

Por causa da minha inconsequência, fiquei mais oito meses sem treinar. No fim das contas, estive um ano e dois meses parado, fazendo valer as inúmeras máximas que prosam sobre castigos dados, pelo destino, à gente apressada, como eu. Meu excesso de atitude me levou a desobedecer violentamente a estratégia, a executar equivocadamente e sem teamwork. Resultado, perdi o foco da minha visão e colhi ainda mais espera para retornar ao tatame.

EMPREENDENDO NO JUDÔ

No segundo semestre de 2015, em meio ao processo de recuperação da lesão, sensei Ishii me procurou: ele queria que eu assumisse a gestão de sua academia, que, na ocasião, tinha apenas três alunos. Eu resolvi avaliar e achei que era possível, mas precisaria de aliados nesse processo.

Então, convidei dois amigos, grandes judocas, altamente competitivos e técnicos: Cris e Bahjet. Conversamos com Ishii algumas vezes, ele estava bastante desanimado, e, depois de seis meses estudando uma saída e, no caso de Bahjet e Cris, treinando com ele (eu ainda estava lesionado), resolvemos tocar o projeto. No fim de 2015, nós assumimos oficialmente a academia. De minha parte, essa mudança não se deu sem que eu conversasse antes com sensei Rioiti Uchida, para explicar por que estava me desassociando do judô Alto da Lapa.

Reformulamos tudo. A academia passou a se chamar Instituto Chiaki Ishii (ICI) e muitos ex-alunos, atraídos pelo marketing boca a boca, retornaram aos treinos na reformulada academia. A maioria desses judocas era extremamente competitiva, o que dava, à academia, uma vocação natural a competições. A comunicação e o marketing da academia, então, se orientaram por esse posicionamento: excelência e competitividade.

Trabalhávamos para formar a academia mais forte em termos de resultados em competições. Pessoas que residiam nas proximidades e tinham interesse em fazer judô com esse viés, tocadas pelas ações que realizamos (agora já em mídias sociais) e com a enorme fama do sensei, naturalmente, procuraram a academia, que, dessa forma, cresceu. De pronto, o faturamento da academia melhorou. Agora, nosso propósito era marcar presença no universo do judô não apenas com o passado vitorioso do sensei, mas também com o presente e o futuro. Assim, no fim de 2015, lançamos o livro *Os pioneiros do judô no Brasil*, escrito por Ishii.

Em 2016, ano em que eu retornaria aos treinos, fizemos um trabalho incrível de divulgação do sensei e da academia, por meio de seminários sobre o livro e sobre como o esporte podia contribuir para o alcance de bons resultados em outros campos da vida.

Tudo isso contribuiu para o crescimento da academia que, cada vez mais, consolidava seu posicionamento. O que também se somava ao nosso posicionamento era a forte adesão de judocas veteranos. Assim, propúnhamos um judô de excelência e competitivo, tendo como público-alvo os veteranos. Para se ter ideia, em 2016, o ICI conquistou dezenas de medalhas em competições oficiais de veteranos.

De todas essas conquistas, a que mais me marcou aconteceu em novembro de 2016. Na ocasião, fizemos uma grande mobilização para levar a maior delegação brasileira da história a um mundial de veteranos, realizado em Fort Lauderdale, na Flórida (EUA). Fomos para trazer medalhas e fortalecer nosso posicionamento de marca. O chefe de nossa delegação era ninguém mais, ninguém menos do que o próprio Ishii, que disputaria o mundial, depois de mais de quatro décadas longe de competições.

Naquele ano, eu havia treinado forte. Desde o início, minha base de preparação foi no Ishii e, pela pegada altamente competitiva, por dispor de auxílio de nutricionista e ter feito um trabalho de recuperação da lesão impecável, eu cheguei ao mundial muito bem. Fiquei ainda melhor quando os resultados do Brasil e do ICI começaram a aparecer. Tive, na ocasião, o privilégio de ver Ishii em ação e, como eu imaginava, ele não decepcionou: venceu todas as lutas, incontestavelmente, e trouxe a medalha de ouro para o Brasil em sua categoria. O bom desempenho dele me encheu de energia e minha vez estava chegando.

O RG MOTTA, NO ESPORTE E NOS NEGÓCIOS

O retorno ao esporte em um ótimo nível, a oportunidade de contribuir para a condução de uma academia que fazia parte da minha história como judoca e o negócio mais significativo da minha carreira profissional, a venda da do bem à Ambev, faziam de 2016 o ano da minha retomada anímica.

Depois de dois anos de traumas emocionais significativos, fora e dentro do tatame, 2016 se configurava o ano da virada, embora trouxesse um toque inevitavelmente amargo do meu histórico recente.

A venda da Sucos do bem para a Ambev aconteceu em abril de 2016. O trabalho que fiz na empresa seria meu grande feito profissional, o que me conferiria muito reconhecimento no mercado. Passei, então, a ser procurado por empresas de diferentes segmentos do setor de bens de consumo para realizar trabalhos de consultoria em negócios.

Também passei a ser procurado por fundos de private equity, constituídos de investidores que se unem para comprar participações em empresas com potencial de crescimento e de abertura em bolsa. Esses fundos ajudam as empresas a se desenvolverem e se valorizarem para, depois, vendê-las.

Assim, decidi montar minha consultoria, a RG Motta, justamente para dar conta, de forma profissionalizada, de todas essas demandas, resultantes — não tenho dúvidas disso — do trabalho que pude realizar na do bem.

Quando, em 2013, abri mão de uma proposta segura para ser executivo de uma multinacional e, no lugar, aceitei ser sócio em uma empresa brasileira, recebendo, inicialmente, 30% do que receberia na multinacional, não fazia ideia do quão acertada estava sendo a minha decisão. Simplesmente segui a minha intuição e colhi o maior feito da minha carreira.

A do bem foi um divisor de águas. Participar desse processo foi algo muito rico. Naturalmente, proporcionou-me uma alegria imensa e incomum. Porém foi uma experiência, emocionalmente, bem menos impactante do que havia sido a conquista do ouro no Brasileiro de 2003.

> **"** O ESPORTE SEMPRE ME EMOCIONOU MAIS DO QUE QUALQUER OUTRA ATIVIDADE E SEGUIRIA ME EMOCIONANDO."

O MUNDIAL DE 2016

Como havia acontecido no brasileiro de 2003, peguei "chapéu" e fui direto para segunda rodada no mundial 2016. Pude assistir à luta da primeira rodada da qual sairia meu adversário. Dois adversários fortíssimos, de escolas tradicionais do judô: um francês e o outro do Azerbaijão. O francês se revelou incrivelmente técnico e venceu. Depois, soube que era um veterano de competições internacionais e que já havia medalhado em mundiais de veteranos. Ao fim da luta, Cris e Bahjet se entreolharam e olharam para mim. Sabíamos que seria uma superpedreira.

Porém, para que eu perdesse, a luta ainda precisava acontecer... Ele era mais alto do que eu, bastante forte fisicamente, e, por isso, minha primeira providência foi anular a pegada dele na minha manga. Assim, estrategicamente, amarrei o combate. Neutralizei, ao máximo, as alternativas de ataque dele e, em razão de sua qualidade, também não consegui criar oportunidades para atacá-lo. O resultado não podia ser outro: um shidô para cada lado e luta empatada. Fomos para o Golden Score. Aí, toda a preparação física que realizei, ao longo do ano, fez a diferença. Consegui colocar mais volume e o venci por um shidô.

A sensação de que aquele mundial prometia me arrebatou. Havia vencido um dos favoritos ao título, sem dúvida, e meu próximo adversário era um italiano, cujas referências eram bem menos impressionantes do que as do francês. Comecei bem a luta de oitavas de final, impondo meu ritmo e não dando espaço para ele. Consegui dois shidôs de vantagem e confiei que levaria a luta, até o momento em que resolvi aplicar um sumigaeshi, mas, no movimento de preparação, deixei o italiano antever o golpe e me expus: levei um contragolpe que, por muito pouco, não foi um ippon. De qualquer forma, ele pontuou. Com pouco tempo no relógio, eu me joguei ao ataque, mas ele administrou muito bem.

O ouro ficou para trás e eu tive de amargar essa frustração. Porém, em uma competição de judô, as frustrações não têm tempo para florescerem tristezas ou lamúrias. Eu ainda podia conquistar a medalha de bronze e, depois de acreditar que não voltaria mais a disputar um mundial de veteranos, quando me lesionei no brasileiro de 2014, com certeza, aquele bronze, se viesse, valeria tanto quanto um ouro.

Felizmente, o italiano mostrou que tinha muito valor. Na luta de quartas de final, ele venceu e avançou à semifinal, o que me colocou na repescagem e na disputa pelo bronze. Enfrentei um alemão e, naturalmente, em uma fase como essa, não há adversários fracos. Lancei mão do meu padrão de luta, seguro, estratégico e tático, e consegui, ainda no primeiro minuto de luta, um shidô. Ele veio para cima e, em um contragolpe, levei a disputa para o chão e consegui imobilizá-lo. Venci.

Na segunda luta da repescagem, enfrentei um norte-americano muito forte fisicamente, mas, de fato, eu estava em um bom dia. Consegui encaixar muitos golpes nele e pontuei algumas vezes, até que, de novo, consegui levar a luta para o chão e, outra vez, por imobilização, consegui mais um ippon. Finalmente, eu estava na disputa da medalha de bronze do mundial de Fort Lauderdale, cidade localizada no morno e úmido sul da Flórida, bem perto de Miami.

A disputa do bronze foi contra um ucraniano. Herdeiro de uma escola fortíssima de judô, a russa, ele havia medalhado no campeonato europeu de judô. Era um adversário de altíssimo nível, mas, por ter vencido o francês, acreditava, sinceramente, que minha vez de medalhar em mundiais havia chegado. Ele era muito alto, tinha uma baita envergadura e, assim que começou a luta, ele conseguiu pegar por cima dos meus ombros e me forçou para baixo. Logo, dominado pelo ucraniano, levei um shidô, já que não conseguia fazer nada.

A VIDA É UMA LUTA • **115**

Pensei: "Não posso perder outra disputa de terceiro em mundial." Bahjet e Cris gritavam da arquibancada, eu podia ouvi-los, e, nessas horas, o apoio moral é fundamental. Colegas de judô têm sensibilidade para saber quando, em uma luta, precisamos de apoio, de gritos de incentivo. Eles mandaram a energia e eu tinha de responder no tatame. Consegui neutralizar a pegada da gola e o ataquei como pude. Assim, devolvi o shidô.

O fato é que a luta foi duríssima, muito equilibrada, tensa e estratégica de ambas as partes. Mas, de repente, entrei um sasae-tsuri-komi-goshi: calcei o tornozelo dele com a sola do meu pé direito e colei meu tronco no dele. Ele tentou resistir, mas eu me precipitei sobre ele. A cena e minha ação pareciam transcorrer em câmera lenta, eu sentia que havia encaixado o golpe, mas ele resistia; de repente, insistindo, ele se desequilibrou e caiu, chapado de costas... Ippon!

O sasae não é, nem nunca foi, meu golpe. Não me lembro de ter vencido grandes lutas com essa técnica, mas, assim, ganhei o bronze naquele mundial. Explodi de emoção, como nunca havia explodido. Confesso que não sei descrever a sensação. Estava realizando o sonho do menino, que encontrou nas artes marciais um sentido para existir logo cedo, mas que, pelas contingências da vida, viu-se tantas vezes apartado dessa íntima missão. O menino que não toleraria não poder mais lutar, embora, tantas vezes, tenha flertado com essa possibilidade.

Uma jornada de vida havia sido completada. A medalha, não importava o metal, estava no meu peito e a sensação era indescritível, só comparável ao ouro no Brasileiro de 2003. Todo o trabalho de reconstrução do meu joelho esquerdo, realizado no início dos anos 2000 e, mais tarde, os inúmeros trabalhos feitos por Castropil, não apenas no joelho esquerdo, mas também no direito, estavam mais do que justificados.

Dezoito anos depois da lesão que levou inúmeros médicos a me desacreditarem para o judô e, de certa forma, para a vida, eu me sentia mais vivo do que nunca, como judoca e como ser humano. Assim, tenho estado e espero estar até o fim.

PERFIS ESPORTISTAS

ATITUDINAL, VISIONÁRIO, ESTRATEGISTA, EXECUTOR, ENGAJADOR E LAPIDADOR

Como autores e personagens desta obra, acreditamos que o Esportismo não é apenas fruto das nossas experiências. Aliás, é justamente por acreditar em seu caráter universal que decidimos compartilhar essa tese com o público. Ao longo da jornada inspirada por essa ideia esportista, encontramos pessoas, amigos cujas histórias admiramos e que, felizmente, ao saberem do Esportismo, não titubearam em assinar embaixo o conceito e todas as suas competências.

Seis dessas grandes personalidades do mundo corporativo, o que engloba empreendedores e executivos com experiência em diversos setores — incluindo empreendedorismo social —, toparam contar suas histórias pessoais para nós, com ênfase na faceta profissional. Por meio de seus perfis, vamos, a seguir, mostrar como o esporte competitivo ajudou a forjá-los como homens, mulheres, empresários, pais, mães e educadores.

Todas essas personalidades trazem, em si, as competências do Esportismo bem desenvolvidas. Nos cinco primeiros perfis, embora abordemos todas as competências e a maneira como elas se integram — não há como tratá-las se não for dentro do contexto cíclico do Esportismo —, destacamos, em cada um dos perfis, uma das competências, aquela que nos pareceu se pronunciar de maneira mais emblemática nas distintas personalidades. Assim, os perfis seguirão a ordem em que concebemos as competências do Esportismo, sendo finalizados por um perfil-síntese, em que reforçaremos a natureza integrada das competências.

O primeiro perfil tratará da competência **ATITUDE** e trará como protagonista uma dama ou, mais precisamente, uma amazona, considerando sua paixão pelo enduro equestre. Estamos falando de Marilia Rocca, executiva e empresária que, como veremos, foi sócia da Mãe Terra e hoje comanda a emergente potência do mercado de cosméticos, Hinode.

Para exemplificar a competência **VISÃO**, teremos um empreendedor-educador. Estamos falando de José Salibi Neto, fundador da HSM — maior empresa de educação executiva da América Latina durante anos —, e que hoje atua como autor de livros e palestrante no universo da educação executiva, do empreendedorismo e da inovação. Ex-tenista de destaque nacional e do cenário esportivo universitário dos EUA, Salibi mostrará quão importante é preservar o eterno olhar de aprendiz para quem deseja ver e ir além do ordinário sempre.

Caberá ao presidente da multinacional de cosméticos Avon, que já esteve na presidência da Johnson & Johnson do Brasil, José Vicente Marino, traduzir, por meio de sua biografia, a essência da competência **ESTRATÉGIA**. O leitor descobrirá, pela história de Marino, que apenas clareza em seus objetivos não é suficiente para fazer a diferença. A estratégia, quase sempre, é um valor que também atende pelo nome de excelência.

Dos perfis, o mais extenso é o que trata de **EXECUÇÃO**. Natural, afinal, quem gosta de executar não consegue ficar parado. José Carlos Brunoro, ex-atleta e técnico de vôlei, que migrou, com notório sucesso e êxito, para o mundo da gestão do esporte, conta, com bom humor e espirituosidade impagáveis, inúmeras de suas histórias e mostra por que sua base como atleta foi fundamental para fazê-lo chegar aonde chegou no mundo da gestão.

Para ilustrar a última das competências, trazemos a história do medalhista olímpico e criador de um dos projetos sociais mais bem-sucedidos do país. Estamos falando do judoca Flávio Canto, que, há 16 anos, depois de uma experiência olímpica frustrante, lançou uma profunda reflexão sobre sua vida, seus propósitos e encontrou o sentido que buscava, "seu preenchimento espiritual", na criação do Instituto Reação, projeto social que hoje ensina judô e assiste 1.800 jovens de periferia. Canto personifica, como poucos, a competência **TEAMWORK**.

O sexto perfil, que cumprirá a função de feixe dos demais, já que reforça a importância de entender as competências dentro de um contexto e de um ciclo indissociável, tem como protagonista um dos maiores empresários do mundo, Jorge Paulo Lemann, sócio da Anheuser-Busch Inbev, maior cervejaria do mundo, e de empresas como Burger King e Lojas Americanas. O empresário octogenário, jogador de tênis desde a infância até hoje — foi cinco vezes campeão brasileiro e jogou a Taça Davis por Brasil e Suíça —, exemplifica, como poucos, o papel fundamental do esporte para o desenvolvimento de competências que ajudarão a produzir uma vida de autorrealizações.

"EU ACHO QUE O ESPORTE NOS TRAZ A CONFIANÇA DE QUE, COM TREINO E DEDICAÇÃO, HÁ AVANÇO E CONQUISTA. ESSA CONSCIÊNCIA NOS FAZ IMAGINAR QUE SOMOS CAPAZES DE REALIZAR O QUE QUISERMOS EM QUALQUER ÁREA."

— Marilia Rocca

ATITUDE

MARILIA ROCCA:
O DOM DE AGIR PARA SERVIR

Uma vida marcada pelas pegadas da liberdade de movimento; a CEO da Hinode, Marília Rocca, cuja história no mundo corporativo dá uma dimensão do seu ecletismo e polivalência, encarna como poucas pessoas, na estrutura conceitual do Esportismo, a competência da atitude. Como ela mesma diz, sua vida é prodigiosa em "frios na barriga", por isso, é difícil pinçar apenas um acontecimento enormemente desafiador. "Eu me coloco em situações de desafio o tempo todo, às vezes, sem uma intuição tão consciente."

Marilia trabalhou na Empresa Júnior da Fundação Getúlio Vargas (EJFGV), no Walmart, na Endeavor, cuja vinda ao Brasil é resultado de seu trabalho, no Family Office dos empreendedores Jorge Paulo Lemann, Beto Sicupira e Marcel Telles, empreendeu ao montar um fundo para comprar a Mãe Terra, foi vice-presidente da Totvs, diretora-geral da Ticket e, agora, é CEO da Hinode. Isso sem contar os conselhos de administração dos quais fez e faz parte, o que envolve empresas como Santander, IBMEC, GoodData, Denox Brasil, CVC e a própria Endeavor, na qual também atua, até hoje, como mentora voluntária de empreendimentos nascentes.

"Prestei vestibular para três cursos: Jornalismo, Medicina e Administração de Empresas. Sempre tive múltiplos interesses. A área da saúde me encanta. Eu adoro. Mas, diante do impasse, conversei com meu pai que me deu um conselho muito sábio: 'Se você tem tantos interesses, recomendo que faça Administração, porque, como administradora, você pode tocar um jornal, um hospital e outros diversos empreendimentos.'"

Atitude para fazer algo não lhe falta, como essa história há de revelar e até já deixa entrever, mas, na hora de escolher o curso universitário, era preciso a visão experiente de seu pai que, ao falar-lhe da Administração nesses termos, abriu um horizonte cuja vista refletia a essência da alma de Marilia, que se pauta pela liberdade de poder protagonizar suas próprias escolhas e de poder transmitir, a quem desejar percorrer essa trilha, o gosto por esse protagonismo.

Assim, contemplada com uma bolsa de estudos pelo Banco Garantia, que depois seria transferida para a Fundação Estudar, Marilia, no início da década de 1990, cursou Administração na FGV-EAESP (Escola de Administração de Empresas de São Paulo da Faculdade Getúlio Vargas) e começou o que seria uma carreira respeitabilíssima no mundo corporativo.

O PAPEL DO ESPORTE

Nesse contexto, sua relação com o esporte, às vezes mais próxima, em outras, mais distante, já cumpria uma função importante e notável para a realização de seus feitos, embora, como costuma acontecer, ainda não consciente para ela[1]. Na verdade, o esporte, praticado por Marilia, sobretudo na infância e na adolescência, cumpriria o papel de uma disciplina educativa.

"Eu acho que o esporte nos traz a confiança de que, com treino e dedicação, há avanço e conquista. Essa consciência nos faz imaginar que somos capazes de realizar o que quisermos em qualquer área. Exercitamos a fé em nós mesmos no esporte, baseados na crença de que o desenvolvimento técnico, o suporte especializado, o aprendizado permanente e o treinamento dão resultados. Há muita autoafirmação no esporte para qualquer aspecto da vida."

É possível resumir o que diz Marilia ao afirmar que o esporte é uma escola da coragem e, nesse sentido, talvez seja até mais transformador àqueles cuja insegurança seja mais presente e imobilizadora, embora os naturalmente corajosos costumem ter mais aptidão e melhores resultados esportivos, em razão de cumprirem com mais naturalidade exigências intrínsecas à prática esportiva.

---

1 • GHERARDI, Silvia; STRATI, Antonio. *Administração e Aprendizagem na Prática*. Elsevier/Campus, 2014. p. XIX.

No caso de Marilia, embora nunca tenha praticado esportes profissionalmente, o ato de coragem característico da atividade esportiva floresceu cedo e de maneira peculiar. "A minha primeira lembrança ligada ao esporte, que hoje é a minha paixão, está bem mais associada à aventura do que à competição."

Marilia é amazona e participa de provas de enduro equestre, caracterizadas por longas distâncias, que podem ir de 20 a 160 quilômetros, dependendo de regras específicas e também da categoria etária. Para os adultos, por exemplo, costumam ser 60 quilômetros ou mais.

O enduro equestre é algo relativamente novo na vida dela, que, há sete anos, nem sequer conhecia a modalidade esportiva. No entanto, o cavalo e a sensação de poder, de direito à igualdade e à liberdade, ela conhece há algumas décadas, desde a infância, quando passava férias, feriados e fins de semana na fazenda do avô materno.

A AUTONOMIA PARA AGIR

"Eu me lembro de que queria muito andar a cavalo, mas meu avô dizia que nós, mulheres e meninas, não podíamos, porque nos distanciaríamos da casa e ficaríamos expostas demais a algum risco, a algum peão maldoso, mais especificamente. Mas os meninos, meus primos, podiam e eram bem estimulados. Eu e as minhas primas não nos conformávamos com a situação. Éramos todos, meninos e meninas, muito unidos, fazíamos tudo juntos, e aquela diferenciação não era aceita por nós, mesmo que parecesse haver uma boa razão. Assim, sem que ele soubesse, encontramos uma maneira de aprender a montar."

Marilia era a caçula das primas, que, contudo, não eram muito mais velhas que ela: uma tinha oito, outra sete e Marilia, seis. A CEO da Hinode conta que o avô era muito querido por todos, sobretudo seus netos, incluindo ela. "Não queríamos aborrecê-lo, mas, em mim, a vontade de montar a cavalo superava tudo. Eu queria muito sentir o poder que, àquela altura, apenas imaginava ser possível ao ver outras pessoas montando[2]." Mas, para saber se, de fato, a imaginação se materializaria na experiência, ela precisava montar.

"Bom, todos os anos, íamos à fazenda do meu avô passar férias. Foi em uma dessas ocasiões que eu e minhas primas começamos a emprestar um cavalo baio chamado Cigano, do seu Santo, o meeiro do meu avô. No fim do dia, íamos até seu Santo, depois de Cigano ter passado o dia arando a terra, e pedíamos para montá-lo. Era o melhor momento: ele estava cansado e, assim, mais manso do que já era[3]."

Convencer seu Santo não foi tarefa simples. "A gente explicou tudo para ele, que, a princípio, refugou, disse que não podia, que seria mandado embora pelo meu avô, mas, no fim, a gente o convenceu. Os peões, no fim das contas, nos ajudavam. Eles se acostumaram a nos esconder enquanto andávamos a cavalo. A gente começou assim: sem arreio, montávamos no pelo. Montávamos as três e nos revezávamos na rédea."

Marilia conta que, com o tempo, elas foram aperfeiçoando a montaria. "Os peões se acostumaram à nossa presença e, quando ficamos mais velhas, também nos emprestavam cavalos. Só que não tínhamos tralha. Durante todo o aprendizado, tivemos de montar no pelego e improvisar a montaria."

Atitude, invariavelmente, enseja oportunidades, e oportunidades são frutos de visões que, para tornarem-se realidade, exigem estratégia, execução e teamwork... Aos 12 anos, a caçula das primas encabeçou a comitiva das jovens promissoras amazonas que levaria a velha novidade ao avô. "Era praxe, na família, os garotos ganharem um cavalo do meu avô aos 12 ou 13 anos de idade. Com isso em mente, achei que era o momento de lhe contar o segredo. Junto com as minhas primas, eu disse a ele: 'Preciso lhe contar uma coisa: a gente sabe montar a cavalo e monta bem. Você dá um cavalo a todos os netos homens que passam a montar bem. Não é justo não termos o mesmo direito.'"

---

2 · Aqui, claramente, Marília revela qual era sua visão, que horizonte avistava e aonde deseja chegar aos 6 anos. O empenho para encontrar meios de saciar a vontade de percorrer o caminho para chegar a esse horizonte, ainda menina, ela já demonstrava de sobra.

3 · Aqui, o feixe do Esportismo se fecha, com as competências da estratégia, execução e teamwork sendo colocadas em prática com maestria por uma menina de 6 anos e suas primas, em uma clara demonstração da natureza intuitiva do Esportismo.

A oportunidade de dizer ao avô algo que poderia provocar-lhe certa ira teve, antes, uma boa análise de contexto. "A questão é, àquela altura do campeonato, meus primos, que eram mais velhos, estavam crescidos e não frequentavam a fazenda como antes. Nós, meninas, porém, não saíamos de lá. Essa era, na verdade, a oportunidade de ele compartilhar conosco algo que adorava, que era ver os netos montarem. Não poderia mais fazer com os meninos, mas poderia fazer com as meninas."

Assim, ele foi ver como estavam montando as netas e se realmente mereciam os cavalos. "A gente já sabia apartar o gado, laçar, enfim. Saíamos de uma fazenda para a outra. Eu me sentia útil, porque ajudava os peões: levava um saco de sal para um pasto longe, por exemplo. A verdade é que, no processo de aprendizagem às escondidas, os peões viram em nós a oportunidade de, ao nos ajudar, serem ajudados também. Quando apartávamos o gado, era um trabalho a menos para eles. Ao levar os fardos de sal, a mesma coisa. Eu me sentia muito poderosa, com a autonomia que o cavalo me propiciava, eu podia fazer tudo o que os meninos podiam fazer; isso era muito importante para mim. Também era importante para mim poder servir para algo, ser útil, trabalhar. Enfim, foi dessa maneira que cada uma de nós ganhou um cavalo do meu avô."

ESPORTES SEM RÉDEAS

A experiência com o cavalo, embora fosse a mais impactante na personalidade de Marilia, não era a mais esportiva nem competitiva das suas vivências na infância e na adolescência. "Nessa época, meu esporte era a natação. Eu treinava com frequência durante a semana junto com meus primos, em uma escola chamada Sport Center, no Parque Continental, perto de Osasco. Sempre fui uma criança que gostava de aventura e ação, não necessariamente de esporte. Eu fazia natação porque meus pais mandavam. Também fiz balé da mesma maneira."

Na natação, Marilia explica que não era muito fã das competições. "Até porque minha irmã mais nova era melhor do que eu. Mas o fato de estar sempre na companhia, não apenas dela, mas dos meus primos e primas, tornava a experiência, no fim das contas, bem divertida."

Nadar era uma extensão da rotina de estudos de Marilia, que começava na escola Rainha da Paz. "Nadei competitivamente dos 6 aos 18 anos. Treinávamos em uma piscina pequena. Para percorrer 25 metros, tenho a impressão de que precisávamos dar umas dez viradas olímpicas. Ainda assim, a gente competia com a turma do Pinheiros. Ao bem da verdade, eu nadava e ainda nado muito bem, graças a esse período de muita prática."

Apesar de não ser o esporte do coração de Marilia, a natação foi a primeira experiência que lhe mostrou a importância da prática para a aprendizagem e a incorporação de algumas competências do esporte que podem e devem ser extrapoladas para outras áreas da vida. A crença de que o treino leva à realização surgiu aí.

Mesmo não sendo tão competitiva quanto a irmã na natação, o fato de ter sido posta à prova durante toda a infância e adolescência a ajudaria no ambiente universitário. "Quando fui para a faculdade, fazer Administração na FGV, nas Economíadas [olimpíadas disputadas entre alunos das oito faculdades especializadas em Administração e Economia de São Paulo], eu me arriscava na natação e, geralmente, faturava os títulos."

Marilia admite que o fato de não beber, naquela época, ajudava-a bastante. Afinal, muitas das adversárias que não eram abstêmias chegavam para as provas, disputadas no período da manhã, sem dispor das melhores condições físicas em razão das costumeiras festas que varavam as noites que antecediam as provas.

"EMPREENDEDORISMO" SEM RÉDEAS

Apesar da experiência esportiva na faculdade, a nova fase de vida de Marilia foi distanciando-a, cada vez mais, da natação e, também, da fazenda do avô e dos cavalos. Sua nascente história profissional demandava muito do seu tempo. A competição seria disputada em outro terreno, e o cavalo que lhe daria liberdade de movimento era metafórico: a formação em Administração e as muitas oportunidades que lhe proporcionava.

Durante os estudos na FGV-EAESP, Marilia estagiou na Empresa Júnior da própria faculdade e lá vislumbrou uma nova paixão[4]. "Foi nessa oportunidade

---

4 · Marilia teve, no linguajar do Esportismo, uma nova "visão".

que descobri meu gosto pela educação empreendedora. Afinal, o propósito dessa empresa era e é, justamente, ajudar no desenvolvimento de novos negócios que ainda eram de pequeno porte."

Depois de concluir os estudos, Marilia deixou, provisoriamente, o fomento ao empreendedorismo para ir trabalhar no varejo, no recém-chegado ao mercado brasileiro Grupo Walmart, a maior empresa de varejo físico do mundo. Essa experiência seria, segundo Marilia, inspiradora para os diversos trabalhos que tem desenvolvido ao longo da carreira, pela forte cultura interna de trabalho duro, liderança servidora e foco no cliente. "Eu fui a funcionária número 20 do Walmart, que chegou ao país em 1995. Nesse período, trabalhei no exterior, voltei ao Brasil, fui ao exterior de novo, até que decidi sair da empresa para cursar um MBA na Columbia University (Columbia Business School), em Nova York."

Assim como para cursar a faculdade, para fazer o MBA nos EUA, Marilia também contou com o auxílio de bolsa proporcionada pela Fundação Estudar, que tem, no empresário e investidor Beto Sicupira, um de seus principais benfeitores. "Quando terminei o MBA, surgiu a oportunidade de trazer a Endeavor para o Brasil, e Sicupira se prontificou a ser o *underwriter* (uma espécie de avalista) do projeto."

A Endeavor é uma ONG internacional que tem como principal finalidade estimular o empreendedorismo pelo mundo. No Brasil, teve Marilia como uma das fundadoras. "Como queríamos provar que o conceito da ONG era viável, usávamos o mínimo possível os proventos do pote do Sicupira. A ideia era que a Endeavor se provasse, de fato, autossustentável. Assim, buscávamos outras fontes de renda que não apenas o patrocinador inicial. Essa busca me tirava o sono, literalmente. Eu tinha crises de asma por causa da ansiedade. Claramente, era emocional. A cabeça não parava. Eu tinha medo de que não desse certo. Seria algo muito frustrante."

Marilia conta que a ONG foi iniciada do zero e que, se hoje o conceito de empreendedorismo como um agente de promoção socioeconômico parece óbvio, na época, início da década de 2000, ainda não era. "Eu tinha acabado de voltar dos EUA e de me casar. Havia assumido algumas dívidas. Isso tudo se somava, então, ao fato de começar um negócio cujo conceito era nebuloso para a grande maioria das pessoas. Foi difícil e demorado para conseguir capturar a atenção de investidores e patrocinadores. Para ter ideia, naquela época, a palavra empreendedorismo nem estava no dicionário. Não pudemos colocá-la, por isso, no estatuto da Endeavor."

Marilia diz que se sentia como se estivesse em uma corrida contra o tempo e, sem muito espaço para respirar e oxigenar as ideias, via o medo de perdê-la crescer cada vez mais. "Dos problemas decorrentes daquela situação, o mais urgente era conseguir voltar a dormir. A insônia minava as minhas forças. Foi então que um 'novo' esporte, ao menos para mim, apareceu, mais uma vez, sem finalidade competitiva, apenas como forma de satisfazer um anseio pessoal e íntimo mesmo."

UMA INJEÇÃO DE SONO A CADA PASSADA

Seu mentor no mundo corporativo, Beto Sicupira, ao saber da sua insônia, deu-lhe a receita do remédio. "Ele me falou: 'Vá correr. Eu tenho certeza de que, se você correr todo dia, você vai dormir'. Eu pensei que talvez ele tivesse razão. Eu tinha 27 anos e nunca tinha corrido na vida. Mas eu trabalhava tanto. Não via como encontrar tempo para correr. Mas eu comecei a tentar, ao menos. Eu era sócia de um clube na época e, lá, encontrei um *personal trainer* muito bom, com várias especializações, chamado Álvaro Rosa."

Rosa foi fundamental para que Marilia não corresse o risco de fazer do novo esporte fonte de algum futuro problema ortopédico. "Álvaro me disse: 'Você quer correr, mas não tem músculo para isso, como é que vai correr?' Ele é um profissional muito metódico e correto e sabia que, sem fortalecimento, a corrida, em vez de me ajudar, poderia me trazer algum problema extra. Como o meu objetivo principal era dormir e a corrida me foi apresentada como um passaporte para o sono, eu comecei a fazer o que ele me orientava a fazer: 30 minutos de musculação e 30 minutos de corrida. Funcionou. Eu comecei a dormir e fiquei viciada em fazer musculação e corrida."

Segundo Marilia, malhar e correr passaram a fazer parte de seu dia a dia. "Virou hábito e, não importava onde eu estivesse, não abria mão dele. Se estivesse em viagem a trabalho — e eu viajava muito na época, sobretudo para outros estados do país —, encontrava uma maneira de correr. Foi desse jeito que levei mordida de cachorro na Argentina, que acordava às 4h para correr às 5h no Nordeste, porque, se passasse das 7h da manhã, corria o risco de derreter no calor. Correr, mesmo nas viagens a lazer, passou a ser um jeito de eu conhecer as cidades para as quais viajava no exterior. Conheci Viena e Praga correndo. Passava duas horas e meia correndo pela cidade e conhecendo-a. Eu montava roteiros de viagem pensando onde eu poderia correr."

A competição, assim, acabou sendo algo natural e involuntário. O pessoal do clube onde Marilia treinava começou a participar de provas e ela passou a competir com eles, para acompanhá-los. "Começou como uma forma de me manter equilibrada para realizar o que eu queria muito no âmbito profissional. O corpo trabalhando e em forma me ajudava a manter a mente saudável para a necessidade que eu tenho de me entregar intensamente ao trabalho e, na ocasião, isso era ainda mais latente.

> **❝ A CORRIDA ME DAVA MAIS FORÇA, ENERGIA E DISPOSIÇÃO, E, ASSOCIADA AO TRABALHO, HAVIA UM CICLO VIRTUOSO. EU ME RETROALIMENTAVA PELA CORRIDA E PELO TRABALHO. UM PUXAVA O OUTRO."**

Apesar de gostar muito de correr, os benefícios da corrida eram o que a motivavam a praticar a atividade. Marilia ainda não havia encontrado, por inteiro, um esporte que, para ela, sintetizasse o princípio, o meio e o fim, que valesse por si e mais nada, embora, geralmente, esses esportes nunca valham apenas por si.

> **❝ NA VERDADE, NOSSA EXPERIÊNCIA MOSTRA QUE OS ESPORTES QUE NOS PREENCHEM POR SI MESMOS TRAZEM AINDA MAIS BENEFÍCIOS DO QUE OS ESPORTES QUE FAZEMOS APENAS PELOS BENEFÍCIOS QUE NOS PROPORCIONAM."**

Marilia conta que foram cinco anos correndo e desfrutando dos ganhos propiciados pela corrida. "Até que virei mãe. Tive duas meninas (com um intervalo de pouco mais de três anos entre elas). A dificuldade para dormir voltou à tona. O cansaço físico e mental não era resultado só do trabalho fora de casa e, quando a mais velha passou a preencher as noites com sono e, em tese, eu recuperaria a condição de dormir de forma mais apropriada, a caçula chegou e trouxe, consigo, mais noites em claro para mim."

Nesse período, a polivalente Marilia, para não ter um prejuízo muito grande à saúde, praticava esportes, mas não competia mais. "A ideia era dispor do mínimo de saúde possível, até porque, além das meninas, eu, nessa época, entusiasmada com o empreendedorismo, tinha comprado, com sócios, a Mãe Terra e talvez trabalhasse ainda mais do que nos primórdios da Endeavor Brasil. Além da Mãe Terra, eu atuava em conselhos de empresas e continuava na Endeavor. O fato é que eu me exercitava, mas não como gostaria; não era mais parte da minha rotina."

A LUGARES QUE NEM IMAGINAVA CHEGAR

Mesmo que não estivesse vivendo momentos de grande ventura, para dizer o mínimo, atitude não faltava a Marilia, o que ajuda a explicar por que não permanecia por muito tempo em lugar ou situação que não quisesse estar. Marilia se lembra bem de 2010 e "da barra" que foi.

"Aconteceu tudo ao mesmo tempo: minha mãe faleceu, minha filha caçula tinha oito meses, eu me separei do meu marido e, nessa época, fizemos o *turnaround* da Mãe Terra (espécie de reforma dos pilares conceituais e revisão do paradigma e propósito da empresa, geralmente com a finalidade de ajustá-la ao seu tempo e prepará-la para o futuro). Foi difícil, mas a gente vence as dificuldades, toca em frente e chega a lugares que nem imaginava chegar."

Marilia precisou de mais alguns anos para que sua vida começasse a entrar em um fluxo menos turbulento do que vinha. "Quando a minha mais velha tinha seis anos e a mais nova, dois, passei a ter noites de sono mais regulares e condições de pensar melhor no que deveria fazer da minha vida profissional."

Uma das decisões tomadas, nesse movimento, foi retornar ao mercado corporativo como executiva, mesmo porque, em uma reestruturação societária, sua participação na Mãe Terra já estava bastante reduzida.

A decisão soa irônica, porque, para ela, parecia uma contradição em relação à "evangelização" para o empreendedorismo, que apregoou por tanto tempo na Endeavor e foi seu sonho até a compra da Mãe Terra. "Embora tenha empreendido (com algum sucesso), não me considero uma empreendedora, porque não tenho o apetite necessário para um risco deste tamanho. Além disso, não tenho talento para ter a ideia do zero, sou aquela que chega depois para reformar os conceitos e acelerar os resultados. Eu amo dar suporte, com conhecimento e execução, a empreendedores, mas não amo empreender. Empreender é um dom também. O fato é que nunca fui tão feliz empreendendo como fui e sou como executiva."

Antes de seguir com a história, vale observar que a Mãe Terra, da qual Marilia também foi diretora por alguns anos, mesmo depois de abrir mão de parte da sociedade, em pouco tempo projetou-se como uma das principais empresas de alimentos orgânicos do país e, no final de 2017, foi comprada pela Unilever. Antes de ser adquirida, os produtos da marca já tinham ganhado espaço significativo nas gôndolas das principais redes de supermercados do país.

Enquanto a Mãe Terra seguia seu caminho, Marilia seguia o dela e, assim, em 2013, assumiu a vice-presidência da Totvs, uma empresa de tecnologia, acrescentando mais uma área ao seu vasto portfólio como executiva.

"Embora eu não me considere uma empreendedora, eu também não nasci para ser consultora. A ideia de ficar apenas no apoio estratégico não me satisfaz completamente. Eu gosto mesmo é de 'colocar o barco na água'. Na Endeavor e na Empresa Júnior da FGV, eu ajudava os empreendedores a materializarem seus negócios. Como executiva, não é diferente. Na Totvs, eu comecei alguns projetos. Por exemplo, o Fluig, uma plataforma de integração de soluções envolvendo colaboradores e fornecedores de uma mesma empresa."

Servir também é um dos atributos que Marilia destaca em si mesma e, mais uma vez, as experiências na Empresa Júnior da FGV e na Endeavor fizeram-na se dar conta disso, embora a relação com os cavalos, na fazenda do avô, já lhe tivesse mostrado essa disposição muito antes. "A Endeavor e a Empresa

Júnior funcionam como *hub*, viabilizam o desenvolvimento do outro. A gente serve a projetos de terceiros e, como disse, eu sempre gostei de ajudar a servir o projeto dos outros, de lançar um novo olhar a um negócio que já existe."

De volta à sua "trilha", na Totvs, Marilia começou a reencontrar outros gostos dos quais quase havia se esquecido, sobretudo no período do casamento e quando a função de mãe a demandava quase em tempo integral. Foi assim que os cavalos, depois de mais de três décadas restritos às lembranças da infância e adolescência, percorreram o passado e a reencontraram no presente e futuro.

"Eu queria muito proporcionar às minhas filhas a experiência que eu tivera com cavalos. Queria que elas sentissem o poder e o senso de utilidade que eu sentia quando montava. Foi assim que, perto do sítio da família, eu encontrei um centro de treinamento de enduro equestre. Ia ao sítio há tantos anos, mas não sabia que havia, ali, esse centro. Para falar a verdade, como já disse, nem sabia o que era enduro equestre."

A SÍNTESE DO ESPORTISMO NA MONTARIA

O "colocar o barco" na água, no caso da montaria, pode, perfeitamente, ser substituído por "colocar o cavalo em marcha". Ou seja, atitude em estado bruto[5]. O servir também cabe perfeitamente no enduro equestre, porque a amazona ou cavaleiro que não serve, que não se doa ao cavalo, não recebe, de volta, o melhor dele, e, se o homem não for capaz de servir, o conjunto naufragará em seu propósito. Cavalgar, em outras palavras, é liderar.

" SERVIR, ESTRATEGICAMENTE E NA PRÁTICA, TAMBÉM É LIDERAR. É CURIOSO OBSERVAR COMO A FIGURA DO SAMURAI, GUERREIRO MEDIEVAL JAPONÊS, É COSTUMEIRAMENTE USADA COMO EXEMPLO DE

---

5 • CASTROPIL, Wagner; MOTTA, Rodrigo. *Esportismo: Valores do Esporte para o Alto Desempenho Pessoal e Profissional.* Gente, 2010. p. 15-17.

LIDERANÇA EFICIENTE. POUCOS SE DISPÕEM, CONTUDO, A SABER O QUE SIGNIFICA SAMURAI: 'AQUELE QUE SERVE'".

Marilia é uma líder nata, como atestam os depoimentos de companheiros de trabalho em sua página no LinkedIn. Ao servir empreendedores, com seu conhecimento e capacidade de ação, ela está liderando e demonstrando, na íntegra das competências, o conceito do Esportismo.

Seu perfil e sua história, porém, colocam em destaque a atitude. O líder move as correntes e é capaz de fazer isso, muitas vezes, sem muitas razões aparentes, pela simples presença anímica, por exalar, de forma espontânea, atitude, a fagulha da "engrenagem" do Esportismo e das realizações em qualquer área da vida.

> **" É A ATITUDE QUE NOS LEVA A BUSCAR E ENCARAR O DESAFIO; A VISÃO VEM A REBOQUE, COMO FRUTO DA BUSCA PERMANENTE PELO CONHECIMENTO E PELA PERSEVERANÇA NA IDEIA DE QUE, ADIANTE, HAVERÁ UMA OPORTUNIDADE E UMA CONDIÇÃO MELHOR; A ESTRATÉGIA SÓ OCORRE A QUEM NÃO TEM MEDO DE AGIR PARA ALCANÇAR O QUE VIU; E A EXECUÇÃO É A ATITUDE DOMESTICADA, ADESTRADA, TREINADA NA ESTRATÉGIA."**

Como é impossível ser feliz sozinho, já dizia o poeta, essa jornada de realizações precisa, obrigatoriamente, ser compartilhada. Não há amazona sem cavalo, não se percorre mais de cem quilômetros em menos de um dia a pé, solitariamente, nem se faz uma corporação ou uma entidade grande e bem-sucedida, como se tornou a Mãe Terra e a Endeavor Brasil, com apenas um sócio ou um executivo.

Por isso, como líder nata, a história de Marilia traduz, na prática, a compreensão que ela tem também do último conceito do Esportismo: teamwork.

A DESCOBERTA DE UMA PAIXÃO ESPORTIVA

Com o objetivo de transmitir esse ímpeto de liderança às filhas, que Marilia chama de desejo por protagonismo, ela começou a levar as meninas, aos fins de semana, para ter aula no centro de treinamento de enduro equestre. "Nessas idas, o pessoal percebeu que eu sabia puxar, pegar um cavalo. O fato é que me chamaram para andar com eles, para fazer trilhas. Aí, me disseram que eu sabia montar, eu disse que não sabia montar como eles montavam, com rédea aberta, trote elevado... Eu montava cowboy, rédea em uma mão só e vai que vai. Foi então que eu comecei a treinar com eles. Na verdade, enquanto minhas filhas tinham aula, eu dava uma voltinha, sabe?"

As voltinhas foram evoluindo e, um dia, surgiu a oportunidade de participar de uma prova de quarenta quilômetros. A ideia era que a prova servisse de preparação para um cavalo para o campeonato paulista. "Eu ajudaria a dar ritmo ao cavalo. Falei: 'Será que aguento?' Disseram que sim, que eu aguentaria, e eu fui e terminei a prova em quarto. Eu me apaixonei pelo esporte. A partir dali, o enduro equestre se transformou em uma grande terapia para mim."

Segundo Marilia, há, basicamente, dois modelos de prova no enduro equestre: com limite de velocidade e sem. As provas com limite de velocidade costumam ser mais curtas, com vinte ou quarenta quilômetros. As de velocidade livre são mais extensas e a exigência principal é manter os batimentos cardíacos do cavalo abaixo de 64 por minuto. Além disso, deve-se assegurar que o animal esteja, do começo ao fim da prova, em bom estado físico. A cada etapa da prova — chamada de anel, e geralmente as provas têm três anéis —, os cavalos passam por avaliação veterinária. Dependendo de como esteja o animal, o conjunto é eliminado.

"Não adianta descer o sarrafo no cavalo e deixá-lo correr à vontade. Ao fim de cada anel, o cavalo é submetido a uma avaliação física completa: hidratação, movimentação, condição do intestino, porque, como o corpo dele manda muito sangue para os membros durante a corrida, o cavalo pode ter falta de sangue no intestino, ter cólica e até morrer por isso. A verdade é que, se o cavalo mancar, você está fora da prova, desclassificado. Então, é correr o mais rápido que puder preservando totalmente seu cavalo."

Marilia destaca que o mais interessante desse esporte é a mútua dependência que há entre cavalo e amazona. "Por melhor que esteja, se o cavalo não estiver bem, seu desempenho não será o mesmo. A recíproca também é verdadeira, porque os cavalos usados nestas provas são árabes ou cruza-árabes, animais impetuosos por natureza. Eles vão além dos próprios limites sempre e cabe a nós controlar esse ímpeto de forma afetuosa e firme, impedindo-os de chegar à exaustão. O cavalo respeita e obedece a quem se preocupa e cuida dele. Se ele passa mal sob os seus cuidados, provavelmente não confiará em você na próxima prova. Vencer no enduro equestre exige muito físico e também cérebro."

A prova mais longa disputada por Marilia aconteceu em Brasília. Na ocasião, percorreu, com seu cavalo, 120 quilômetros. "Pegamos 39ºC de temperatura. Eu e meu cavalo caímos duas vezes. Foi uma prova muito emocionante."

Em esportes de enduro, não é exagero dizer que completar as provas é uma tremenda vitória, porque os obstáculos enfrentados, geralmente, reduzem consideravelmente a quantidade de participantes que conseguem ir até o final. "É necessário muito treino e sob as mais diversas condições climáticas e ambientais: sol, chuva, lama, poeira. Muito sol."

Outra qualidade do esporte, comum a muitas provas de enduro, é a amizade entre os competidores. "Fiz muitos amigos nesse esporte, porque a gente treina por muitas horas, acorda cedo nos fins de semana, participa de eventos com as mesmas pessoas. As provas longas nos colocam por horas ao lado dos nossos adversários, e eles viram nossos amigos também. É comum nos prevenirmos sobre trechos escorregadios, darmos dicas uns aos outros. Evidente que há competição, mas há ainda mais colaboração e cumplicidade."

UM LEGADO DE MÃE PARA FILHAS

Há no mundo uma profunda discussão no sentido de ressignificar o papel da mulher. Marilia, pela proeminência que tem, é, com frequência, chamada a participar de eventos a respeito e a integrar grupos que buscam aumentar o protagonismo das mulheres nas diversas áreas da vida, colocá-las no papel de liderança, sobretudo no mundo corporativo.

"Tenho certeza de que o esporte é fundamental para despertar, nas mulheres, a atitude necessária para ocuparem esses postos. Vejo estudos que falam que a mulher tem mais dificuldades para cumprir esse papel porque, na criação delas, há uma série de recomendações e ordens que tolhem o florescimento do espírito competitivo, de liderança e protagonismo. Elas sempre são tratadas como mais frágeis que os meninos e acostumadas, desde cedo, a assumir bem menos riscos que os homens. As meninas são mais cuidadosas e seus pais também são mais cuidadosos com elas. Por isso, machucam-se bem menos do que eles."

Despertar nas filhas a disposição para enfrentar os riscos, porque vencê-los traz a sensação de potência, de poder e de protagonismo, tem sido o intuito de Marilia com as filhas no enduro equestre. A história da própria Marilia é referência e vai desde a infância, com os cavalos da fazenda do avô, passa pela Endeavor e todos os desafios de trazê-la ao Brasil, pela criação da Mãe Terra e pelos barcos que coloca na água e cavalos que coloca em marcha como executiva de diversas empresas de diferentes segmentos.

"O esporte nos coloca em risco o tempo todo e, dessa forma, ao praticá-lo com regularidade, nós nos tornamos mais capazes de corrê-lo. Como nunca é confortável correr risco, o esporte nos prepara para suportar o desconforto, e a vida nos coloca em situação de desconforto o tempo todo. Ou seja, o esporte nos torna mais fortes e corajosos para a vida."

Marilia diz que um cavalo e uma amazona bons são os que vão aos seus limites, mas não extrapolam, não se violentam. "Não se deve violentar-se nem violentar ninguém, mas é fundamental se habituar a ir ao próprio limite sempre. Isso é comum no esporte e é valioso na vida."

Quando a menina pratica esportes na infância, Marilia diz que é comum, a partir dos 12 ou 13 anos, elas reduzirem significativamente a prática ou abandonarem as competições esportivas, porque passam a se dedicar mais aos estudos, mas é justamente aos 13 anos que a competitividade ganha importância, tanto entre os meninos quanto entre as meninas. "Se elas se mantivessem no esporte, desenvolveriam mais essa agressividade natural e a busca por protagonismo que qualquer atividade na vida profissional exige."

Marilia diz que sua filha mais velha é naturalmente mais competitiva que a mais nova. Aos 13 anos, já é bicampeã nacional em provas de até quarenta quilômetros na categoria dela. "A mais nova tem 9 anos de idade e, embora não tenha o ímpeto da irmã, pelo menos não ainda, segue amadurecendo esportivamente. Ela resistiu bastante a fazer a primeira prova de vinte quilômetros, mas fez e completou. Recentemente, compramos um cavalo novo para ela. Imaginamos que resistiria à novidade, mas não demorou para montar e sair na lama. A evolução se provou no campeonato paulista, em que obteve o segundo lugar com o novo cavalo."

A mãe acredita que, para a caçula, o segundo lugar conquistado no paulista talvez valha mais do que o bicampeonato brasileiro vale para a mais velha, que é naturalmente mais competitiva. "É uma grande vitória para ela. É uma superação grande, e eu tenho certeza de que essa experiência lhe dará a ideia de que é capaz, de que ela pode e deve enfrentar os riscos para alcançar seus objetivos."

Apesar de estimular, Marilia se preocupa em não impor nada. Porém acha importante fazer com que elas tenham essa experiência, sem contar o fato de compartilhar um gosto, uma atividade, de estar com elas aos fins de semana. "Sou mãe e coach delas. É uma experiência valiosa e desafiadora poder estimulá-las, por exemplo, a não ter medo de subir no cavalo de novo depois de uma queda. É uma experiência de afeto e extremamente educativa."

COMPARTILHANDO SEU DOM

Depois da Empresa Júnior da FGV, do Walmart, da Endeavor, da Mãe Terra, da Totvs, ainda em 2016, Marilia assumiria um novo desafio, como diretora-executiva da Ticket. Ao mesmo tempo, aceitaria o convite para fazer parte do primeiro Conselho Consultivo de uma empresa em franca ascensão: a Hinode. Em novembro de 2018, um mês antes de termos essa conversa, aqui registrada, Marilia assumiria o posto de CEO da empresa de cosméticos e bem-estar que mais cresce no país.

"Tudo o que eu fiz foi desafiador. Sempre mudei muito e, a cada desafio assumido, eu não sabia o que me esperava, tinha que aprender e fazer acontecer. Fui de vender granola a 'escovar' bits e bytes[6], do mercado de vouchers de alimentação à venda direta de itens de beleza. A Hinode está sendo altamente desafiadora, está sendo muito legal. Essa empresa tem um impacto social brutal. São 250 mil microempreendedores ativos todos os meses, e a Hinode é o negócio deles. É a plataforma a partir da qual empreendem e mudam de vida. Estamos lançando vários serviços novos em cima do que a Hinode faz. Por exemplo, lançamos o Hinode Pay, negócio de meios de pagamento que integrará toda a nossa cadeia de franqueados, consultores e consumidores. Estará tudo integrado em contas bancárias digitais."

A Hinode é uma empresa que tem, em seus consultores — revendedores de seus produtos —, o principal canal de venda e, com a crescente digitalização dos negócios, a empresa busca alavancar os esforços desta rede em plataformas de e-commerce. Em termos de revenda, a empresa funciona como uma usina de pequenos microempreendimentos, consultores especializados na venda de produtos Hinode, seja no Brasil ou no exterior, para onde está expandindo.

A esse modelo, agrega o que ficou conhecido como marketing multinível, por meio do qual os consultores que atraem novos revendedores ganham um percentual sobre as vendas de seus "indicados". "A Hinode me possibilita colocar, à sua disposição, tudo o que eu fiz até agora: fomento ao empreendedorismo, varejo, bens de consumo, tecnologia, meios de pagamento, *family office*… É um momento '*connecting the dots*'. Tudo o que eu vivenciei profissionalmente parece ser relevante aqui."

Marilia fala com bastante entusiasmo sobre a oportunidade de fazer parte, como executiva, ou seja, colocando o cavalo em marcha, de uma empresa ainda com características bem familiares, que começou em uma casa simples na cidade de São Paulo, pelas mãos de uma costureira, Dona Adelaide, e de

---

6 · Escovar bits e bytes é uma gíria usada para se referir ao trabalho cuja finalidade é alterar o modo de funcionamento, por meio de softwares, de um sistema computadorizado.

um torneiro mecânico, Seu Francisco, que produziam cosméticos, na sua garagem, e os vendiam de forma direta.

Possivelmente, eles não imaginavam que, pelas mãos e liderança do filho Sandro Rodrigues, a empresa chegaria aos atuais R$2,4 bilhões em receita, ainda mais considerando que, há quatro anos, a empresa faturava R$170 milhões. Apesar do crescimento incrível nos últimos anos, Marilia enxerga ainda muito mais oportunidades para a Hinode.

> **QUÃO MAIS EXPERIENTE NOS TORNAMOS, MAIS A GENTE USA O CONHECIMENTO PARA FAZER AS CONEXÕES E TRABALHAR MELHOR NO FUTURO. A GENTE ENXERGA MELHOR OS CAMINHOS. COLOCA A SERVIÇO DOS OUTROS TUDO O QUE A GENTE APRENDEU E VIVEU."**

Como CEO da Hinode, seu papel será colocar a empresa na trilha do desenvolvimento cada vez mais sustentável, garantindo, ao longo de toda a jornada, que ela chegue, saudável, forte e pronta para novos desafios, ao destino ansiado. Para fazer esta transformação, é preciso dosar o ritmo para não perder o controle e respeitar a natureza e a cultura de uma empresa tão ágil. É isso que ela tem feito ao longo de sua carreira e o que ela aprendeu a fazer recentemente em parceria com os cavalos nas provas de enduro equestre.

> **HÁ UM DITADO INGLÊS, CUJA AUTORIA É ATRIBUÍDA A DAVID VISCOTT, QUE DIZ QUE O PROPÓSITO DAS PESSOAS, NA VIDA, É DESCOBRIR QUAL É SEU DOM E QUE SEU TRABALHO É DESENVOLVÊ-LO PARA, DEPOIS, DESCOBRIR QUE O SIGNIFICADO DA NOSSA EXISTÊNCIA É COMPARTILHAR ESSE DOM E SEUS FRUTOS COM OS OUTROS. ACHO QUE O MEU É FORMAR TIMES E AJUDAR A 'REFORMAR E MELHORAR' PROJETOS DE EMPREENDEDORES. É ISSO QUE EU TENHO TENTADO FAZER MAIS E MAIS."**

"O ESPORTE ME ENSINOU A SEMPRE TER UM OLHAR DE APRENDIZ. ESSE OLHAR É VALIOSO PARA TUDO NA VIDA. POR EXEMPLO, O AMBIENTE DE NEGÓCIOS, ASSIM COMO UMA PARTIDA DE TÊNIS, MUDA CONSTANTEMENTE, E É PRECISO APRENDER E TESTAR AS IDEIAS QUE BROTAM DESSES APRENDIZADOS A CADA SEGUNDO PARA NÃO PERDER AS OPORTUNIDADES."

— José Salibi Neto

VISÃO

JOSÉ SALIBI:
UM VISIONÁRIO É UM ETERNO APRENDIZ ANTES DE TUDO

Seu propósito era claro, mas difícil de ser alcançado. Natural, até porque, se fosse fácil, não o desafiaria, e o que não nos desafia não vale a pena. Sem contar que um visionário se notabiliza por enxergar longe e grande. José Salibi Neto gosta de dizer que a vida o ensinou a não se contentar com pouco, e sua história mostra que talvez ele sempre tenha pensado dessa forma. O tempo apenas se incumbiu de lhe dar essa consciência.

Das competências do Esportismo — atitude, visão, estratégia, execução e teamwork —, atitude e visão são o ponto de partida. Uma ou outra pode vir primeiro. Uma depura a outra: uma visão parca a princípio (no caso de a visão vir primeiro), mas entusiasmada, pode injetar o combustível da atitude, cuja experiência inspira, depura e afia a visão, fazendo-nos enxergar cada vez mais longe e seguirmos o curso do próprio desenvolvimento. Talvez não haja visão nenhuma a princípio (no caso de a atitude ser a gênese), mas haja entusiasmo por algo, simplesmente, seguido de atitude, o que, por sua vez, nos abre um horizonte e enche nosso entusiasmo de visão e sentido.

Parece-nos que a ordem desses fatores, por ora, seja o menos importante. O que realmente vale é falar do valor de enxergar longe e com grandeza. Também vale observar: visão ou atitude, solitariamente, não frutifica; por isso, uma grande história de Esportismo se faz pela combinação de todas as competências, sem exceção. Assim, embora cada um destes perfis, de cuja leitura, aqui, se desfruta, destaque uma competência, é fundamental entender que todos os protagonistas lembrados nesta obra são, antes de tudo, mestres em combinar todas as competências do Esportismo com notória harmonia.

Porém é inevitável notar como uma competência é capaz de sobressair na personalidade dos protagonistas cujas histórias escolhemos contar. Salibi se notabiliza por uma visão incomum e capaz de regenerar-se, a cada frustração, transformando-se consistentemente, mas sempre se tornando mais ambiciosa do que era sua versão anterior. Foi assim que, do sonho de ser um dos maiores tenistas do mundo, Salibi se realizou como o maior empresário do ramo de educação executiva do país, da América Latina e do mundo, graças à sua capacidade de renovar, com clareza, sua visão, seus horizontes.

No entanto, ele faz questão de dizer que, tudo o que foi como empreendedor, ele deve às competências que desenvolveu no esporte[1]. "Começa pelo fato de eu ter me formado em Administração de Empresas nos Estados Unidos graças ao tênis. Meus pais não tinham condições de me proporcionar isso. O tênis me permitiu viajar e conhecer pessoas que, em outras circunstâncias, eu não conheceria."

Há um ditado que diz: "Mire na lua. Mesmo se você errar, ficará entre as estrelas." Fundador da HSM, empresa que, em suas mãos, ultrapassou as fronteiras brasileiras, expandindo-se para países como Argentina, México, Espanha, Itália e Estados Unidos e da qual se desligou, efetivamente, há alguns anos, Salibi diz categoricamente: "Só fiz o que fiz, em minha carreira, por causa do tênis e da mentalidade que desenvolvi praticando esse esporte."

Relacionamento, busca pela excelência, resiliência, foco, praticidade, memória dirigida e afiada são algumas das qualidades que ele enumera como fruto da prática esportiva em alto rendimento. Como se pode ver, as qualidades citadas por Salibi convergem com as competências do Esportismo.

---

1 · Vale estabelecer um paralelo entre a história de Salibi e a teoria da aprendizagem na prática, enfatizando a compreensão estética, que, grosso modo, passa pela forma como os fatos se desenrolam objetivamente e, ao mesmo tempo, são compreendidos de maneira subjetiva, produzindo o aprendizado. Claramente, no caso de Salibi, o olhar grandioso para as suas possibilidades o acompanha sempre e se reflete em todas as atividades pelas quais desenvolve interesse e se aprofunda. Contudo, a descoberta dessa vocação para grandes feitos, antes mesmo de realizá-los, reflete-se, primeiramente e principalmente, no esporte. É daí que ele aprende, na prática, que é possível alcançar seus próprios sonhos de grandeza em outras atividades.

O TENISTA COMO EMBRIÃO DO EMPRESÁRIO

Salibi está na sede da Sociedade Harmonia de Tênis, em São Paulo, mais precisamente no Jardim América, na rua Canadá. O lugar, segundo ele mesmo, é uma espécie de manjedoura de sua autoconstrução como desportista e empresário.

De forma bastante prática, ele nos diz que pode falar por um longo tempo sobre sua história, que tem tudo na cabeça. Com a clara noção de que a preparação é tão importante quanto o "jogo" em si para o sucesso de qualquer pessoa, esportista ou não, ele salienta que precisa começar do começo. Puxa da memória, sem dificuldade, os episódios-chave de sua vida esportiva e profissional — para ele, não há diferença entre elas — e, com clareza narrativa, coloca-se a contá-la, em uma das mesas do saguão e restaurante do clube.

"Foi por causa do tênis, por exemplo, que eu cheguei a este clube e, aqui, expandi e qualifiquei, no sentido de aumentar as oportunidades de sucesso profissional, minha rede de relacionamentos."

Aos 15 anos de idade, Salibi era o tenista número um do Clube Pinheiros, também em São Paulo. "Foi nessa época que meu pai encontrou um conhecido, diretor do Harmonia e sócio do Pinheiros, Manfredo Mayer, e disse a ele que eu não tinha mais adversários no Pinheiros, se não havia algo para mim no Harmonia. Por coincidência, estavam à procura de um bom juvenil para ser militante."

O Harmonia era o clube dos melhores tenistas de São Paulo e, possivelmente, do país. "Luiz Felipe Tavares, Eulicio Silva, a legendária Maria Esther Bueno (que faleceu em junho de 2018 e de quem Salibi esteve bem perto por mais de quarenta anos), enfim, todos os melhores. Era a Disney para mim." Salibi desejava se transferir para o Harmonia há algum tempo, mesmo que, com isso, pudesse incomodar, profundamente, sua mãe, que era contra, porque temia vê-lo discriminado em um dos clubes da elite paulistana. No Pinheiros, também havia pessoas abastadas, mas a maioria, como a família de Salibi, era de classe média.

"Minha mãe tinha um gênio difícil e não gostava de ser contrariada. Antes de eu me decidir, ela me escreveu uma carta de duas páginas com as justificativas para que eu não aceitasse o convite. Mas eu sempre a peitei. Então, segui em frente. Para ter uma ideia de como isso a contrariava, ela ficou sem olhar na minha cara — morávamos na mesma casa, hein! — por uns três meses."

Salibi, apesar de jovem, sabia que o fato de não dispor de muitos recursos seria um empecilho para suas pretensões. Assim, jogar no Harmonia, de alguma maneira, deixava-o mais próximo de seu sonho: virar um tenista profissional e ser o melhor de todos. Naquele momento, esta era a sua visão, e o Harmonia se configurava o caminho mais consistente rumo à "lua".

O MOTOR DA REALIZAÇÃO

Como se vê, Salibi, com apenas 15 anos, mostrava ter, de sobra, a competência mais inata e menos desenvolvível das cinco que caracterizam o conceito de Esportismo: atitude. Fosse pela visão que tinha ou pelo fato de não abrir mão de estar sempre perto do seu entusiasmo, atitude não lhe faltava e era tamanha que não se furtava a enfrentar a inquestionável autoridade da mãe.

Essa disposição em injetar atitude a uma visão é algo que o esporte treina a todo o instante. As duas competências se retroalimentam e alimentam o organismo do Esportismo.

> **"** O SUCESSO DE QUALQUER AÇÃO PASSA POR UMA VISÃO CLARA E TANGÍVEL. SÓ ASSIM É POSSÍVEL DISCIPLINAR A ATITUDE EM ESTRATÉGIA, PARA QUE ELA SEJA CAPAZ DE ENGAJAR ALIADOS NO PROPÓSITO (TEAMWORK)[2] E TRADUZIR-SE EM EXECUÇÃO E ÊXITO."

---

2 · O fato é que, ao longo do processo do Esportismo, não podem faltar aliados, pessoas que, por alguma razão, compartilham da visão do esportista. Dessa forma, os aliados — protagonistas de suas próprias histórias, vale observar — buscam seus objetivos e, de quebra, ajudam o esportista a alcançar o seu próprio. Os aliados são fundamentais para depurar a visão, definir estratégias e ajudar na execução do plano individual do esportista.

Salibi, então, não pensou duas vezes sobre qual atitude tomar quando a oportunidade lhe acenou, mesmo enfurecendo sua mãe. Será possível notar inúmeras vezes, ao longo de sua trajetória, a natureza ativa característica de Salibi, o que, em grande medida, explica seu perfil de atleta e empreendedor.

A preocupação da mãe de Salibi, embora parecesse fazer todo o sentido a princípio, não se justificou na realidade. "Eu jogava tênis muito bem e o Harmonia precisava de alguém com a minha qualidade. Fui muito bem tratado. Na verdade, desde o princípio, eu me senti mais em casa no Harmonia do que me sentia no Pinheiros, onde o tênis era uma espécie de território restrito a algumas famílias que tinham histórico nessa prática esportiva. Meu pai e minha mãe nunca tinham pegado uma raquete nem batido em uma bolinha. Por isso, no Pinheiros, sofri muito bullying dos pais dos meus adversários. Eu era um estranho no ninho, ganhando dos meninos das famílias tradicionais do tênis do clube."

As vantagens obtidas, com a ida à Sociedade Harmonia, segundo Salibi, foram enormes. "Duas coisas aconteceram e, naquele momento, eu não percebi: eu obtive um crescimento social e intelectual muito grande e de forma rápida. Muito mais do que um *scout* financeiro, para entrar no clube, é feita uma criteriosa avaliação pessoal e intelectual. Em um ambiente desses, eu aprendi muito e me desenvolvi demais."

Salibi, de repente, via-se fazendo sala para Antônio Ermírio de Moraes, jogando duplas com Chiquinho Scarpa e na companhia de outras figuras eminentes da sociedade brasileira. Durante muito tempo, o contexto do clube e o desenvolvimento atlético e intelectual aproximavam-no, cada vez mais, de seu grande propósito. Pela Sociedade Harmonia, Salibi conquistou títulos e chegou a tornar-se o segundo do ranking nacional entre os juvenis.

Porém, também no Harmonia, havia um teto ligado à questão financeira. Assim como no caso da maior parte das empresas, o início de carreira de um tenista passa por um investidor, alguém que contribua para sua presença em torneios internacionais, até que apareçam os primeiros resultados e a carreira se torne autossuficiente, atraindo, inclusive, patrocínios mais vultosos. No Brasil, esse investidor costuma ser o pai. No caso de Salibi, isso não era possível.

Apesar da cultura de tênis do Harmonia, Salibi não conseguiria, lá, subir esse degrau na escalada rumo ao seu propósito esportivo; ele precisava encontrar maneira de fazer do tênis, de fato, uma fonte boa de renda. Aproximando-se dos 18 anos, era necessário subir, rápido, mais um degrau.

"Eu queria estudar nos EUA, porque lá poderia ter uma bolsa-atleta, jogar entre os melhores, me desenvolver e ainda sair com um diploma, mas eu não sabia falar inglês. Sabe aquela sensação de se estar enjaulado: era assim que eu estava me sentindo. Aos 17 anos, eu joguei um Orange Bowl (principal torneio para tenistas jovens do mundo naquela época, disputado em Miami) e tentei ficar por lá, mas não deu certo."

Seja como for, uma visão tática — ao menos naquele momento, era tática — Salibi já tinha: estudar nos EUA. Porém, para conseguir, efetivamente, alcançar essa visão, ele precisaria de muita atitude, estratégia, trabalho em equipe e, claro, execução.

O CALVÁRIO

A situação do jovem Salibi foi ficando dramática. Sua permanência no Brasil, de fato, era como um cárcere para a sua alma cheia de sonhos. Sem ninguém para investir e compartilhar do seu sonho de rodar o mundo em torneios que o projetassem internacionalmente, só restava a Salibi abandonar o tênis, escolher um curso superior e prestar vestibular. "A preparação para o vestibular me tirava muito tempo. Para o tenista, tempo de treino é crucial. Todo o esporte exige treinos diários, mas o tênis demanda, no mínimo, quatro horas por dia. Para estar bem, mesmo, o ideal, entre treinos físicos e técnicos, são seis horas."

Ficava cada vez mais claro para ele que, no Brasil, só conseguiria viver do tênis dando aulas e isso lhe parecia, naquele momento, muito pouco. "Assim, logo depois de vencer o brasileiro de duplas até 18 anos e ser vice-campeão, na mesma categoria, em simples, em torneio realizado em Brasília, no primeiro semestre de 1978, larguei o tênis para estudar para o vestibular."

Salibi pegou o segundo semestre daquele ano para estudar, o que não podia fazer enquanto competia. Prestou vestibular para Arquitetura em cinco faculdades, duas na capital e três no interior. "Tinham me dito que era um 'curso bonito' e eu gostei da ideia." Passou nas três do interior e escolheu a mais próxima, que ficava na Região Metropolitana de São Paulo.

Em 1979, aos 18 anos, ele começaria a nova e mais infeliz fase de sua vida. "Foi horrível. O curso não me agradava, a faculdade era péssima, eu levava duas horas para ir e mais duas para voltar para casa. Se não bastasse, ainda engordei 20kg em menos de um ano." Salibi se sentia arruinado, mas sabia que seu caminho não era pelos belos traços que lhe apresentava a faculdade de Arquitetura. Seu caminho deveria continuar a ser trilhado pela bolinha amarela e pela raquete. Ele tinha de voltar para o Harmonia, retomar as competições e dar um jeito de ir estudar, como bolsista, nos EUA.

A decisão poderia não lhe trazer, como desejava, o futuro sonhado — embora desistir não fosse mais uma opção para Salibi —, mas seu presente seria muito mais venturoso nas quadras do que na sala de aula de uma faculdade cujo professor explicava a matéria de costas para os alunos, enquanto escrevia conteúdos na lousa, e, ao fim da inaudível e modorrenta explanação, virava-se para aos alunos e fazia a retórica pergunta: "Entenderam?".

"Larguei a faculdade e voltei ao tênis 20kg mais pesado. Passei a perder para adversários dos quais não perdia. Mas, como ainda estávamos no começo de 1979 e eu só faria 19 anos em fevereiro de 1980, tinha condições de jogar mais uma vez o Orange Bowl e, quem sabe, conseguir bolsa em uma faculdade norte-americana." Salibi havia recobrado a visão, o seu propósito de vida, e reencontrado, em sua alma esportista, a atitude necessária para fazer de uma vontade a sua estratégia.

NOVAS FRONTEIRAS

A decisão estava tomada, mas um velho empecilho seguia a acompanhar Salibi: seu inglês não tinha progredido muito no último ano. Mesmo assim, ele estava disposto a perseguir seu sonho. A essa altura, o plano era: primeiro, garanto que me darão a bolsa, depois, dou um jeito de aprender o inglês. Como ele aprenderia? Ainda não sabia, mas sabia como fazer para que lhe prometessem a bolsa. Amor ao propósito, à sua visão e atitude para alcançá-la não lhe faltavam.

"Comecei a buscar pessoas que pudessem me ajudar. Encontrei Alcides Procópio Júnior, o Cidinho, e falei a ele sobre meu desejo. Cidinho disse que conhecia o técnico da Florida State University e que escreveria, a ele, para falar a meu respeito. Me entregou uma cópia da carta, para que eu confirmasse a indicação quando o encontrasse durante Orange Bowl. Não acreditei que funcionaria, mas embarquei para os EUA, para disputar o Orange Bowl, com a carta na bagagem."

No Orange Bowl, Salibi não obteve uma colocação de destaque, mas jogou bem. "A verdade é que, apesar dos quilos a mais, depois de voltar a jogar, eu cheguei à quinta posição do ranking de tenistas do Brasil; eu jogava bem ainda."

Porém, em vez de procurar pelo contato de Cidinho, Salibi tentou sua permanência nos EUA por outras vias. "Falei com Armando Vieira, ex-jogador que, algumas décadas antes, havia chegado às quartas de final em Wimbledon, e ele me indicou para o técnico da University of South Florida. Assim, ao fim da minha participação no Orange, fui de Miami até Tampa, várias horas de viagem durante a madrugada, e, de manhã, saí do ônibus diretamente para a quadra para enfrentar o número um da universidade."

Sem dormir direito e ainda cansado do Orange Bowl, o desempenho de Salibi foi pífio. "'Você não tem nível para jogar aqui.' Foi o que eu ouvi do *coach* depois da partida. Bom, imagina como não me senti. Eu mal tinha grana para voltar a Miami. Passei a noite nos alojamentos da universidade e, no dia seguinte, me ocorreu mostrar a carta do Cidinho para o cara que me havia dispensado e lhe perguntar se tinha o telefone do *coach* de Florida State University. Literalmente, era minha última cartada."

O nome do técnico de Florida State University era Juan Ortiz, um porto-riquenho com quem Salibi mantém amizade até hoje, por meio do Facebook. "Eu liguei para ele e disse que era José Salibi, falei do Alcides, e ele me respondeu, entusiasmado, que estava me procurando, que havia recebido uma correspondência do Alcides falando maravilhas sobre mim." Parecia, enfim, o início de um sonho redentor depois do pesadelo da faculdade de Arquitetura e do esforço para recobrar, na medida do possível, a qualidade do seu tênis. De qualquer maneira, se fosse algo concreto mesmo, era apenas o início.

"Providenciei uma passagem para Tallahassee, cidade onde fica a universidade, ao norte da Flórida, na divisa com o estado da Geórgia. Antes, porém, seria chamado pelo técnico da South Florida para jogar contra o número dois da equipe dele, que precisava treinar e não havia ninguém à disposição na hora." Salibi, agora descansado, tinha, então, a chance de mostrar que sua dispensa fora um equívoco. "Ganhei por duplo 6 a 1. O técnico se surpreendeu e veio falar comigo. Ele havia mudado de ideia e pediu para eu ficar lá. Me ofereceu uma bolsa, mas eu recusei, não confiava mais nele. Preferi o duvidoso na Florida State do que trabalhar com ele. Sempre coloquei o meu caráter em primeiro lugar nas minhas decisões e essa é outra lição que aprendi no esporte. Com pouca idade, tive de tomar decisões difíceis e o esporte me ajudou com isso."

FLORIDA STATE UNIVERSITY

Salibi chegou a Tallahassee e, assim que teve oportunidade, entrou na quadra e impressionou Ortiz. Se dependesse do técnico, Salibi receberia a bolsa ao sair da quadra, após o primeiro teste, já como tenista número um da Florida State University. Mas não era assim que a banda tocava; ele precisava ingressar em algum dos cursos para poder jogar e, para isso, precisava falar e escrever em inglês. Escrever, aliás, para a prova de admissão, era ainda mais importante.

"Foi um baita drama. Eu fiz o teste TOEFL e tirei zero. Mas eu estava com a faca e o queijo na mão e não ia desperdiçar a chance de jeito nenhum. Em dois meses, haveria um novo teste, agora o de Cambridge, e eu tracei uma estratégia de estudo." Essa disposição toda, mesmo diante de adversidades aparentemente insuperáveis, tinha e tem relação com sua vivência no esporte.

> **QUEM QUER SER CAMPEÃO NÃO PROCURA DESCULPAS, PROCURA FORMAS DE GANHAR E EU NÃO PENSAVA EM NADA ALÉM DA VITÓRIA, EMBORA, É CLARO, HOUVESSE MUITO MEDO NO PROCESSO."**

O dinheiro de Salibi estava literalmente acabando, tinha, se tanto, US$200. "Usei uma parte dessa grana para comprar um bom livro de gramática. Não estava preocupado em falar inglês corretamente. Tinha de tirar, no mínimo, 70 no teste e era para isso que eu trabalharia. Tirar a nota máxima (100) era impossível naquele momento. Concentrei meus estudos na gramática e, aos poucos, as palavras começaram a fazer mais sentido[3]. Estudei, por sessenta dias, umas dezoito horas diárias."

Salibi ficou no alojamento de um dos tenistas da universidade, o que não era permitido. A gambiarra era um esforço de Ortiz e de Salibi para que ele ficasse nos EUA e jogasse pela universidade. "Eu tinha pouquíssima grana e, se não fosse assim, teria de voltar ao Brasil. A minha sorte é que a equipe de tênis me acolheu antes de eu ser admitido no teste de inglês. Eles sabiam que eu poderia levar a equipe a outro patamar." Mais uma demonstração de que, sem espírito de equipe, é impossível alcançar nossos objetivos.

"Minha alimentação era por minha conta. Assim, além da gramática, os US$200 me serviram para comprar pão de forma, presunto e queijo. Como eu não podia sair toda hora do alojamento, para não levantar suspeita, fazia grandes estoques de queijo, presunto e pão de forma no quarto. Comia misto frio de manhã, de tarde e de noite. Dormia no chão, porque a cama era do meu colega, mas, quando ele passava a noite fora, com a namorada, eu dormia na cama dele. Às vezes, para não enlouquecer, eu dava uma saidinha do alojamento, circulava, em um curto raio, tomava ar e tal. Mas o lugar tinha um *manager*, muito mais um

---

3 · A prioridade, no teste, era a parte escrita, e o aprendizado do inglês, nesse caso, não necessariamente seguiria o método mais eficiente e usado tradicionalmente pelas escolas de idioma. As circunstâncias cobravam de Salibi outra técnica. A forma de aprendizado, como acontece na maior parte das vezes, dar-se-ia segundo exigências práticas. Apenas estando sensível a isso, ele seria capaz de dar a resposta adequada à demanda que tinha naquele momento.

bedel do que um *manager*, que me viu algumas vezes e começou a desconfiar da minha presença. Um dia, ele olhou para mim e disse '*You!*' e veio em minha direção. Eu fugi e consegui voltar ao quarto sem que ele me visse entrar. Se ele me pegasse, eu estava frito... Imagina se minha mãe soubesse de um negócio desses, ia ficar doida", diz Salibi, rindo.

Contudo, segundo o próprio Salibi, havia atenuantes. O alojamento, apesar de não ter uma cama para dormir, era ótimo e o lugar, lindo, acolhedor. Eram os melhores dormitórios da universidade, chamados de Cash Hall. "No espaço comum, tinha piscina; a comida, para os que podiam comer, era de boa qualidade. Além disso, era um espaço misto, ou seja, havia homens e mulheres."

Apesar de todo o sacrifício, a perspectiva de ficar em um lugar como aquele, com certeza, injetava ainda mais disposição em Salibi. "Em resumo, depois de dois meses, fiz a prova e todo esse abnegado período me rendeu preciosos 72 pontos, o que me valeu uma bolsa-atleta integral para o curso de Administração de Empresas na Florida State University. Detalhe, eu moraria no Cash Hall, mas não sem antes passar por uma entrevista com 'o bedel' que me perseguiu quando estava clandestino lá. Cheguei para falar com ele credenciado pelo meu técnico, que lhe disse que o número um da equipe de tênis estava a caminho. Bati na porta da sala dele e ele respondeu: '*Coming to Cash Hall!*'. Eu abri a porta e, ao me ver, ele disse: '*You!?*' Eu respondi. '*It's me and I'll forgive*'."

UNIVERSITY OF SOUTH CAROLINA

Salibi ficou na Florida State University por dois anos. "Não foram mais porque eu queria estudar, aproveitar mais a oportunidade, e a Florida State University era o que os norte-americanos chamam de *party university*. A verdade é que eu nunca me diverti tanto na vida; era só tênis e mulher, mas eu precisava ir além. O tênis não era o mais seguro dos caminhos, e, já que estava nos EUA e podia estudar nas melhores universidades, por que desperdiçar a chance?"

Claramente, Salibi, como visionário que é, àquela altura, era capaz de vislumbrar uma nova perspectiva para o seu futuro. Não se tratava de abandonar a visão de se tornar tenista, mas de estar pronto para novas possibilidades: ter mais de um plano. O fato é que os sonhos se reciclam conforme os horizontes se apresentam nas trilhas que trilhamos. Salibi, depois do "cárcere arquitetônico" no Brasil, passara a enxergar, nos EUA, muitas possibilidades para si. Ele estava reciclando a sua visão.

Para mudar de universidade, contudo, mais uma vez, precisaria do tênis. Depois de enfrentar os tenistas da University of South Carolina, que tinha uma das faculdades de Administração mais respeitadas do mundo, Salibi teve a oportunidade de bater um papo com o tenista número um da equipe e número sete dos EUA, Chris Mayote. Salibi abriu o jogo com ele sobre sua vontade de mudar de universidade. Eles tinham feito dois jogos duros, um em simples e outro em dupla, com vitória justa de Mayote em simples e vitória justa da dupla de Salibi. Ambos se respeitavam como tenistas e, para Mayote — cujo irmão, Tim Mayote, estava entre os dez melhores do mundo na época —, ter Salibi na mesma equipe talvez fosse ótimo para seu desenvolvimento.

"Ao perceber que eu queria trocar de faculdade, Chris me disse: 'Quer que eu converse com o treinador sobre você ir para a nossa equipe?' Claro que disse sim." Salibi, então, deixou a Flórida rumo à Carolina do Sul. "A diferença acadêmica era perceptível já na primeira semana. Outro nível. Não tive dúvidas que estava dando um passo enorme para pavimentar um futuro também promissor fora do tênis, embora por causa dele."[4]

SOBRE SONHOS E SUAS TRANSFORMAÇÕES

O fato é que, embora estivesse, conscientemente, calçando seu futuro com um currículo acadêmico de respeito, Salibi ainda queria viver de jogar tênis. "Nos EUA, ganhei diversos torneios universitários e, até mesmo, alguns profissionais. Por duas vezes, ainda no período universitário, figurei no ranking da ATP (Associação de Tenistas Profissionais). Isso porque, embora bastante

---

4 · A troca de faculdade é um exemplo, por inteiro, do uso de todas as práticas do Esportismo. Salibi, com a atitude que lhe é peculiar, viu a oportunidade, bolou a melhor estratégia, executou com inteligência e trouxe, para o seu lado, para ajudá-lo na execução, o melhor aliado que podia ter (teamwork).

jovem, fui capaz de vencer alguns dos melhores jogadores do mundo na época." A ideia de Salibi era, ao terminar a faculdade, entrar no circuito profissional de tênis de vez e lá ficar por, pelo menos, dois anos. Se estivesse indo bem, seguiria com a carreira de tenista, senão, ingressaria num MBA na própria University of South Carolina.

"Meu negócio era o tênis, mas eu não queria, caso não tivesse êxito como tenista, passar o resto da minha vida dando aula de tênis. Por isso, fazia questão de estudar e tirar boas notas, de preparar uma alternativa. Considerando uma escala de 0 a 10, eu me graduei com média equivalente a 8, o que é muito bom."

Salibi sabia da imprevisibilidade da vida e procurava, de todas as maneiras, ser o menos vulnerável possível. Mas, ainda assim, na primeira semana do último ano de faculdade, seria pego de surpresa. "No primeiro dia daquele ano, meu pai morreu. Poucas semanas depois, arrebentei meu joelho de tal maneira que nunca mais fui o mesmo. Meu jogo era muito físico, baseado em saque-voleio. Perdi muito rendimento."

O sonho de se profissionalizar como tenista e se tornar o melhor deles vacilara, definitivamente, com a lesão no joelho, mas, agora, havia uma nova perspectiva, graças ao tênis. A esperança de que, por meio do esporte, poderia ter um futuro brilhante não estava perdida; havia se transformado apenas. "Terminei a faculdade, mas não tinha dinheiro para o MBA. Assim, circunstancialmente, não me restava alternativa: voltei para o Brasil para dar aula de tênis e levantar a grana para o MBA nos EUA."

O menino que chegara ao Harmonia quase dez anos antes agora era bacharel em Administração por uma das universidades mais respeitadas do mundo. Além disso, havia jogado contra tenistas daquela que, na época, era vista como a melhor escola de tênis do mundo. Fora muito bem, tinha histórias para contar, muito mais repertório e conhecimento do que antes.

"Eu era o professor de tênis mais requisitado e caro do país. Embora não quisesse fazer isso pelo resto da minha vida, eu gostava de dar aula de tênis e, por isso, era um bom professor. Aos 23 anos, meus alunos eram Chiquinho Scarpa, Otávio Pires, Fernando Gentil (oncologista). Esse status era importante, porque eu precisava levantar grana para um MBA nos EUA."

Durante dois anos, Salibi diz ter dado quatorze horas de treino por dia. "Entrava às sete da manhã e saía às onze. Ia direto, rezava para que faltasse um aluno e me sobrasse tempo para comer um sanduíche."

A razão para tanto empenho era a visão de Salibi; ele não queria começar no mundo corporativo como trainee, achava que seria perda de tempo e que o MBA o faria começar de onde merecia. "O tênis competitivo havia me acostumado a não aceitar pouco. Queria sempre estar entre os melhores. Queria ser o presidente da empresa, não trainee. Eu via como os caras que faziam MBA nos EUA voltavam, ao Brasil, bem posicionados. Era o que eu queria."

Dois anos depois de intenso trabalho como professor de tênis, Salibi retornou à University of South Carolina, agora, para o MBA. "O tênis virara *hobby*, muitas vezes, um doloroso *hobby*, em razão da minha lesão no joelho, que não havia tratado como deveria."

Ao fim do MBA, Salibi foi contratado por uma empresa chamada WestVaco, no Brasil, Rigesa, uma das maiores indústrias de embalagens do mundo. "Fui contratado para trabalhar no Brasil. O problema é que, ao chegar, não fui bem recebido. A ideia do diretor que me contratou nos EUA era que eu ficasse no Brasil um tempo e, depois, retornasse aos EUA, ficasse um tempo lá e, enfim, viesse para o Brasil com experiência para desempenhar um cargo mais alto. Era o que eu queria também. Estava bem feliz. Pesquisei tudo sobre a empresa, comprei terno novo, limpava-o todos os dias, estava entusiasmado em morar em Campinas (SP). Mas, logo no primeiro dia de trabalho, fui maltratado por todos os profissionais da área. No segundo dia, de novo; no terceiro, outra vez; no quarto, pensei: 'isso não é para mim' e, como dizem os americanos, *don't accept less than you deserve*."

DE CIMA MESMO

A situação era a seguinte: Salibi estava desempregado, mas trazia consigo todo o conhecimento adquirido nos anos de estudos nos EUA. Assim, conversando com um velho colega de tênis, Harry Ufer, que também fora um tenista amador de destaque no Brasil e com quem estabeleceu forte amizade, Salibi resolveu montar um negócio. "Ambos havíamos decidido não ser executivos.

Ele tinha acabado de sair da Bayer. Queríamos empreender, mas nos faltava um detalhe: saber qual seria o negócio."

Descobri-lo não seria tarefa fácil nem breve. Enquanto não encontravam o fio da meada de um bom negócio, Salibi precisava ter alguma fonte de renda. Não havia mágica, ele tinha de retomar às aulas de tênis. "Resgatei meus melhores clientes e passei a dar aula na casa de alguns, em sítio..." O primor pela excelência (atenção aos detalhes, repetição exaustiva, disciplina etc.), herança da prática do esporte em alto rendimento, era o diferencial de Salibi como professor de tênis.

"Eu fiz 44 pessoas jogarem tênis em um nível alto, algo que seria inimaginável para elas mesmas, porque jogavam por *hobby*. Mas, quando se consegue um *upgrade* em qualquer atividade que se ame, a satisfação é imensa. Para mim, diversão não era bater bola com aluno, era ensinar a jogar tênis de verdade. Se era para ser professor de tênis, seria um professor capaz de fazer a diferença."

Enquanto isso, ele e Harry seguiam matutando em busca de uma ideia de negócios. Aconteceu, então, de a namorada do Harry, Marina, ir trabalhar, como secretária em uma empresa de treinamento e desenvolvimento gerencial. "Harry participou de seminários internacionais com essa proposta e, inteirado desse negócio, me ligou, dizendo como funcionava e querendo saber o que eu achava, se valia a pena entrar nessa."

Salibi acabara de terminar o MBA e estava bem familiarizado com essas questões. Entendia bem o que o amigo dizia e gostava da ideia. "Estimamos os custos por palestrantes, concebemos um plano de negócios minucioso. Mais uma vez, o esporte contribuiu, porque, quando se alcança determinado nível, um detalhe faz a toda diferença. Bom, tínhamos um *business plan*, mas não tínhamos palestrantes, nem patrocinadores. Era o que faltava para o negócio nascer."

A ideia era que a empresa realizasse palestras de alto impacto; assim, não podia começar com quaisquer palestrantes do mundo da gestão. Salibi acionou a rede que havia criado para tentar trazer alguém da Meca do marketing e da administração — os EUA. "Também mobilizei meus contatos no Brasil, que não eram poucos e causariam um enorme barulho, mas, nesse processo, notei que nossa idade era um empecilho: nenhum palestrante confiava em um moleque de 26 anos, que era a minha idade nessa época, e em outro de 29, a idade do Harry."

O tempo foi passando, Salibi seguia dando aulas de tênis, enquanto via as esperanças em seu projeto de negócio esmaecerem-se paulatinamente. "Quando já imaginava que o plano não sairia do papel, fui convidado por um aluno, Pierre Loeb, dono de uma das maiores joalherias do país, para ir à Barra do Una (litoral norte de São Paulo) passar o réveillon de 1986. Tinha de jogar umas dez horas de tênis, por dia, com os convidados dele, mas, pelo menos, pegava uma praia."

O dia 31 de dezembro de 1986, contudo, iria muito além de uma praia; seria o ponto de virada nos planos de Salibi. "Joguei, naquele dia, oito horas de tênis em um calor de mais de 30°C, com inúmeros convidados de Pierre. Às 19h, quando me preparava para encerrar as atividades, Pierre chegou para mim e disse: 'Salibi, joga uma hora contra meu amigo americano'. Eu estava tão cansado que mal conseguia enxergar o amigo dele. Bom, o cidadão estava bem relaxado, usava uma camisa furada e tal. Enfim, comecei a bater bola e ele batia todo torto. Sem mecânica nenhuma. Aquilo me incomodou e, àquela altura do campeonato, a tendência e a vontade seria deixar para lá, mas eu pensei que, se já estava ali, porque não o ensinar a bater certo na bola, como fazia com meus alunos do Centro Paulista de Tênis."

Hoje, fica claro para Salibi quão importante foi seu esmero como professor de tênis e como tenista para chegar aonde chegou, mas, até aquela aula, ele ainda não tinha consciência disso. "Esse cara terminou o treino batendo certo na bola. Ele me disse que jogava há vinte anos e que estava impressionando com o resultado daquela hora de aula."

As palavras do norte-americano soavam agradáveis a Salibi. Era gratificante saber que, de alguma maneira, estava fazendo a diferença para alguém. Assim que pôde, procurou Pierre para saber quem era o norte-americano de camiseta rasgada e todo relaxado que havia enfrentado: "Esse cara — disse-lhe, ao ouvido, Pierre — é o maior joalheiro do mundo. Ronald Winston, da Harry Winston".

ENFIM, A VIRADA

Graças à excelente aula de tênis que deu, Salibi caiu nas graças de Ronald. "Ele foi com a minha cara e, naquele mesmo dia, durante os festejos, conversamos muito. No dia seguinte, fomos dar uma volta na praia. Ele perguntou sobre a minha vida e eu contei tudo: carreira no tênis, estudos nos Estados Unidos, enfim."

Com o avançar da conversa, o empresário norte-americano se mostrou intrigado: com tantas competências, ele acreditava que os propósitos de Salibi iam além de ser um professor de tênis. "Por alguma razão, eu não havia falado a ele do projeto que desenvolvia com Harry e Marina, até que ele me disse: 'Cara, gostei da maneira como você encarou a aula que me deu e, com a formação que tem, você deveria pensar em desenvolver algum projeto. Você não tem nenhum projeto?'"

Era a deixa de que Salibi precisava. O projeto, minuciosamente concebido, mas que estava se esmaecendo no tempo de inexecução, recobrou as cores genuínas. "Na hora, eu respondi que tinha e não titubeei em explicar tudo." Ao fim da explicação de Salibi, Ronald pediu que o procurasse, no retorno a São Paulo, no hotel Maksoud Plaza. "A reunião aconteceu em uma segunda-feira; fomos eu e Harry. Fizemos uma apresentação mais detalhada do projeto. Quando terminamos, ele nos disse: 'Quero ser o primeiro patrocinador de vocês. Vou dar US\$10 mil.' Essa grana, na época, deveria ser o equivalente a US\$50 mil hoje. Eu olhei para o Harry e falei: 'Começamos a empresa.'"

Salibi explica que os US\$10 mil eram um excelente ponto de partida, mas não o suficiente para a realização do evento. "Nossa ideia, como disse, sempre foi fazer eventos grandes." Os dois jovens empreendedores acreditavam que, com um forte trabalho de marketing, o que demandava investimentos, era possível realizar eventos para mil e não para cem pessoas, como normalmente se fazia no Brasil naquela época. "Por isso, eram necessários mais patrocinadores, o que seria menos difícil quando disséssemos que já tínhamos uma cota de patrocínio vendida para Harry Winston. Agora, onde eu conseguiria novos patrocinadores?"

Na Sociedade Harmonia, mais precisamente, na sauna do clube. "Eu pedia para o organizador da sauna me passar os nomes dos agendamentos da semana. Sabendo qual seria a frequência, eu preparava a minha agenda. Assim, quase toda noite, durante um mês, mais ou menos, lá estava eu, na companhia de Fernando Gentil, Antônio Ermírio de Moraes e outros. Nessa brincadeira, perdi, em um mês, 10kg. Minha mãe me perguntava o que estava acontecendo comigo."

Na sauna, a missão de Salibi era vender patrocínio, mas não se vende sem preparar o terreno e, ao longo desses anos, como professor e convivendo com grandes empresários, ele aprendera[5]. "Por noite, saía com duas reuniões agendadas."

Quem acha que tomar sauna todas as noites era apenas um privilégio, está enganado. "Um dia, estava esperando José Ermírio de Moraes, quando Fernando Gentil Filho entrou e eu o acompanhei." Salibi estava exausto daquela maratona cálida. "Eu disse ao Gentil que precisava sair, estava desidratado, mas, na porta, surgiu Zé Ermírio. Aí, resolvi ficar. Foram mais cinquenta minutos, até que Zé Ermírio me olhou assustado e disse: 'Salibi, você está ficando azul'. Eu saí da sauna, mas não sem antes vender um patrocínio."

O primeiro evento foi feito no Rio, em 1987, e o segundo em São Paulo, no mesmo ano. "Nosso palestrante foi um advogado norte-americano, ligado ao próprio Ronald Winston. Conseguimos lucrar de US$2 mil." A HSM, iniciais de Harry, Salibi e Marina, nascera definitivamente. Assim, não demorou a realizar outro evento, agora, direcionado à indústria de confecção. Ladislau Brett, da empresa Vila Romana, foi o principal patrocinador. "No segundo, ganhamos mais do que no primeiro."

Assim, a empresa foi avançando. Salibi se orgulha da capacidade que teve de trazer grandes nomes do mundo da gestão para o Brasil naquele início de empresa. "Ninguém de fora queria vir para o Brasil. Tínhamos 5.500% de

---

5 · A trajetória de Salibi e a maneira como construiu sua empresa é um bom e acabado exemplo de aprendizagem na prática. Ele conhecia o ambiente e sabia quais eram as melhores estratégias e abordagens para obter as suas conquistas. Havia aprendido ao longo de anos de observação e tentativas.

inflação. Nossa imagem era ruim, mas eu me vendia como o cara do tênis, e a maioria das pessoas com as quais falava jogava tênis."

Se o negócio estava complicado, se havia muita resistência e mesmo que as coisas estivessem fluindo, Salibi fazia do seu conhecimento de tênis um diferencial de vendas poderoso. "Várias vezes, puxei a conversa para o tênis. Dizia: 'Você está contente com o seu tênis?' A maioria sempre tinha uma queixa e eu respondia que, se viesse ao Brasil, eu daria uma semana de aula todos os dias para corrigir os problemas." Dessa forma, Salibi fechou uma porção de palestras. "Philip Kotler, que é considerado o pai do marketing, dedicou quatro páginas a mim em sua autobiografia. Ele conta a história de como eu o levei a uma quadra de tênis para conseguir trazê-lo como palestrante ao Brasil."

EMPRESÁRIO "CASCUDO"

É possível dizer que não existe empresário, de verdade, que não seja cascudo. Por cascudo, deve-se entender capaz de resistir às maiores e mais inusitadas adversidades, adaptar-se, aprender com elas e tirar proveito delas da maneira mais ágil possível. O fato é que o esporte competitivo nos dota de todos esses atributos. A palavra da moda que sintetiza esse conceito é resiliência, cujo significado é "resistência ao choque".

"Era muito comum eu participar de um *tour* de torneios, cinco ou seis em série, e, na primeira partida do primeiro, perder. Se não tivesse a cabeça boa, passaria o resto da semana frustrado pela derrota e pelo fato de não ter partidas para jogar." Mas, para quem quer ser grande, não há espaço para esse desânimo. É preciso treinar duro e motivado na semana "esvaziada". Só assim será possível vencer todas as partidas do torneio da semana seguinte. "Isso aconteceu muitas vezes comigo. Tem de ser resiliente, é preciso voltar para o jogo, mesmo depois da derrota. É como no judô, se lhe derrubam, você tem de levantar."

Salibi diz que essa mentalidade o levou a vencer alguns momentos difíceis da HSM em seus mais de trinta anos de história. Além de inúmeras vendas, sempre com ele dentro e ocupando o principal cargo, de CEO, a empresa quase quebrou três vezes. "Uma empresa não precisa de amigos, precisa de gente competente e talentosa. Sempre que a HSM passou por problemas mais sérios, foi porque misturaram amizade com competência."

Em 2015, Salibi deixou o comando da empresa que fundou em 1986. Segundo ele, a HSM segue firme e em boas mãos, o que é motivo de orgulho.

> **" AFINAL, TODO O EMPREENDEDOR DE SUCESSO MONTA SEU NEGÓCIO COM A FINALIDADE DE QUE SEJA CAPAZ DE CAMINHAR POR SI MESMO."**

Mas deixar o comando da HSM não significou a sua aposentadoria. Salibi tem uma nova empresa, a JSN Desenvolvimento Gerencial, na qual atua como *advisor* (consultor) e palestrante. "Sendo bastante objetivo, reinventei a minha carreira novamente e me tornei um dos palestrantes mais requisitados do Brasil, o que me enche de orgulho e entusiasmo." A ideia do novo empreendimento é guiar as empresas pelo caminho da transformação, colocando-as em linha com as demandas do mundo contemporâneo, altamente digital e conectado.

UM VISIONÁRIO, ANTES DE TUDO, É UM ETERNO APRENDIZ

"O que aprendi com o tênis é a base para qualquer empreendimento que eu tenha. Competitividade, disciplina, foco no resultado, estudo minucioso, estratégia, execução com excelência e colaboração seguem sendo os atributos mais importantes, para mim, nessa nova empreitada."

Outro ponto destacado por Salibi é o olhar de aprendiz que o esportista precisa ter. Assim como uma partida, o ambiente de negócios muda constantemente e é preciso aprender e testar as ideias que brotam desses aprendizados a cada segundo. "Trata-se de análise da concorrência e compreensão do contexto."

> **" ESTAMOS FALANDO DE CAPACIDADE DE ADAPTAÇÃO, E, QUEM NÃO VIVE A VIDA COM OLHAR DE APRENDIZ, NÃO SE ADAPTA."**

"Fazer sauna com o Zé Ermírio foi um MBA. Ensinar tênis também. O conhecimento está em tudo. Sou padrinho de um projeto social por meio do qual damos, a jovens sem condições, a oportunidade de fazer o que eu fiz: estudar nos EUA. Eu digo a eles: 'Observem tudo o que está em volta de vocês. O conhecimento não está apenas na sala de aula. Vá ao Whole Foods, à loja da Apple e aprendam. Essas lojas são verdadeiras salas de aula em termos de negócios.'"

Salibi acredita fortemente que as universidades estão muito defasadas e, por isso, olhar como um aprendiz ao que acontece no mundo é mais eficiente das formas de aprendizado[6]. "Quando, em meu livro *Gestão do Amanhã*[7], falo que as universidades estão defasadas, falo de Harvard. Mesmo as melhores escolas prenderam seus pensadores em conhecimentos ultrapassados, impedindo-os de enxergar a verdadeira vanguarda, que está no dia a dia, nas novas tecnologias e nas startups."

Salibi conta que *Gestão do Amanhã* se tornou o livro, sobre o tema, mais vendido do Brasil. "Foram mais 50 mil cópias vendidas e uma nova edição está sendo preparada, já que a primeira se esgotou." Depois de *Gestão do Amanhã*, também em parceria com Magaldi, Salibi publicou mais dois livros que abordam com profundidade genuína o tema gestão: *O Que As Escolas de Negócios Não Ensinam* e *O Novo Código da Cultura*.

---

6 · Mais uma vez, o conceito de aprendizagem na prática refletido nos valores de Salibi.

7 · SALIBI NETO, José; MAGALDI, Sandro. *Gestão do Amanhã*: Tudo o que você precisa saber sobre gestão, inovação e liderança para vencer na 4ª Revolução Industrial. Gente, 2018.

Para Salibi, o empreendedorismo precisa, cada vez mais, beber dos avanços científicos e os avanços científicos, cada vez mais, precisam beber do empreendedorismo. "Não se trata apenas de tecnologia da informação, física, eletrônica e robótica, embora essas áreas sejam essenciais. Estou falando da biologia, da neurociência e assim por diante. O conhecimento não tem fronteira, precisa integrar, não separar, e, a meu ver, as faculdades de Administração ainda não perceberam isso."

O fundador da HSM diz que é fácil mostrar como o ensino de Administração de Empresas está ruim. "Dos caras que revolucionaram o mundo dos negócios nos últimos anos, nenhum veio do curso de Administração de Empresas. Os caras vêm de Design, Física, Tecnologia, mas não de Administração. Muitos abandonaram a faculdade, caso do Mark Zuckerberg, Bill Gates e Steve Jobs. No caso do Brasil, esse atraso no ensino da Administração é ainda muito maior."

Salibi dedicou uma vida à educação, dentro e fora das quadras, e, a partir de sua nova empreitada, a JSN Desenvolvimento Gerencial renova seu compromisso com a transformação de vidas por meio dela.

" QUANDO FALO EM EDUCAÇÃO, POSSO ASSEGURAR QUE A BASE DE QUALQUER APRENDIZADO CONSISTENTE PASSA PELAS COMPETÊNCIAS DO ESPORTE (ESPORTISMO). O ESPORTE ALTAMENTE COMPETITIVO, SE OBSERVAREM BEM, JÁ HÁ ALGUM TEMPO, UNE DIVERSOS CAMPOS DE CONHECIMENTO COM PROPÓSITOS E OBJETIVOS CLAROS. COMO EMPRESÁRIO, SOU FRUTO DESSA MENTALIDADE ESPORTIVA."

"EU SOU UM SÓ. NÃO HÁ O ZÉ VICENTE DO MUNDO CORPORATIVO E O DO ESPORTE. EU SOU AS EXPERIÊNCIAS QUE VIVI E AS VIVI PORQUE SOU O QUE SOU. O LADO ESPORTIVO, ENTÃO, ESTÁ EM TUDO O QUE EU FAÇO. ELE TEM SIDO FUNDAMENTAL PARA MIM E PARA MINHA BUSCA CONSTANTE PELA EXCELÊNCIA, EM TODAS AS ÁREAS DA MINHA VIDA."

— José Vicente Marino

ESTRATÉGIA

JOSÉ VICENTE MARINO:
A EXCELÊNCIA COMO ESTRATÉGIA INFALÍVEL

Existe alguma estratégia universal para alcançar objetivos maiores? Para realizar propósitos pessoais e profissionais? O presidente da Avon, José Vicente Marino, cuja história de mais de três décadas como alto executivo de grandes empresas, o que inclui Best Foods (Refinações de Milho Brasil), Johnson & Johnson, Natura, Flora e Avon, acredita que sim. "O segredo é um só, faça o mais benfeito possível o que lhe cabe fazer no momento. Esqueça o próximo trecho, o destino que anseia... Faça o seu melhor no momento presente: as portas vão se abrir e as oportunidades superarão as suas expectativas."[1]

Com as palavras acima, Zé Vicente não está dizendo que a excelência seja um processo maquinal, carente de inteligência e planejamento. Ao contrário, dificilmente se alcança a excelência com respostas automáticas. É preciso pensar no todo: entender, com clareza, qual é o seu objetivo pessoal, entender o objetivo das pessoas das quais depende para alcançar o seu objetivo e entender o objetivo comum do grupo. A partir dessa compreensão, é preciso fazer a estrutura funcionar com o máximo de harmonia para que o máximo de objetivos seja alcançado. Isso se chama estratégia e, seguramente, é uma das principais competências desse brilhante executivo, que obteve e segue a obter êxitos em

---

1 · Na obra *Esportismo*: Valores do Esporte para o Alto Desempenho Pessoal e Profissional (Gente), Rodrigo Motta e Wagner Castropil discorrem sobre a importância da excelência como estratégia. A epígrafe do capítulo, como dissemos, é uma frase de Michael Jordan que destaca a importância de pensar, passo a passo, a realização de grandes feitos: "Um passo de cada vez. Não consigo imaginar nenhuma outra maneira de se realizar algo."

sua carreira, justamente porque sabe desenhar, como poucos, o caminho que leva às suas visões.

Zé Vicente diz que desenvolveu o apreço pela excelência quando foi capaz de levar a cabo um ato de grande coragem, ainda na adolescência. Vale frisar que atos de coragem são demonstrações irrefutáveis de atitude, o combustível da engrenagem do Esportismo.

Na ocasião, menino Zé jogava basquete competitivamente. Ele se lembra de que estava na quadra do extinto Clube Tietê; jogava pelo Clube Paulistano. "Meu time estava perdendo por um ponto e faltavam quatro segundos para acabar o jogo. Deram a bola para mim, eu era o capitão, o líder da equipe. Fui arremessar e sofri a falta. Tinha dois lances livres para realizar já com o tempo zerado. Para vencer sem prorrogação, tinha de fazer os dois. Se fizesse só um, íamos à prorrogação. Se errasse os dois, perdíamos."

O jogo era na casa do adversário e a torcida era quase toda contra. "Eles gritavam que eu ia errar. Peguei a bola e fiz sinal a eles para que esperassem e vissem... Converti os dois lances e fomos campeões. Essa experiência mudou a minha vida de uma maneira que você não tem ideia. Ali, eu tive certeza de que... 'dá para fazer'. Foi isso que pensei. De lá para cá, me sinto capaz de realizar o que quero ou o que preciso sempre. Aquele episódio vive em mim como se tivesse acontecido ontem, sabe?"

Não foi por acaso que as duas bolas caíram no cesto e a vitória veio. Zé Vicente treinava muito. Sempre foi um dos mais dedicados. Não por acaso, era o capitão do time. Ele servia de exemplo, não apenas pela capacidade inata, mas, sobretudo, pelo exemplo de dedicação, pelo exemplo de excelência. "No basquete, ganhei tudo que podia. Nas categorias em que joguei, até os 16 anos, não havia nacional, só torneios estaduais. O brasileiro você disputava por seleção estadual. Como fui da seleção paulista, venci um brasileiro. Venci na categoria infantil. Eu curti muito esse período. Adorava o esforço de acordar cedo e ir jogar em vários lugares. Comecei, no basquete, no Colégio Santo Américo, depois, joguei pelo Paulistano, pelo São Paulo e pelo Pinheiros. Em todos esses clubes, joguei como sócio militante."

VELOCIDADE INTERIOR ZERO

Zé Vicente diz que, desde criança, caracteriza-se por um temperamento explosivo, mas que, apesar disso, inúmeras vezes, em circunstâncias capitais, como na ocasião dos lances livres, foi capaz de manter a frieza, para tomar a melhor decisão e executar com excelência. "Ao longo da minha vida, tenho tentado ser sempre assim: concentrar a energia da minha intempestividade para, a partir de uma decisão tomada com inteligência, canalizá-la da melhor forma possível. Mas, para isso, é preciso treino, muito treino, sempre."

Amigo de Oscar Motomura, estudioso e especialistas do campo da gestão, Zé diz que procura colocar em prática, todos os dias, o princípio do V-0 (velocidade interior zero), uma ideia do amigo. "Motomura diz que, quão mais capazes formos de receber uma notícia sem suscetibilidades, maior será nossa capacidade de encontrar uma resposta satisfatória ao desafio."

A energia que o desafio desperta quando chega, segundo Zé Vicente, precisa ser represada para o instante da execução, que virá depois de se formular, com calma e paz interior, a melhor estratégia[2] possível para resolver o problema. "Tenho sangue italiano. Não posso nem quero negar isso em mim. Às vezes, certa intempestividade é fundamental, necessária mesmo, mas, idealmente, trabalho para encontrar essa serenidade interior."

V-0, contudo, é bem diferente de comodismo.

> **A IDEIA NÃO É PERDER, MAS GANHAR COMPETITIVIDADE. A IDEIA NÃO É SE ACOMODAR E SE SATISFAZER COM OS INSUCESSOS, MAS APRENDER RAPIDAMENTE COM ELES E FAZER, DE UMA DERROTA, DEGRAU PARA UMA VITÓRIA MAIOR."**

---

2 · É importante considerar que as estratégias não são estanques; elas podem e costumam passar por mudanças. A razão é simples: o mais importante é sempre o objetivo e, se mudanças de planos forem mais apropriadas para alcançá-lo, isso deve ser feito. Como consta no livro *Esportismo*: Valores do Esporte para o Alto Desempenho Pessoal e Profissional (p. 66): "Ao ter uma visão clara do que pretende conquistar, um esportista precisa buscar uma fórmula para atingi-la, torná-la real. É justamente aí que entra a estratégia. E, para ter uma estratégia ampla, há pequenas decisões estratégicas que precisam ser tomadas todos os dias."

168 ■ JORNADAS HEROICAS

"Esse conceito (o da derrota que prepara) é difícil para eu internalizar. Para mim, perder sempre foi muito difícil. Até hoje, não consigo aceitar muito bem, mas vivi várias situações em que uma dolorosa derrota pessoal ou profissional serviu de combustível para uma vitória maior na sequência. O esporte é prodigioso em exemplos que ilustram esse conceito."

O fato é que o basquete serviu de base para o profissional e a pessoa que Zé se tornou. Apesar de ter deixado de praticar o esporte aos 16 anos, suas lições o acompanham até hoje. Porém os aprendizados por meio de práticas esportivas não findaram com a "aposentadoria" no basquete. Há cerca de dez anos, Marino descobriu o hipismo[3].

A VIDA MUDA DE REPENTE

"O basquete foi fundamental, mas, de repente, minha vida mudou muito. Além de ter ficado baixinho para o esporte, eu percebi — e aí eu tive outra grande lição — que eu teria de me dedicar tanto ao basquete, mas tanto, que precisaria abrir mão de outras coisas que eu já tinha escolhido para a minha vida. Tive de fazer escolhas. Não fui vítima de nada: escolhi parar com o basquete para estudar. Mas ele me deixou esse legado de competição, de capacidade pessoal e de competitividade."

Definitivamente, não é um legado qualquer. "Atualmente, estou fazendo um curso em Harvard, o *Owners and Presidents Management Program*. Uma das palestras a que pude assistir até agora foi dada pelo antigo CEO da Danaher e hoje CEO da GM mundial. Uma das perguntas que fizemos a ele é como ele recruta executivos. Parte da resposta foi a seguinte: 'Quando sobram dois candidatos e há um grande equilíbrio entre eles, eu lhes pergunto se fazem esporte e se foram atletas. Se um tiver sido e o outro não, eu escolho o que já foi atleta.' Ele continuou: 'Procurem sempre um atleta. Ele traz, em si, a

---

3 · Segundo Zé Vicente, o esporte segue a ensiná-lo, embora as experiências práticas da vida de alto executivo sejam tão valiosas para a sua atuação nas competições, quanto a prática esportiva é para os desafios profissionais e pessoais que precisa superar. Aqui se vê a importância do olhar que cada qual é capaz de lançar às próprias experiências, ou seja, a tal da apreciação estética tão importante para a teoria da aprendizagem na prática.

vontade de ganhar. Ele sabe o que é superação, o que é treinamento, o que é esforço… Lições valiosas demais para a vida empresarial.'"

A liderança e os aprendizados no esporte se refletiram na "nova vida" de Zé Vicente já como aluno do curso de Administração da FGV-EAESP (Escola de Administração de Empresas de São Paulo da Faculdade Getúlio Vargas). "Fui um dos fundadores da Atlética (Associação Atlética Acadêmica Getúlio Vargas — AAAGV). Além disso, também presidi o Diretório Acadêmico e fui um dos fundadores da Empresa Júnior. Do primeiro corpo diretor, eu era o diretor-geral de Esportes e Eduardo Quilici era o presidente da Atlética. Ao mesmo tempo, eu presidia o Diretório Acadêmico. Eu joguei basquete pela FGV. Era algo mais recreativo, não tinha tanta alta performance, mas joguei."

Embora seja reconhecido pela carreira que desempenhou e desempenha como executivo, o espírito cheio de iniciativa de Zé o levou a empreender. "Durante a faculdade, fui trainee na Nutrimental (empresa conhecida, atualmente, pela fabricação das barras de cereal Nutry), mas, logo que terminei a faculdade, montei um negócio próprio: uma produtora de programas de rádio."

A vida de empreendedor de Marino durou entre dois e três anos. "Aí, decidi vender a produtora para seguir carreira no mercado de trabalho, como executivo. Fui trabalhar na Refinações de Milho Brasil, a Best Foods, que hoje é da Unilever. Cheguei lá como gerente de marketing da marca Knorr e, depois, passei a gerente de vendas."

Zé diz que essa passagem da gerência de marketing para a de vendas na Refinações de Milho Brasil foi bem desafiadora. "O ano era 1998, meu chefe me 'convidou' para ser gerente comercial da operação do Sul do Brasil. Eu gerenciaria todas as operações de vendas da região. Eu nunca tinha vendido mercadorias na minha vida, que dirá ser gerente de vendas. Mas ele via potencial em mim para atuar na área comercial. Assim, de repente, estou no avião, ao lado dele, viajando para Porto Alegre (RS), sem ter a menor ideia de como se daria o início dos meus trabalhos na nova função."

O executivo conta que foi durante o voo que os detalhes da sua missão foram sendo-lhe revelados. "Lembro-me de que estávamos em setembro, porque acontecia a Festa Farroupilha em Porto Alegre. Meu chefe disse que eu teria quatro áreas comerciais sob minha responsabilidade. Somadas, essas áreas atendiam aos três estados da Região Sul do país. Cada uma dessas áreas tinha um gerente. Porém não seria mais assim. Ao chegar em Porto Alegre, o primeiro trabalho a fazer seria reduzir o número de gerentes. Meu chefe me disse: 'Você terá de demitir três gerentes e ficar com um só. Terá de reconstruir o time inteiro.'"

Zé Vicente confessa que, a princípio, pensou que a ideia de seu superior fosse se livrar dele, jogando-o em uma tremenda roubada da qual não conseguiria escapar. "A missão era pegar uma operação que não ia muito bem e dar uma grande virada. Assim, demiti os três gerentes, como ele me pediu, mantive o do Paraná e acrescentei, à sua gerência, a operação de Santa Catarina. Além de gerenciá-lo, peguei a gerência do Rio Grande do Sul..."

Marino conseguiria colocar a bola na cesta de novo. "A divisão cresceu e se destacou no país. Como prêmio pelo trabalho bem feito, em menos de um ano, estava de volta a São Paulo, liderando a equipe nacional de vendas que atuava junto às grandes contas do varejo: Carrefour, Pão de Açúcar, Walmart etc."

NOVOS DESAFIOS, A MESMA INFALÍVEL ESTRATÉGIA

Pouco tempo depois do excelente resultado alcançado e da ascensão na Best Foods, Zé foi contratado pelo Johnson & Johnson do Brasil. "Cheguei como diretor de vendas. Depois de um tempo, alcancei a vice-presidência de vendas e, com muito trabalho e algumas frustrações, tornei-me presidente da empresa no país. Foi a primeira vez que eu assumi a cadeira de presidente de uma empresa."

Essa marcante conquista não se deu sem antes Zé Vicente ter de superar um considerável desafio. "A Johnson havia comprado a divisão de consumo da Pfizer, e eu, na ocasião, era vice-presidente de vendas da empresa na América Latina. Meu trabalho era fazer a integração da área comercial das duas empresas em todo o continente. A ideia era colocar todos falando a mesma língua e com um mesmo objetivo. O plano era atuar por canal, haveria uma equipe atuando em atacado, outra em varejo e assim por diante." Zé explica que seria possível, por exemplo, escolher montar uma linha de ação por região, mas, com base em estudos, optou-se por atuar por canal.

O trabalho, segundo ele, foi altamente bem-sucedido. A recompensa não demoraria a vir. "Um dia, estava na sede global da empresa e me chamaram para fazer uma reunião com um cara que tinha vindo da Pfizer. Não tinha a menor ideia do que aconteceria na reunião. O cara, então, me falou que a ideia da direção global era me colocar como presidente da Johnson & Johnson no Brasil. Depois de uns dias, fui efetivado." Qual foi a estratégia? "Fiz bem feito o meu trabalho. Só."

O executivo conta que essa promoção teve caráter redentor para ele, porque aconteceu alguns meses depois de uma grande frustração profissional. "Antes mesmo da aquisição de parte da operação da Pfizer pela Johnson & Johnson, foi aberta concorrência, entre os executivos da companhia, para a presidência da empresa no México. Todo mundo me dizia que eu tinha condições, que deveria me candidatar, que venceria. Me candidatei, mas não fui o escolhido. Me decepcionei, mas não parei de fazer bem feito o que me cabia."

Essas experiências reforçam em Zé Vicente a convicção de que derrotas podem e costumam encaminhar vitórias maiores, é uma questão de aprender com a frustração e apostar sempre na excelência, sem jamais se dobrar ao insucesso.

"É uma lição que vale para a vida. Em uma metáfora esportiva, a gente pode perder um jogo e ganhar o campeonato. Eu perdi a disputa pelo México, mas segui fazendo o meu melhor, independentemente das frustrações. Por isso, meses depois, tornei-me presidente da operação do Brasil: duas vezes maior que a do México. Simplesmente a maior operação da Johnson & Johnson fora dos EUA."[4]

---

4 · Essa história de Zé Vicente ilustra, na prática e não em racionalismos meramente teóricos, o que se pode conceber como conceito de estratégia. Na obra *Administração e Aprendizagem na Prática* (p. 4), Silvia Gheraldi e Antonio Strati defendem que o conhecimento, de fato, não pode se dar na esfera meramente racional, abstrata. Ele precisa de laços tangíveis, mundanos, de experiência prática. É a partir do conhecimento que adquirimos que concebemos nossas estratégias e, quanto mais conhecermos na prática, maiores as chances de formularmos uma boa estratégia. A excelência na atividade presente é uma estratégia aparentemente simples, mas a sua consistência tem o valor da experiência, da prática, por isso se revela tão poderosa.

"FRIEZA" DE CAVALEIRO

O princípio da velocidade interior zero, da energia conduzida e distribuída nos momentos apropriados e a capacidade de absorver a frustração com olhar de aprendiz, tem sido particularmente útil a Zé no esporte em que se descobriu há dez anos, o hipismo. "Toda essa disposição que tenho desenvolvido no mundo corporativo tem sido valiosa no hipismo. No campeonato paulista de 2018, na última pista (nas competições de hipismo, é preciso fazer de quatro a cinco pistas, com obstáculos, ao longo de alguns dias), eu estava em segundo lugar. Armaram uma pista bem difícil para a final. Eu seria o penúltimo a entrar. O primeiro colocado na soma das provas classificatórias é sempre o último a entrar."

Zé Vicente, contudo, sabia que a "derrota" nas provas classificatórias poderia se converter em trunfo para a vitória, se mantivesse a tranquilidade e canalizasse a energia na direção correta. "Se eu fizesse uma boa pista, impecável, jogaria nas costas do primeiro colocado a responsabilidade de ser perfeito também na final. Assim, a vantagem de ser o último viraria uma baita pressão... Pois bem, zerei a pista (não derrubei nenhum obstáculo). Ele, então, não poderia cometer nenhum erro. Se cometesse, eu venceria. Ele cometeu três erros, sentiu a pressão, e eu venci. É claro que, se ele mantivesse a tranquilidade também, a história teria grandes chances de ser diferente. Por isso, manter a tranquilidade é tão importante, independentemente de ser o primeiro ou o último a entrar na pista."

Marino conta também, para ilustrar esses conceitos, a história do título sul-americano conquistado pelo filho. "Ele chegou à última pista, na final, como o melhor da série classificatória. Podia até derrubar um obstáculo, mesmo com a boa pista feita pelo seu rival, mas conseguiu zerá-la, não cometeu nenhuma falta e levou o título. Ou seja, ele não deixou a vantagem virar pressão, como no caso do meu adversário do paulista. Pelo contrário, recebeu o bom resultado do segundo colocado com o v-0 e soltou a energia, com tranquilidade, para vencer."

Foi por causa da paixão e do talento, não apenas do filho, mas também da filha, que Zé descobriu, no hipismo, uma fonte extra de ânimo. O esporte das crianças virou sua paixão também. "Meu menino e minha menina, que hoje têm 18 e 15 anos respectivamente, começaram no esporte com 7 e 4. Eu gostei de ver como estavam envolvidos com os cavalos e comecei a me envolver também. Foi assim que comecei a montar, há dez anos."

Embora diga que o princípio foi sem a menor pretensão, é difícil acreditar que alguém com a biografia dele se apaixonaria por algo e não se entregaria em absoluto. Tratando-se, como se trata, de um esporte, também não surpreende sua presença em competições e com gana de vencer. Mas seu ímpeto realizador não se restringiria ao âmbito esportivo. O empreendedorismo, a visão de negócios, que, como ele mesmo diz, tem mais parentesco com a prática de esportes competitivos do que se pode imaginar, também encontraria formas de se manifestar pelo hipismo.

Para que seus filhos treinassem e para que ele próprio o fizesse nas condições que desejava, era fundamental uma boa hípica. "Encontramos um lugar bonito na Granja Viana, quase Carapicuíba, mas estava bem judiado. A dona da hípica alugava, e o pessoal que ia só tirava e não contribuía como deveria para a conservação. Meus filhos, mesmo assim, adoravam. Estavam começando a competir, a fazer aquelas provas mais recreativas, mais lúdicas; ganhavam medalhinhas e tal, sabe?"

A HÍPICA E O TEAMWORK

Zé Vicente pensou que a experiência com os cavalos poderia ser ainda mais agradável e resolveu comprar a hípica. "Achei que era um bom investimento. Não queria perder dinheiro e, ao mesmo tempo, queria oferecer um espaço bacana para quem gostasse de hipismo. A ideia não era ter uma hípica de alta performance. Não era torná-la um centro de excelência em hipismo. A finalidade era mais recreativa mesmo. Cavalo precisa de espaço, e pensei que o lugar atrairia também as pessoas que gostam de cavalo e vivem na capital paulista, pela proximidade e por dispor do espaço que não se encontra na cidade."

Porém, mais do que apenas um espaço bacana para amantes do hipismo, a hípica de Zé não demorou a refletir a natureza do dono, aficionado pela excelência. Em pouco tempo, tornou-se referência em alto desempenho esportivo também. "Nunca imaginei que forneceríamos vários cavaleiros para a seleção brasileira em diversas categorias, como é o caso hoje." Mais uma vez, a estratégia foi fazer bem feito. "É uma hípica particular, não se trata de uma hípica São Paulo, Santo Amaro, Rio de Janeiro; hípicas tradicionais e grandes. Temos setenta animais."

No entanto, Zé Vicente sabe que, mais importante do que o tamanho da hípica, são as pessoas que a fazem. O mesmo vale para as empresas. Aliás, ao longo dos anos que tem passado como alto executivo, Marino adquiriu uma convicção: só as pessoas são capazes de fazer a diferença.

"Hoje em dia, mais do que nunca, eu acredito nas pessoas. Quando reflito sobre a minha vida, tanto no esporte quanto corporativa, todas as vezes que eu tive grandes resultados profissionais, eu tinha, comigo, a melhor equipe. Os caras eram muito bons.

> **"** SÃO AS PESSOAS QUE FAZEM OS PROCESSOS, SÃO ELAS QUE ESCREVEM AS POLÍTICAS, AS LEIS. TUDO SÃO PESSOAS."[5]

Zé está falando de teamwork e, para ilustrar, volta ao exemplo da hípica. "A hípica é minha, mas quem toca é Everaldo." Conhecido como Careca, Everaldo é o professor de hipismo da hípica e também quem cuida de outras questões de ordem burocrática e comercial, como compra e venda de cavalo. "É um supercara, dedicado, esforçado, a molecada o adora, ele gosta de ensinar. O sucesso da hípica é resultado disto: da união de pessoas com o mesmo propósito. O fato é que, a partir do momento que a hípica passou a ser nossa, o ânimo das pessoas envolvidas mudou, e o resultado é o que se vê."

---

5 · "... o mundo é, desde o princípio, não o mundo do indivíduo privado, mas um universo intersubjetivo, compartilhado por todos nós, e no qual não temos um interesse teórico, mas eminentemente prático." GHERALDI, Silvia; STRATI, Antonio. *Administração e Aprendizagem na Prática* (p. 7).

Marino aproveita o gancho do engajamento das pessoas para, mais uma vez, observar como a vida corporativa também agrega à prática esportiva, em uma clara demonstração de que é uma via de mão dupla. "Muito do que aprendo no trabalho, levo para as pistas, porque, no hipismo, a gente depende de inúmeros fatores: além do animal, a gente depende do professor, do tratador, do veterinário... e é fundamental saber escolher as pessoas certas, confiar nas pessoas certas, escutá-las. Isso, eu aprendi na profissão. Talvez alguns aprendam no esporte, mas eu aprendi na profissão."

MAIS DO QUE SABER, DISPOSIÇÃO PARA APRENDER

A dimensão da importância do trabalho coletivo, da necessidade de ter uma boa equipe, começou cedo para Zé Vicente, no basquete, mas a experiência no mundo corporativo lhe deu subsídio prático em abundância para não ter dúvidas quanto a isso e o hipismo sacramentou a sua fé, cada vez mais inabalável, na competência das pessoas.

> **ELAS NÃO PRECISAM CHEGAR PRONTAS, MAS PRECISAM TER O TALENTO PARA CHEGAR LÁ, PARA SE DESENVOLVER."**

Por exemplo, eu não me via pronto para encarar o desafio que encarei no Sul pela Refinações de Milho Brasil, mas meu chefe via talento e potencial, ele dizia que eu tinha tino comercial, que eu falava como um comerciante da área. Minha linguagem era, naturalmente, a deles. Ele dizia: 'você não fala em quilos, fala em caixas...' Enfim, ele apostou em mim, porque achou que eu era a pessoa certa, apesar da inexperiência."

Depois do sucesso na Refinações de Milho Brasil, pela qual trabalhou durante quatro anos, e na Johnson & Johnson, na qual atuou por sete anos, Zé se tornou COO (*Chief Operating Officer*) da Natura. "Eu era o chefe dos presidentes da empresa no mundo. Os presidentes dos países em que a Natura atuava reportavam para mim. Além disso, presidia os gestores dos diversos departamentos no Brasil (Marketing, P&D etc.). Da Natura (onde esteve por sete anos e meio), eu saí para a Flora (mais três anos) e, da Flora, vim para a Avon (como presidente no Brasil)."

Zé Vicente conta que, na Flora, teve a oportunidade de escrever uma linda história, o que só foi possível graças a uma excelente equipe, com a qual pôde trabalhar desde a sua chegada. "Pegamos a empresa dando prejuízo e saí com ela dando lucro. Mudamos completamente a estratégia, reposicionamos a marca em um nível de preço mais alto, desenvolvemos programas de excelência em vendas, sob a consultoria de Rodrigo Motta, e encorpamos a equipe de vendas, que já era muito boa. A combinação dessas ações — reposicionamento da marca e trabalho de vendas mais agressivo e baseado na excelência — mudou a situação da empresa."

Nossa conversa com Zé aconteceu em janeiro de 2019 e ele havia assumido a presidência da Avon, efetivamente, em outubro de 2018. "Cheguei, na prática, há mais ou menos três meses e temos um grande trabalho a realizar por aqui. Quero fazer dela a maior empresa, do segmento de beleza, em vendas diretas[6]." Para Marino, o sucesso só é alcançado com ousadia: metas e objetivos precisam ser obrigatoriamente bem ambiciosos.

> **" ACHO IMPORTANTE COLOCAR METAS DIFÍCEIS. TALVEZ ELAS ATÉ DEVAM PARECER IMPOSSÍVEIS DE SEREM ALCANÇADAS, SABE? A GENTE TEM DE BUSCAR SEMPRE SER O MELHOR."**

Ouvindo Zé Vicente dizer isso, é difícil não imaginar que, ao comprar a hípica, no fundo, no fundo, inconscientemente, ele, embora diga que não, desejasse torná-la o que se tornou: referência de alta performance no país.

---

6 · Quatro meses depois de assumir a Avon, em maio de 2019, a Natura, companhia brasileira, da qual Zé Vicente fora COO, comprou, por meio de troca de ações, a norte-americana Avon — cuja principal operação é a sua unidade brasileira —, criando a quarta maior empresa de produtos de higiene e beleza do mundo, a Natura &Co, presente em mais de cem países, com 40 mil funcionários e uma receita anual estimada em US$10 bilhões.

LIDERANÇA INATA

"Para engajar as pessoas, é preciso ter um sonho em comum, e as pessoas lideradas precisam acreditar que é possível. Talvez isso eu tenha aprendido no basquete. Sempre fui capitão das equipes em que joguei. Também fui líder na faculdade, tanto no ambiente acadêmico, quanto no ambiente esportivo."

O sucesso de qualquer empreendimento, no entender de Zé, passa pela competência das pessoas e por uma visão ousada compartilhada por todos os envolvidos. Sua história, em empresas, na faculdade e no esporte não deixa dúvidas quanto a isso. A hípica, como ele explicou, é resultado dessa combinação. As conquistas no basquete, igualmente. Seu sucesso como executivo em várias empresas se deu da mesma maneira.

"Eu sou um só. Não há o Zé Vicente do mundo corporativo e o do esporte. Eu sou o que sou, sou a vida que tem me forjado também e é assim em todas as minhas áreas de atuação. Eu sou as experiências que vivi e as vivi porque sou o que sou. O lado esportivo, então, está em tudo o que eu faço. É fundamental para mim."

É sendo o que é que Zé continua a se destacar como alto executivo de empresas importantes e, mais recentemente, como cavaleiro. O hipismo reforça sua inata liderança. É um esporte coletivo, como ele bem explicou. Sobretudo porque tão importante quanto o cavaleiro é o cavalo, e, neste caso, para que o cavalo renda tudo o que pode e precisa render, é necessário um competente "líder": o cavaleiro.

"Este é um esporte que depende enormemente do animal; ele precisa ser muito bem tratado e a relação deve ser de grande cumplicidade para que haja apoio mútuo. Mas isso só se alcança quando você é suficientemente tranquilo. A sua atitude é essencial nesse processo. Você precisa competir com você mesmo, precisa fazer cada vez melhor, para preservar sempre o melhor do cavalo para o próximo salto. Você precisa superar todos os obstáculos e isso só é possível quando se faz essa gestão."

Zé Vicente explica que são de quatorze a dezesseis esforços (obstáculos) em uma pista e de pouco adianta vencer um esforço e chegar mal ajambrado para o próximo. "Isso pode punir o cavalo e, se ele sentir desconforto, dor, ele vai falhar nos próximos esforços. É preciso vencer cada um deles preservando o cavalo. É necessário exigir dele na hora certa. Não se pode exigir sempre", ensina o cavaleiro, que começou a montar com mais de 40 anos e é tricampeão do Troféu Brasil em sua categoria, a dos veteranos que saltam obstáculos de 1,20m.

O cavaleiro explica que o Troféu Brasil é um título obtido por meio da somatória dos pontos alcançados ao longo das etapas realizadas por todo o ano. Em resumo, é uma conquista de regularidade. Zé faz questão de explicar alguns outros aspectos da complexidade desse esporte. "Há também a possibilidade de, entre os veteranos, saltar até 1,30m. Para ter ideia, nas Olimpíadas, os seniores saltam até, no máximo, 1,60m. Meu filho, hoje, compete a 1,45m, mas já salta a 1,50, às vezes. Agora, de 1,45m para 1,60m é outro esporte. Não são só 15 centímetros. Pode acreditar."

UMA FÉ INABALÁVEL NO ESFORÇO

Há um ditado japonês que diz: "O esforçado vence o talentoso." Zé Vicente acredita piamente nesta tese e não abre mão de esclarecer: "Todos os meus resultados no hipismo e na vida são fruto de muita dedicação, esforço e treino. Estou certo disso. No hipismo, treino aos fins de semana e às quartas-feiras. Fizemos, na hípica, um lugar coberto, com iluminação, onde posso treinar à noite e em dia de chuva. Cheguei a treinar de manhã, bem cedo, mas, por questões profissionais, não estou mais conseguindo. Às vezes, na hora do almoço, dou um jeito de treinar."

Apesar de sua crença inabalável no esforço e de todo empenho dedicado ao hipismo, ele diz que não imaginava chegar a ser tricampeão do Troféu Brasil. "Sendo franco, nem sequer imaginava que conseguiria saltar 1,20m. São conquistas incríveis! Porém vale observar que todos os títulos que conquistei são no nível amador. Não posso me considerar um atleta de alta performance no hipismo. Sou um amador, no sentido literal da palavra, porque faço por amor."

Além de se destacar entre os veteranos e nos saltos até 1,20m, Zé tem conquistas em outras experiências no hipismo. "Ganhei o Troféu Brasil, por equipe, com saltos até 1,10m, na categoria que se chama 'máster A'. Já ganhei o mesmo prêmio, individualmente, na categoria amador A, saltando 1,10m também. Mas, nesse último caso, não entre os veteranos, entre os seniores, ou seja, acima de 21 anos. Já recebi, por uns quatro ou cinco anos seguidos, o Troféu Eficiência da Federação Paulista, o que incluiu não apenas a minha, mas várias categorias também."

E tudo isso, vale lembrar, começou para acompanhar os filhos. O fato é que, com esses resultados, além da autoridade paternal, ele passa a ter também propriedade e autoridade técnica para aconselhá-los. Aliás, esse papel de pai, mentor e coach, combinados, tem sido um dos desafios à liderança natural de Zé Vicente.

"Hoje, meu filho está prestando vestibular e ele se pergunta se conseguirá se tornar um atleta de hipismo profissional. Aqueles questionamentos naturais dessa fase da vida. Ele tem chances de se profissionalizar, mas precisa se esforçar muito. O caminho é longo e traz ainda mais obstáculos do que já enfrentou até aqui. Mas, tenho certeza, se ele se dedicar, tem condições de ser um dos bons cavaleiros brasileiros. Talento ele tem."

Seu filho tem 18 anos e um retrospecto respeitável nas categorias de base do hipismo. "Em 2018, ele foi campeão sul-americano (até 18 anos), por equipe e individual, e foi campeão da Copa das Nações, individual, nos EUA." Zé conta que a filha vem na mesma pegada, mas é mais nova e tem um pouco mais de tempo para descobrir o que, de fato, espera e deseja do hipismo. "Minha filha foi campeã sul-americana aos 14 anos, na categoria mirim, em 2017, na Argentina", conta Marino, orgulhoso.

Segundo ele, sua principal missão em relação aos filhos é transmitir sua crença no esforço. "A ideia de que o esforço vence o talento é o que me norteia desde sempre e vale para qualquer atividade na vida. Falo para eles sobre a necessidade de acordar cedo e dormir tarde. Não é clichê. No fim das contas, é isso que faz a diferença. Não me canso de dizer: pautei toda a minha vida profissional por esse conceito e devo esse conhecimento ao esporte. Foi ele quem me trouxe essa noção e que me permitiu chegar até aqui."

" NO ESPORTE DE ALTO RENDIMENTO, NÃO HÁ DESCULPA PARA A DERROTA. SE PERDE HOJE, TEM A OBRIGAÇÃO DE RECUPERAR AMANHÃ. ESSA MENTALIDADE ME DEU UMA CAPACIDADE GRANDE DE NÃO ENTREGAR OS PONTOS, DE SEMPRE IR ATÉ O FIM.

— José Carlos Brunoro

EXECUÇÃO

JOSÉ CARLOS BRUNORO:
UM EXECUTOR INCANSÁVEL

José Carlos Brunoro marcou época no esporte brasileiro. Embora tenha sido um jogador de vôlei muito bom, um ótimo preparador físico e um excelente treinador, seu nome ganhou projeção nacional e internacional pelos trabalhos que desenvolveu e ainda desenvolve como gestor de projetos esportivos.

Contudo, como ele mesmo faz questão dizer, seus passos na trilha da gestão esportiva foram muito mais intuitivos[1] do que dirigidos por métodos lógicos, e, sempre que faz uma análise de sua história, chega à conclusão de que a experiência como atleta constitui as bases do seu sucesso como gestor. "No esporte de alto rendimento, não há desculpa para a derrota. Se perde hoje, tem a obrigação de recuperar amanhã. Essa mentalidade me deu uma capacidade grande de não entregar os pontos, de sempre ir até o fim", afirma Brunoro.

A história de Brunoro prova que ele incorporou, ao longo da vida, com excelência, todas as competências do Esportismo. Do contrário, não seria capaz de fazer tudo o que fez. Sua atitude e visão o levaram a lugares que, por sua origem, muitos, talvez, não pudessem imaginar. Porém ele mesmo nunca duvidou. A capacidade de formular estratégias também se pronunciou muito cedo

---

1 · Na obra *Administração e Aprendizagem na Prática*, de Silvia Gherardi e Antonio Strati (Elsevier/Campus, p. 9, 2014), os autores defendem que, na ciência da administração, normas e práticas de trabalho precisam ser permanentemente adaptadas a circunstâncias únicas, de modo que nunca serão exatamente as mesmas, terão sempre características específicas. Nesse sentido, o fato de Brunoro ser um gestor autodidata e intuitivo (e, obviamente, extremamente talentoso), em vez de ser uma desvantagem, pode ter sido uma vantagem, porque, assim, ele pôde desenvolver normas e práticas de trabalho customizadas para cada uma das situações que vivia.

e o carisma engajador lhe conferiu uma liderança espontânea. Aqui, mais uma competência esportista: o teamwork. No entanto, das competências, a mais evidente em sua natureza é a execução[2]. Brunoro é uma máquina de executar.

"Para mim, é simples. Como gestor, eu preciso saber aonde se pretende chegar. A partir dessa definição, eu monto o passo a passo." Não dá para pular da largada diretamente à linha de chegada. É preciso percorrer o circuito, dar as voltas necessárias. É preciso cumprir as etapas e o planejamento para que a execução tenha o efeito ansiado. Ao executor, cabe seguir o plano, acompanhando em cima tudo o que acontece e, se for o caso, fazer os ajustes necessários. "No esporte, funciona assim também, e quem fizer melhor esse trabalho terá êxito."

AINDA JOVEM, UMA MADURA VISÃO

A voz grave, a abordagem informal e a paixão com que conta suas histórias tornam Brunoro alguém com grande facilidade para captar a atenção de seus interlocutores. Tivemos a oportunidade de conversar com ele por três horas, que, na realidade, pareceram trinta ou quarenta minutos. Cada uma das histórias nos prendeu de tal maneira que mal vimos o tempo passar. Brunoro executou inúmeros projetos ao mesmo tempo ao longo de sua vida e todos eles foram incrivelmente desafiadores. O êxito obtido, na maioria deles, mostra muito da sua capacidade.

"A influência intuitiva do esporte nas minhas escolhas de vida marcou muitas passagens importantes. Eu era um atleta de vôlei. Tinha dificuldades financeiras. Naquela época, o vôlei não pagava como paga hoje. Tinha de estudar, trabalhar e jogar. Meu sonho era servir à seleção brasileira. Isso em 1973. Tinha 22 para 23 anos. Nessa época, eu vi que não conseguiria chegar à seleção brasileira como jogador. Eu tinha chegado à seleção paulista, mas dificilmente chegaria à seleção brasileira."

---

2 · CASTROPIL, Wagner; MOTTA, Rodrigo. *Esportismo*: Valores do Esporte para o Alto Desempenho Pessoal e Profissional. Gente, 2010. p. 85-108.

PERFIS ESPORTISTAS • **183**

Brunoro conta que precisaria de mais tempo de treino para aspirar à condição de ser um selecionável. "Na época, nós treinávamos três vezes por semana e tínhamos os demais dias da semana para outras atividades. Quem podia encontrava maneira de treinar mais." Como ele não teria esse tempo, porque precisava trabalhar, treinar e jogar vôlei, teve a visão de que conseguiria realizar o sonho da seleção brasileira em outra função: a de treinador.

Para isso, tinha de ter uma estratégia. "Aos 22 anos mesmo, eu estava fazendo a faculdade de Educação Física e decidi que, enquanto jogasse, deveria trabalhar como preparador físico de equipes de vôlei. Dessa forma, eu estaria me desenvolvendo tecnicamente e ainda adquiriria conhecimento de preparação física, assuntos que dizem respeito ao trabalho do treinador. Ou seja, estava me colocando, ainda bastante jovem, o mais perto possível da função de técnico."

O então atleta conta que, àquela altura de sua vida, o esporte já havia inoculado nele o espírito de sempre buscar algo da forma mais eficiente possível. "Mesmo com todos as adversidades, a gente tem de buscar uma maneira de alcançar nossos objetivos e, se for preciso, renovar nossos objetivos. Pelo esporte, desde cedo, a gente aprende a traçar estratégias possíveis para alcançá-los."

Brunoro diz acreditar que essa precoce maturidade, a ponto de se preparar para ser técnico enquanto ainda jogava, tinha relação com a sua condição de vida. "Entre os jogadores, eu, geralmente, era o de origem mais humilde. Enquanto muitos não precisavam, eu tinha de trabalhar e treinar. Com 22 anos, por exemplo, eu já estava dando aula de Educação Física no SESI. Ainda assim, por onde passei, ganhei títulos como jogador. Isso me ajudou a ser visto, pelos demais, como alguém mais maduro e que inspirava respeito, superação."

PRIMEIRO PASSO COMO PREPARADOR FÍSICO

O respeito que Brunoro inspirava se percebia nos colegas, mas também em técnicos e outros profissionais que o acompanhavam. Sua dedicação aos estudos não passava batida aos olhos de profissionais das comissões técnicas das diversas categorias do vôlei de Santo André (SP), sua cidade natal que, em parceria com o Clube da Pirelli (indústria italiana de pneus), formaria um dos melhores times de vôlei do país durante as décadas de 1970 e 1980.

"Do tempo que tinha livre, estava sempre lendo livros de preparação física, fisiologia... Embora eu fizesse faculdade, fui muito autodidata, porque lia e estudava sobre o que ainda não havia aprendido no curso."

Foi assim que o técnico do time feminino da Pirelli, Richard Nassif, reparou nele. "Ele me perguntou se eu não queria ajudá-lo na preparação física do time dele. Naquela época, havia uma carência de profissionais, até pela falta de grana do esporte. Por isso, como costumava ser nesses casos, o convite dele veio com aquela ponderação à qual eu já estava habituado: 'Só tem um detalhe, não posso lhe pagar nada.' Bom, eu já era duro e precisava começar de algum jeito. Então, fazer o quê?", diz Brunoro, dando, em seguida, uma tremenda gargalhada.

O futuro símbolo do conceito de clube-empresa tinha apenas uma condição a Richard. "'Me deixa colocar as ideias que eu tenho na preparação física delas'. Eram ideias meio malucas, mas eu acreditava e precisava de alguém que as bancasse comigo. Na década de 1970, falar em força, trabalho de carga para mulheres era um tabu, não se admitiam mulheres fortes, musculosas, nem no esporte. Mas a minha ideia era trabalhar a força delas."

Brunoro acreditava que o trabalho de força faria muita diferença. "Eu dizia para Richard: 'Meu caro, seu time, quando salta, se passar uma 'gilete' embaixo corta o pé.' Ele concordava e topou encampar comigo essa nova visão." Na época, não existia a aparelhagem que se tem hoje. Segundo Brunoro, era tudo barra livre. "Aliás, hoje, está voltando a ser assim. A preparação física é assim: dá voltas e voltas; avança, retrocede e vice-versa." O fato é que, feito o diagnóstico e traçada a estratégia, chegara a hora de executar.

"Lembro que, na época, fiz, a princípio, um trabalho de força recorrente à potência: fui, aos poucos, diminuindo a carga e aumentando a dinâmica. Deu certo. Como era jogador do masculino, eu também ajudava Richard na parte técnica. Foi assim o começo da minha busca por competências que me permitissem, no futuro, como treinador, chegar à seleção brasileira."

E como deu certo o primeiro trabalho realizado por Brunoro na preparação física! "Elas tiveram um ganho de desempenho considerável: bloqueavam lá em cima agora. Resumo, saíram de décimo segundo lugar no campeonato para terceiro."

A PRIMEIRA EXPERIÊNCIA COMO TREINADOR

O trabalho como preparador corria em paralelo à principal atividade, a de jogador. Brunoro também seguia dando aulas de educação física no SESI. "Eu ia muito bem como atleta. Tinha sido convocado para defender a Seleção Paulista e, em 1974, recebi uma proposta do São Caetano, que me permitiu ganhar um pouco de dinheiro. Mas, ainda assim, a gente só ganhava se trabalhasse na prefeitura. Durante a negociação, eu estabeleci que o trabalho para a prefeitura deveria ser o de treinador dos times de base de São Caetano. Assim, além de jogar no time principal de São Caetano, passei a treinar o time infantil feminino."

No mesmo ano, em razão do trabalho feito com o time feminino da Pirelli, o que chamou a atenção das pessoas envolvidas com o vôlei na época, Richard foi chamado para ser técnico da Seleção Paulista juvenil feminina. "Ele me procurou e disse que queria que eu fosse o preparador físico do time dele na Seleção Paulista. Estava no último ano da faculdade de Educação Física. Disse a ele: 'Cara, acho que não vão me deixar. Estou estudando ainda. Seleção é diferente'. Ele respondeu: 'Não, você vai comigo. Estou na seleção por sua causa também.'"

Brunoro disse que estava à disposição e que repetiria na seleção o mesmo trabalho que havia feito na Pirelli. Richard disse "lógico", a ideia era essa mesma.

"Bom, cheguei para treinar as meninas. Imagina: atletas do Pinheiros, Paulistano... Quando comecei a colocar trabalho de força para elas, foi uma gritaria só. Os técnicos dos times começaram a dizer que era um absurdo, que eu ia estourar as meninas e não sei o quê. Disseram que eu ia deixá-las musculosas. Enfim, chegou para Richard um comunicado da Federação Paulista de Vôlei pedindo para ele me dispensar. Richard era um 'turco' encrenqueiro e disse que não ia dispensar ninguém; alegou que eu o ajudava na parte técnica também. Por fim, disse que, se eu saísse, ele sairia junto. Foi aquela confusão."

No fim, Brunoro e Richard ficaram, mas a Federação colocou pessoas para vigiar seu trabalho. Um deles era o médico Dr. Gilberto Carazzato. Ele acompanhava os treinos. "Várias vezes, chegava em mim e dizia: 'Brunoro, tem certeza de que essa atividade não vai forçar demais aqui e ali e tal?' Eu explicava a ele que já tinha aplicado e que não tinha problema. Bom, resumo, o time foi campeão brasileiro sem perder sequer um set. Algo inédito na história em termos de campeonatos brasileiros de seleções estaduais. Foi algo inacreditável. O time era um trator."

A COMPETÊNCIA SENDO PREMIADA E O APROXIMANDO DO SONHO

Enquanto fazia seu trabalho de preparador físico da Seleção Paulista, Brunoro seguia sua carreira como jogador, treinador do infantil feminino em São Caetano e professor no SESI. Mas o trabalho na Seleção Paulista fez com que o chamassem, ainda em 1974, para assumir a preparação de todas as seleções paulistas de base. Ele foi e cumpriu a função até 1975.

Aos 25 anos, o que ainda não havia realizado como atleta, Brunoro começava a realizar como preparador físico. "José Augusto Meneghatti, que era meu preparador físico no São Caetano e também o preparador da Seleção Brasileira feminina principal, me chamou para auxiliá-lo na seleção. Ou seja, cheguei ao meu objetivo de seleção, mas ainda não como atleta, tampouco como treinador." Porém, inegavelmente, estava cada vez mais próximo de seu sonho.

Brunoro chegou à seleção feminina para auxiliar na preparação para o Campeonato Mundial do México. "Não viajei com elas. Na época, não havia dinheiro para o preparador físico viajar, que dirá o auxiliar. Então, segui por aqui, com as minhas outras funções."

No ano seguinte, em 1976, Brunoro seria procurado pelo técnico da seleção de Pernambuco, Ednílton Vasconcelos, que tinha sido convidado para comandar a Seleção Brasileira juvenil masculina. "Ele queria que eu assumisse a preparação física dos meninos da nossa seleção. Eu nunca tinha trabalhado com Ednílton (que até hoje é um grande amigo de Brunoro), mas ele — um excepcional treinador — conhecia meu trabalho e se interessou. Assim, cheguei ao posto de preparador físico principal da seleção masculina juvenil."

Sem dúvida, o fato de ser um jogador em atividade, capitão das equipes pelas quais passava, conferia a Brunoro um diferencial. Os técnicos que o procuravam sabiam que teriam mais do que um preparador. "Eu acabava sendo um auxiliar técnico também e essa polivalência tinha muito valor para eles e para mim."

TÉCNICO DA SELEÇÃO BRASILEIRA E UMA SURPRESA

A estratégia de Brunoro para alcançar seu sonho, claramente, estava correta. Porém "não estaria" se sua capacidade de execução não fosse primorosa. A cada trabalho realizado, Brunoro atraía, para si, os holofotes dos mais importantes nomes do vôlei brasileiro.

"Em 1978, fui convidado para treinar a Seleção Brasileira juvenil feminina. Aos 28 anos, eu me tornava técnico da Seleção Brasileira. Consegui atingir meu objetivo de forma bem precoce. Claro que ainda queria chegar a treinar uma seleção principal (masculina ou feminina), mas já era um feito e tanto. No mesmo ano, fomos campeões sul-americanos."

Apesar da trajetória ascendente como técnico, Brunoro seguia na carreira de jogador e dando aulas no SESI. Nessa época, ele havia retornado à Pirelli, mas já não era tão intenso nos treinamentos quanto no passado recente. Suas novas atribuições, pouco a pouco, tornavam-se mais importantes do que a de jogador. "Eu estava no elenco, a pedido do técnico, mais por uma questão de liderança. Mesmo que eu não treinasse sempre, ele queria que eu estivesse por perto."

Os atletas respeitavam muito Brunoro. Assim, um dia, em 1979, retornando de viagem com a seleção juvenil feminina, Brunoro foi treinar na Pirelli e, ao chegar, constatou que o técnico não estava. "Os atletas vieram até mim e disseram que eu era o novo técnico do time. Falei: 'Como assim? Que história é essa?!' Eles disseram que não queriam mais o técnico anterior, que eu já era técnico de seleção, que dava bons treinos e tal..."

Alguns segundos depois do baque, refletindo, Brunoro decidiu que toparia o desafio e aproveitou a autoridade que tinha, reafirmada naquele momento, para dizer: "Seguinte, eu conheço todas as sacanagens de vocês. Acabou, hein! Vai mudar tudo aqui!" Falava sério, obviamente, mas, com certeza, de uma maneira afetuosa e descontraída, como é seu jeitão.

TREINADOR DA PIRELLI

Brunoro sabia que, ao assumir o comando técnico do time da Pirelli, ele teria um desafio enorme pela frente e seria muito demandado. Não seria mais possível — pelo menos até colocar o trem nos trilhos — desempenhar várias funções ao mesmo tempo, como vinha fazendo. "Eu precisava ter foco. Por isso, ao aceitar o desafio, deixei o trabalho que tinha na Seleção Brasileira feminina juvenil e deixei de jogar. Passei a ser treinador da Pirelli e a única atividade que eu mantive foi a de professor no SESI."

Antes de seguir com a história, vale constatar que Brunoro, de forma intuitiva, realizou uma longa e bem-sucedida transição de carreira. Sem seguir manuais, ele planejou como deixaria de ser um jogador e se tornaria técnico. Usou, para isso, sua formação e seu conhecimento como preparador físico. Brunoro desempenhou, ao mesmo tempo, duas ou três profissões para chegar aonde queria: foi jogador e preparador físico; jogador, preparador físico e técnico; jogador e técnico; até, enfim, tornar-se técnico.

Como veremos, não foi só nessa oportunidade que Brunoro realizou essa transição de carreira, que sintetiza a dinâmica e a engrenagem do Esportismo: aos 22 anos, ele teve atitude para se dedicar a uma função paralela à de jogador — preparador físico. Teve a visão de que, por aí, poderia se tornar treinador, única maneira que encontrava de alcançar seu sonho de chegar à seleção. Traçou a estratégia e a executou com um incrível senso de teamwork.

Por isso, não seria exagero dizer que, ao assumir a Pirelli, finalmente, Brunoro começava uma nova etapa de sua trajetória profissional. Antes disso, ele fora jogador e, em paralelo, preparou-se para essa nova função; talvez essa seja a melhor síntese do que aconteceu. Mas o desafio que tinha pela frente era devolver a equipe do Santo André a seus tempos de glória. Isso porque, há algum tempo, não ganhava nada.

Em 1980, haveria a disputa de um Brasileiro em Manaus. Brunoro sabia que era muito importante vencer a competição, porém não negava que sua equipe estava abaixo, tecnicamente, da maioria dos adversários.

"Eu estava fazendo um trabalho bastante integrado. Havia acumulado as funções de preparador físico e técnico. A maneira como eu preparava os atletas fisicamente já incluía muito trabalho com bola. Nessa época, também tive a ideia de criar a função do supervisor profissional que não tinha no vôlei. Esse cara ia cuidar de toda a parte burocrática: contrato dos atletas, negociações, documentos. Naquela época, o técnico tinha de fazer isso também, mas eu precisava me concentrar no desenvolvimento físico e técnico da equipe."

Brunoro pondera que, ao criar a função de supervisor, intuitivamente, estava criando a primeira figura do dirigente esportivo profissional, já que, naquela época, não existia esse profissional. Na Pirelli, Brunoro conta que quem exerceu a função de supervisor foi Vincenzo Roma, "um profissional excepcional". "Tornamo-nos grandes amigos e ele me acompanharia por vários projetos dali em diante." Além de Roma, Brunoro se lembra de Marcio Cattaruzi, profissional e amigo com o qual também dividiu algumas de suas realizações no esporte.

A PRIMEIRA GRANDE PROVAÇÃO

"Assim, eu dei andamento ao meu plano de chegar a Manaus com uma equipe que estivesse voando fisicamente. A ligeira superioridade técnica de nossos adversários não era, a meu ver, mais determinante do que uma condição física acima da média. Em uma cidade quente como Manaus, o físico falaria mais alto."

Antes de começar os preparativos para a competição, Brunoro chamou todos os jogadores para uma conversa. "Eu disse para os caras: vamos precisar de mais do que apenas três treinos por semana. Temos de treinar todos os dias. Mais do que isso, temos de treinar dois turnos por dia: na hora do almoço e à noite. Os caras se assustaram. Eles jogavam e tinham emprego na prefeitura de Santo André. Eles perguntaram se seria só uma horinha no almoço e eu disse que sim. Eles toparam. No almoço, fazíamos um treino físico e, à noite, treinávamos técnico e tático."

Como o pessoal aderiu bem à proposta de Brunoro, já que ele conseguiu colocar tudo em ordem rapidamente, até pela presença do supervisor, que cuidava da parte burocrática, sobrou-lhe tempo para seguir com o trabalho de professor de educação física no SESI. "Isso me permitiu crescer no SESI. Pouco tempo depois de assumir o principal da Pirelli, me foi oferecida a função de coordenador de um centro esportivo em Mogi das Cruzes. Aceitei."

Dessa forma, em paralelo à carreira como técnico, Brunoro começava, de fato, sua história como gestor na área esportiva. "A verdade é que, na época, ainda não dava para viver apenas como técnico de vôlei. Precisava de outras fontes de renda e, por isso, mantive meu trabalho no SESI durante um longo período até virar coordenador lá. Eu ia para Mogi depois do almoço e voltava para a Pirelli à noite para o segundo treino do dia."

Conciliando os dois trabalhos, Brunoro conduziu a preparação da Pirelli para o Brasileiro em Manaus. "Treinamos forte em dois turnos diários por dois meses e fomos para Manaus. Ganhamos todos os jogos, quase sempre por 3 sets a 2, e fomos campeões. Entre os jogadores daquele time, me lembro do Moreno, do William (levantador da geração de prata), Décio, Clóvis, Gó

(Emerson), Ronaldão, Maurício Jaú e Zé Roberto (mais tarde, multicampeão olímpico, como técnico, com as seleções brasileiras masculina e feminina)."

Brunoro faz um agradecimento especial a William Silva, que, carinhosamente, chama de "meu capitão". "Estive na Pirelli por quatorze anos e, por todo esse tempo, ele foi meu capitão, função que exercia com tremenda naturalidade e competência. Ajudou demais para que eu obtivesse o sucesso que eu teria como treinador de vôlei. Tenho um grande carinho por ele."

PERSONAGEM DE UMA NOVA HISTÓRIA DO VÔLEI BRASILEIRO

Durante o torneio, em Manaus, lá estava Carlos Arthur Nuzman, presidente, na época, da Confederação Brasileira de Voleibol (CBV). "Depois de conquistarmos o título em Manaus, ele me procurou e disse que estava disposto a fazer um grande trabalho para impulsionar o vôlei masculino. Ele queria uma seleção forte. Nuzman elogiou o trabalho que realizei à frente da Pirelli e me disse que gostaria de contar comigo na comissão técnica da Seleção Brasileira principal."

Esse foi apenas o primeiro dos convites de Nuzman a Brunoro naquela ocasião. "Mais do que contar comigo na comissão técnica da seleção, ele tinha um plano e queria que eu o ajudasse: fazer com que algumas equipes, no Brasil, vivessem apenas de voleibol. Essas equipes seriam a base da futura seleção. Ele queria que eu falasse com a Pirelli e o ajudasse a realizar esse plano. Ele já tinha encaminhado isso com o Atlântica Boa Vista no Rio, que seria comandado pelo Bebeto de Freitas."

Bebeto seria também o técnico da seleção e Brunoro, um de seus auxiliares. "O outro auxiliar era Jorge de Barros, o Jorjão, um dos caras com os quais eu mais aprendi sobre vôlei na vida." A ideia de Nuzman era fazer esse trabalho para levar o vôlei brasileiro a outro nível e, assim, permitir que fosse feito um bom ciclo olímpico, de 1980 a 1984, para a disputa das Olimpíadas de Los Angeles.

JORNADAS HEROICAS

"Claro que gostei da ideia e estava disposto a aceitá-la. Porém precisava falar com a Pirelli. A empresa topou. Assim, o salário de todos foi aumentado, contrataram-se os melhores e a Pirelli passou a ter um baita time, uma espécie de Seleção Brasileira mesmo." Agora, sim, a ideia de se dedicar com exclusividade à função de técnico de vôlei poderia ser levada adiante. Brunoro, então, pediu demissão do SESI, embora tenha gostado muito da experiência como gestor, o que, no futuro, seria fundamental para uma nova transição de carreira.

O fato é que Brunoro participava de uma mudança gigante na história do vôlei brasileiro. Ele era um dos principais personagens da gênese de uma nova era que levaria o Brasil a ser uma das maiores potências mundiais desse esporte.

O treinamento em dois turnos diários, que fora exceção para vencer o Brasileiro, passou a ser comum na Pirelli e em outros clubes. "Começamos esse trabalho em março de 1981 e, em novembro do mesmo ano, na Copa do Mundo disputada no Japão, tínhamos fortalecido tanto a seleção que ficamos em terceiro lugar. Nunca tínhamos ido ao pódio em torneios internacionais. Ou seja, estava claro que, com as mesmas condições de treino e com uma liga profissionalizada, podíamos vencer as grandes seleções. Era uma questão de tempo."

MEDALHA, REALIZAÇÃO, DESILUSÃO E UM NOVO HORIZONTE

Assim, em 1984, ao fim do ciclo olímpico, alcançamos aquilo que, para quem via de fora, parecia inalcançável. "Fomos medalha de prata nas Olimpíadas de Los Angeles, perdendo para os anfitriões, os norte-americanos... Em 1987, Bebeto saiu da seleção e eu assumi, sozinho, como técnico da equipe masculina principal. Finalmente, havia chegado exatamente ao ponto que, doze anos antes, eu havia vislumbrado para mim."

Porém, ao chegar ao ponto que mais sonhava, Brunoro não conseguiu cumprir um ciclo olímpico: teve desavenças com Nuzman e, nesse meio-tempo, recebeu uma proposta da Pirelli para assumir o clube todo. Ou seja, seria técnico do time de vôlei e gestor do clube. "Aceitei." Assim, acabou sua história com a Seleção Brasileira de vôlei. Ali, também, começava a acabar a sua história como técnico. "Embora ainda estivesse à frente do time da Pirelli, ser técnico já não me entusiasmava tanto." Mas um novo horizonte se abria.

"Eu havia gostado muito da experiência como coordenador no SESI. O Clube da Pirelli era maior: tinha sete modalidades, para todas as faixas etárias possíveis, em que atuava fortemente no masculino e no feminino. Eram quase mil atletas. Fiquei encantado com a possibilidade de administrar tudo isso. Toda vez que eu viajava, mesmo quando estava na seleção, eu não ficava dentro do quarto do hotel. Eu ia visitar centros esportivos. Eu gostava de ver essas estruturas funcionando."

Brunoro se orgulha de ter criado na Pirelli uma estrutura que nenhum clube no Brasil tinha. "Fiz um ginásio poliesportivo com uma parte superior que se dividia em duas quadras; embaixo, fizemos a parte de artes marciais. Criamos uma assessoria de imprensa, que não tinha. Eu achava bem importante. Tinha muita autonomia por causa do trabalho que realizava no vôlei. Havia um diretor da Pirelli que me dizia: 'Você com o dinheiro dos outros faz chover, hein!'"

O agora gestor ficou na Pirelli na nova função de 1987 a 1992. "Aconteceu, então, de a Pirelli (empresa) ter um problema financeiro e precisar fechar o clube. Aí, fui obrigado a fazer um trabalho de gestão de crise: viabilizar a transferência dos atletas das diversas modalidades para outros clubes. A ideia era que eles não fossem tão afetados pelo problema financeiro, que fosse possível realocá-los."

Nesse contexto, o vôlei era o xodó da Pirelli, que não queria o fim da equipe. O desejo da direção era o de transferir o vôlei a outra empresa e Brunoro trabalhou firme para garantir o futuro dessa equipe tradicional. Foi durante esse esforço que uma oportunidade inusitada lhe apareceu.

O PALMEIRAS E UM NOVO PASSO

"Um dia, o presidente da Pirelli me chamou para participar de uma reunião com o presidente da Parmalat. A ideia era que a Parmalat assumisse o vôlei da Pirelli. Bom, fui para o almoço, apresentei os números do time de vôlei. De repente, eles começaram a falar de futebol. Aí, o presidente da Parmalat, italiano, perguntou para que time eu torcia. Eu disse que era palmeirense. Então, ele começou a me fazer perguntas sobre futebol e eu comecei a responder."

Brunoro conta que sempre foi tarado por futebol. "No período em que atuava como treinador de vôlei, fiz um curso de treinador de futebol por *hobby*. Além disso, era palmeirense doente, de ir a quase todos os jogos do time em um período de fila interminável. Quando eu já era conhecido por treinar a Seleção Brasileira de vôlei, os torcedores do Palmeiras me viam no estádio e diziam: 'Assume esse time, Brunoro! Dá um jeito nisso!' Minha mãe era palmeirense roxa e me dizia: 'Esse time só vai ganhar quando você for trabalhar lá.' Mas eu ia trabalhar lá com o quê? Não via essa possibilidade."

Dado o contexto da relação de Brunoro com o futebol e o Palmeiras, é possível dizer que a reunião de negócio com o presidente da Parmalat se tornou informal. "Eu falava com (Gianni) Grizendi, presidente da Parmalat, como torcedor, sem pretensão de nada, até porque, na minha cabeça, o interesse da Parmalat era no vôlei da Pirelli. Mas eu notei que ele passou a ignorar o vôlei."

É difícil acreditar que Grizendi tenha mudado o foco do investimento da Parmalat por causa de um almoço, mas foi o que pareceu a Brunoro. "Ao fim do almoço, ele me disse que havia gostado muito do papo e que queria seguir tratando do tema comigo e me pediu para ir ao escritório dele na Parmalat no dia seguinte de manhã. Enquanto isso, o presidente da Pirelli animado, achando que, no dia seguinte, as bases para levar o vôlei da Pirelli para a Parmalat seriam fundadas."

Porém, no dia seguinte, Grizendi foi bem direto com Brunoro. "'Não estou interessado nesse voleibol, estou interessado no futebol.' Aí, eu disse: 'Mas, Grizendi, você está interessado em que no futebol?' 'Preciso de um executivo para assumir um projeto que a gente está começando no Palmeiras e eu não encontro ninguém aqui no Brasil. Preciso de um cara de prestígio. Você tem nome no vôlei e já cuida do Clube da Pirelli. Eu nem sabia que você fazia isso, descobri ontem. Você tem interesse em tocar um projeto no futebol como dirigente?'"

Brunoro estava surpreso. "Falei: 'Grizendi, não estou preparado para isso. Eu vim falar de vôlei.' Ele me disse que, se eu não aceitasse, ele provavelmente teria de trazer um dirigente italiano. Ele tinha uma outra pessoa no Brasil, mas, se não desse certo com ela, o profissional viria de fora. Aí, eu perguntei a ele: 'Você tem uma sala aí?' Mais uma vez, a história da intuição. Ele me perguntou para que eu ia querer uma sala, e eu disse a ele que queria pensar e responder para ele sobre a proposta em poucos instantes. Ele me disse: 'Você é rápido, hein!'"

> **EU SEMPRE TIVE COMIGO UMA CERTEZA: ALGUMAS DECISÕES, A GENTE TEM DE TOMAR SEM CONSULTAR MUITA GENTE. SENÃO, SUA CABEÇA FICA MALUCA."**

POR UM NOVO PARADIGMA NO FUTEBOL

Segundo Brunoro, foram aproximadamente duas horas pensando sozinho na sala. "Ponderei o fato de já estar gostando mais de gestão e de o futebol ser uma vitrine maior do que o vôlei para me projetar como um gestor de projetos esportivos. Além disso, o gestor de esporte estava associado ao gestor de clube, um cara que trabalha com questões burocráticas, que faz carteirinha e não projetos. Na Pirelli era diferente porque eu tinha autonomia. Na época, não existia essa figura de gestor de projetos no futebol brasileiro, de diretor-executivo. Pensei também no que eu teria a perder: se não desse certo, eu voltaria para o vôlei e tudo bem."

Depois de tudo ponderado, Brunoro foi até Grizendi. "A minha resposta é sim. Se tiver outra pessoa na disputa e quiser consultar, fique à vontade. Ele virou para mim e disse: 'Já decidiu mesmo... Então, não vou nem falar com a outra pessoa. Gostei da sua atitude.'" Assim, Brunoro foi parar no futebol. A Pirelli, como time de vôlei, sobreviveu mais um ano, mas, depois disso, infelizmente, acabou.

Na Parmalat, Brunoro chegou praticamente só com a cara e a coragem, porque, apesar da paixão pelo futebol, evidentemente, não era um especialista. Tinha o curso de treinador, mas é pouco quando se trata de um grande clube do futebol brasileiro.

"No momento em que nos acertamos, Grizendi me disse que não tinha ideia do que fazer no Palmeiras. Fui sincero com ele e disse: 'Eu também não.'" O executivo italiano gostou de sua franqueza e lhe disse que o enviaria à Itália, a Parma, para fazer estágio no clube homônimo da cidade e patrocinado pela Parmalat também. "Vai ver como funciona lá e já traz a filosofia para cá."

Assim, a Parmalat fechou com o Palmeiras e ambos anunciaram Brunoro como gestor do projeto. "Foi uma transformação enorme para mim, porque tudo no futebol é hiperlativo. Eu já tinha um pouco de fama por causa do vôlei, mas não fazia ideia do impacto midiático do futebol."

Brunoro conta que, quando estava chegando para a primeira coletiva de imprensa, na sala de troféus do Palmeiras, viu uma multidão de jornalistas correndo em sua direção. Olhou para trás para ver se vinha alguém e nada. "Aí, virei para o rapaz que estava me levando para a sala: 'Quem está chegando aí?' Ele responde: 'Você, cara.' Ele continuou: 'Você é um fato novo no futebol.' Eu nunca tinha visto nada parecido."

Naquele momento, ficou claro para Brunoro, pela visão que se abria, que sua atitude de aceitar o convite da Parmalat fora a correta. "Pensei: 'Aqui, vou conseguir fazer a figura do gestor esportivo ter valor.' Pelo menos, era o que eu imaginava. Como a gente ainda não tinha um plano para o Palmeiras: sugeri a Grizendi um sistema de cogestão. Tinha de ser uma gestão que combinasse aspectos tradicionais do clube de futebol, com uma visão mais empresarial. Não dava para chegar com o pé na porta, nem para acompanhar a distância. Tínhamos de ser atuantes, mas compartilhar as decisões."

O sistema funcionaria da seguinte forma: havia uma diretoria de futebol do Palmeiras que conversava com Brunoro e as decisões eram tomadas a partir de consenso entre as partes. "A história não seria a que foi e que vocês conhecem se não fosse por três diretores do Palmeiras e por um colega de Parmalat muito especial. Esses quatro me deram um suporte incrível e

PERFIS ESPORTISTAS • **197**

trabalharam muito comigo. Estou falando de Gilberto Cipullo, Seraphim Del Grande, Alberto Strufaldi e Marcos Bagatella." O ano era 1992. "Montei um projeto e a meta era ganhar um título em três anos. O Palmeiras estava há dezesseis anos na fila. Criei uma pequena estrutura da Parmalat dentro do Palmeiras e comecei a trabalhar."

UM DESAFIO DE QUASE DUAS DÉCADAS

Quando chegou ao Palmeiras, a equipe estava na 12ª posição do Brasileirão. Antes mesmo de iniciar o estágio na Itália, Brunoro passou três meses tomando pé da situação, tempo que havia pedido a Grizendi para as vitórias começarem a acontecer. Nesse ínterim, trouxe reforços: Zinho, Mazinho (ambos seriam titulares da seleção tetracampeão do mundo), Jean Carlo, Maurílio e Cuca. Evair estava afastado e foi reintegrado ao elenco, que já tinha César Sampaio.

"Mas os torcedores não queriam saber de três meses. Eles queriam retorno rápido e, como os resultados não vinham, não demorou para que os muros do clube fossem pichados com frases como: 'Parmalat é ilusão!' e 'Volta pro vôlei, Brunoro!'. Mas, nessas horas, ter o suporte de quem está investindo no projeto é essencial. Grizendi segurou a minha barra. Afinal, ainda estávamos no prazo."

Brunoro conta que não foi fácil levar a cultura do planejamento ao futebol do Palmeiras. "No futebol, impera a cultura do 'quarta e domingo'. O talento sempre resolveu e o planejamento, por isso, ficava em segundo plano. No vôlei, o planejamento era mais comum. Os treinadores precisavam se planejar. Outro ponto diferente era a relação entre jogadores e dirigentes: no futebol, os jogadores desconfiam demais dos dirigentes. A impressão que dá é a de que os dirigentes estão sempre tentando enganá-los."

Para se aproximar deles e dos treinadores e dar uma virada naquele ciclo vicioso de maus resultados e notícias negativas, Brunoro inovou. Por exemplo, correu com os atletas durante os treinos para mostrar que era feito da mesma fibra deles. "Eu tinha uma condição física boa. Os jogadores comentavam: 'Nunca vi cartola correr com a gente.' Os treinadores, eu chamava na minha sala para a gente fazer o planejamento junto. Coloquei em prática minha experiência e fui ganhando a confiança. Me colocava à disposição deles para o que precisassem."

Brunoro conta que essa aproximação o levou a respeitar mais os jogadores de futebol e o trabalho deles. "O futebol é praticado em alta velocidade e é contato físico o tempo todo. O desgaste é enorme e não é possível que se recuperem tão rapidamente quanto os atletas de vôlei. Eles sofrem inúmeras microlesões sempre que jogam. No vôlei, por preconceito, costumávamos achar que jogadores de futebol treinavam pouco. Na verdade, treinam muito, dão duro mesmo."

Como gestor nesse projeto, Brunoro tinha uma grande vantagem. "A Parmalat estava disposta a contratar sem se preocupar em ganhar dinheiro com as contratações. Ela queria ganhar títulos e projetar a marca para o mercado brasileiro. Queria vender seus produtos." A estratégia foi muito bem-sucedida. Tanto que, nos anos 1990, a marca bateu o leite Ninho em *share of mind*.

Claro que todo esse sucesso comercial passou pelo retumbante sucesso do projeto esportivo, que, já no Campeonato Brasileiro de 1992, no primeiro ano de parceria, deu resultado, trazendo a torcida para o lado da parceria. "Saímos da 12ª posição e fomos vice-campeões brasileiros naquele ano", diz Brunoro.

A GRANDE VIRADA

Porém o melhor não tardaria a acontecer. Depois de quase duas décadas de fila e com menos de um ano de parceria (o projeto previa três anos para a conquista do primeiro título), o Palmeiras superou as expectativas do planejamento e venceu o Campeonato Paulista de 1993 em cima do arquirrival Corinthians de forma incontestável, pondo fim a um doloroso jejum de títulos.

"Viramos um case, um modelo de negócio: o tal do futebol-empresa, com um diretor profissional. Eu confesso que trabalhei fortemente o marketing nesse sentido. Eu ia de terno aos programas esportivos. Em alguns, usava até gravata. A ideia era conferir respeito à atividade do gestor profissional de times esportivos. Foi um momento de virada. Aconteceu o que eu imaginava e queria."

Vale lembrar que, na época, não havia bibliografia sobre esse tipo de atividade. Brunoro, apesar do estágio na Itália, era muito mais autodidata e intuitivo do que escolarizado em gestão. "Fui criando modelos da minha cabeça. No futebol, fui ainda mais intuitivo que no vôlei, pela falta de conhecimento técnico. O curso de treinador que havia feito me permitiu conversar com a boleiragem na língua deles, o que foi fundamental, porque mostrei que não era um leigo. Mas a gestão esportiva, aplicada ao futebol, mal tinha literatura na época."

Não foi só a boleiragem que passou a respeitá-lo mais. O modelo de parceria e projeção da marca agradou muito a Grizendi, que resolveu levá-lo consigo para outras regiões do Brasil e para outros países latinos que estavam na rota de expansão da Parmalat. "Quando a Parmalat comprou uma empresa no Sul do país, eles me procuraram com o intuito de replicar o modelo de parceria com o Palmeiras no Rio Grande do Sul. Fechamos negócio com o Juventude, que, como o Palmeiras, era verde e branco e fundado por italianos."

O Juventude deu a Brunoro a possibilidade de criar uma terceira força futebolística no estado, dominado por Inter e Grêmio. "No segundo ano de parceria, quebramos uma tradição de sessenta anos de finais só entre esses dois times e fomos vice-campeões. Em termos administrativos, criamos um sistema diferente do experimentado no Palmeiras. Por questão de custo, não contrataríamos um diretor esportivo no Sul. Então, o clube disponibilizou quatro profissionais que se reportavam a mim. Deu muito certo."

A Parmalat tinha grandes aspirações de crescimento e estava levando a sua marca a outros países. Assim, Brunoro cuidaria de negócios da empresa com clubes estrangeiros. "Fomos para a Argentina, onde fizemos um acordo com o Boca Juniors. Fomos para o Uruguai e assinamos com o Peñarol. Chile, Universidad Católica. Cuidei desses times, mas com eles não havia cogestão, era um contrato de patrocínio diferenciado. Participávamos da contratação de um ou outro jogador. A ideia era garantir que haveria pelo menos uma estrela no time e que seria um elenco consistente. De 1992 a 1997, a cada vinte dias, visitava esses times."

A atuação de Brunoro extrapolou a América do Sul. "Fui a Portugal e negociei uma parceria entre a Parmalat e o Benfica. Deu certo. Assim, eu tinha de gerir a relação da Parmalat com cinco times na América do Sul e um na Europa." Foi nessa época, em razão do trabalho no Rio Grande do Sul, que Brunoro conheceu a sua futura esposa Cristina. "Uma gaúcha linda."

NA LOUCURA DO FUTEBOL, SURGE A F1

Mas, antes do casamento, havia alguns quilômetros a percorrer em um segmento da gestão esportiva pelo qual Brunoro nunca tivera o menor interesse: o automobilismo. Isso porque, em 1996, Pedro Paulo Diniz, depois de algumas temporadas na Fórmula 3 (F3), chegara à Fórmula 1 (F1) por meio da equipe italiana Forti-Corse.

A equipe de Guido Forti, tradicional nas categorias de base do automobilismo, era novidade na F1 e só havia chegado a ela porque o pai de Pedro, o empresário Abilio Diniz, havia investido perto de US$17 milhões, por um contrato de cinco anos, para que seu filho corresse pela escuderia. Para levantar esse investimento e tocar esse projeto, Abilio procurou parceiros que teriam suas marcas estampadas no carro de Pedro. Indústrias de nome, como Arisco e Parmalat, toparam. Porém o desempenho de Pedro e da equipe era muito fraco.

"Na ocasião, Grizendi me procurou para falar da parceria e disse que Abilio queria que eu participasse e ajudasse a administrar a equipe. Eu disse a ele que 'nem a pau'. Não teria como dar conta de tanta coisa. Sem contar que não entendia nada de carro. Não tinha o menor tesão nesse negócio. Mas ele insistiu. Eu disse que o projeto era bacana e que havia, na Parmalat, um monte de diretor que adoraria participar. Deixei claro que respeitava e admirava Abilio, mas não dava."

A disposição de Abilio em contar com Brunoro nesse negócio, contudo, parecia inquebrantável. "Passou uns três meses, Grizendi me procurou de novo: 'Abilio quer conhecer você.' Eu disse a Grizendi que, para mim, seria um prazer conhecê-lo e não o contrário, mas ponderei: 'Esse encontro não tem nada a ver com F1, né?'. Ele desconversou e disse para falarmos com Abilio. 'Vamos conversar só.'"

Brunoro confidencia que, naquela ocasião, ele queria sair da Parmalat. "Fui sendo promovido, ao longo dos anos lá, até virar diretor estatutário. Criaram a Diretoria de Esportes para América do Sul para mim. Porém, a partir daí, eu não tinha para onde ir mais. Não havia mais como crescer. Pensei que talvez fosse o momento de criar a minha empresa. Estava com o nome muito forte e queria aproveitar isso."

Com isso em mente, Brunoro cedeu e fui conhecer Abilio. A razão da conversa não era outra senão "a equipe de F1 do Pedro". "Esperei Abilio terminar de falar e disse: 'Abilio, vou repetir a você o que eu já disse a Grizendi: não entendo nada de F1. Entre o vôlei e o futebol há uma bola em comum.'"

Abilio não via empecilho nenhum nisso. O que lhe interessava era a visão administrativa de Brunoro. "Grizendi me puxou de lado e disse: 'Ele vende uma fortuna para nós. Vamos lá, vai?'" Sem grande disposição em levar adiante a empreitada, Brunoro decidiu ir a dois Grandes Prêmios (GP) para fazer uma avaliação da Forti-Corse e propor alternativas para melhorar o trabalho da equipe e, consequentemente, melhorar o desempenho de Pedro.

"Cheguei lá e não era preciso ser expert para ver que estava tudo errado: os carros da equipe com câmbio manual, quando os rivais já usavam câmbio semiautomático acoplado ao volante. Nenhum dos gestores da equipe tinha coragem de dizer a Pedro o que ele precisava ouvir. Pedro, como principal investidor, precisava cobrar da equipe, mas não fazia. Enfim, era uma bagunça. Nem reunião tinha. Para mim, estava explicado por que o carro dele era o pior do grid."

Brunoro foi pegando informações, entendendo como funcionava a F1 e começou a achar que a melhor saída era providenciar uma vaga para Pedro em uma equipe mais pronta e bem estruturada. Sairia mais em conta para Abilio, algo em torno de US$7 milhões, e Pedro teria condições de competir.

"É importante explicar um detalhe: embora a venda de um assento (vaga nas equipes) seja comum na F1, isso não significa que o piloto que a compra é ruim. Posso afirmar que, na F1, não existe piloto ruim. A largada é um negócio alucinante. Não há espaço para pilotos ruins. O piloto ruim se mata e mata os outros pilotos. O cara ruim não fica na F1, é expulso pelos outros pilotos."

A REUNIÃO COM BERNIE

Ao voltar dos GPs, Brunoro precisava fazer um relatório a Abilio com o seu diagnóstico a respeito das dificuldades da equipe e com a sugestão do que era mais apropriado fazer. "Escrevi que, da maneira que estava, era melhor rescindir o contrato com a Forti-Corse. Para arrumá-la, Abilio teria de gastar muito mais do que já gastara e do que gastaria se comprasse um assento para Pedro em uma escuderia melhor. Também coloquei que Pedro precisava mudar seu comportamento e mandei o relatório a ele."

Duas semanas depois, Abilio chamou Brunoro para uma conversa. O dono da maior empresa de varejo brasileira na época tinha gostado do relatório. "Ele me disse que eu tinha sido muito claro, que acataria a minha sugestão e me pediu para procurar uma nova equipe para Pedro. Eu disse a ele que nem sabia por onde começar. Eu pensei que meus préstimos tivessem se encerrado com o relatório, já que o vínculo com a Forti não valia a pena. Mas, para a minha surpresa, eu já tinha uma reunião marcada com Bernie Ecclestone na Inglaterra."

Brunoro diz que ficou abismado. Tudo havia sido previamente conversado entre Abilio e Grizendi. "Pedro e eu iríamos à Inglaterra. Bernie tinha sido dono da Brabham, equipe bicampeã de F1 que tivera a Parmalat como patrocinadora. Bernie adorava a Parmalat e Grizendi o conhecia. Assim, Pedro e eu fomos para Londres falar com Bernie. Tivemos meia hora de papo. Ele disse na lata a Pedro: 'Se não arrumar uma escuderia nova, você não corre mais, porque a Forti-Corse vai ser fechada. Ela está manchando a imagem da F1.'"

Ecclestone, então, se voltou a Brunoro e disse. "Falei com Grizendi e já providenciei uma reunião para você com a Tyrrell, a Ligier e a Arrows. Você vai falar com os donos dessas equipes." "Ele já me deu a agenda e eu fui com Pedro falar com esses caras. No caso da Tyrrell e da Arrows, era só comprar o assento. Na Ligier, tinha de fazer testes, porque o motor era Honda e os japoneses exigiam. Eu virei para Pedro e falei: 'Vamos fazer testes.'"

OS TESTES EM BARCELONA

Pedro e Brunoro foram para Barcelona. Pedro seria submetido a um fim de semana de testes, cujos custos eram inteiramente de responsabilidade do piloto: locação de autódromo, equipe de profissionais, gasolina etc. Tudo. "Pedro nunca tinha pilotado um carro com aquela potência, com aquele câmbio, enfim; ao mesmo tempo, estava ansioso por mostrar serviço. Resultado, na primeira volta, deu uma pancada no muro."

Brunoro conta que o acidente abateu Pedro, que ficou visivelmente frustrado. O pessoal da Ligier — mecânicos, coordenadores etc. — se entreolhou com aquele ar de desaprovação. O chefe da equipe, presente aos testes, falava italiano e, diante daquele clima, Brunoro notou que precisava fazer algo. "Cheguei nele sem cerimônia e disse: 'É o seguinte, pagamos por três dias de teste. Ele vai correr os três dias. Arruma o carro e vamos em frente. A gente vai pagar tudo.'"

Naquela noite, Brunoro colocou em prática sua experiência como treinador. "Passei a noite falando com Pedro, recuperando o moral dele. Disse sobre a importância de ir passo a passo, sentindo o carro. Capacidade ele tinha, era uma questão de familiaridade. Disse que ele precisava se dar esse tempo, não importa quantas voltas lentas precisasse dar para isso."

No dia seguinte, eles chegaram ao autódromo e os mecânicos e demais profissionais não escondiam a cara de bravo por terem de trabalhar naquele fim de semana que seria de folga. "Disse a Pedro: 'Eles que se danem. Faz o seu.' Ele pegou o carro e foi para pista. As voltas foram melhorando. De repente, passou a bater tempo de corrida. Mostrou regularidade e tirou sorriso dos mecânicos."

Dali em diante, Brunoro conta que tudo mudou: os mecânicos passaram a elogiá-lo, dizendo que ele conversava muito e se preocupava com o ajuste do carro. "O chefe da equipe me falou sobre isso e disse que estava gostando dele." Resumo: ele conquistou a vaga na Ligier.

Brunoro diz que o convívio com Pedro seria rico não apenas pela experiência profissional em uma categoria tão competitiva quanto a F1, mas, principalmente, porque, nesse período, ganhou dois grandes amigos: o próprio Pedro Paulo Diniz e Danielle Morelli, que o ajudava a gerir a carreira de Pedro.

Depois da viagem automobilística pela Europa, Brunoro retornou ao Brasil. "Voltei à minha rotina na Parmalat para tratar dos clubes de futebol. Até Grizendi dizer que Abilio queria falar comigo de novo. Ele queria que eu fosse cuidar de Pedro na Ligier. Grizendi sugeriu que, para conciliar as funções, eu fosse a cada dois GPs acompanhar Pedro." Assim, Brunoro entrou, de vez, para F1.

A BRUNORO SPORT BUSINESS

"Em 1997, eu decidi sair da Parmalat. Pedi uma reunião com Grizendi e expliquei o que se dava comigo, disse que queria montar a minha empresa. Ele não gostou. Ficou bem bravo, mas a decisão estava tomada. Abilio, então, me chamou para conversar. Disse que não achava que eu estava fazendo a coisa certa. Respondi que não tinha volta, ao que ele retrucou: 'Então, Pedro será seu primeiro cliente.' Falei: 'Abilio, eu não vou abrir uma empresa para cuidar de atleta. Não é isso o que eu quero'."

O empresário insistiu e disse a Brunoro que lhe sugerisse o modelo de negócio que lhe parecesse mais apropriado para firmarem contrato. "Eu não queria ficar na Europa. Queria ir e voltar. Com essa possibilidade, o negócio poderia acontecer. Ele topou e, como eu ainda não tinha aberto a empresa, Abilio sugeriu que o pessoal dele cuidasse de toda a burocracia para mim."

Com a Brunoro Sport Business, o ex-executivo da Parmalat administraria empreendimentos e projetos esportivos. "Eu já tinha experiência no vôlei, no futebol e, agora, teria na maior categoria do automobilismo mundial. Meu leque de conhecimento estava expandindo."

Apesar da resistência inicial, Brunoro conta que a F1 foi uma experiência muito legal. "Foram seis anos cuidando da carreira de Pedro na F1. Ele começou de Ligier, foi para Arrows e depois para a Sauber. Ficou praticamente dois anos em cada equipe. Eu ia para todos os GPs e voltava ao Brasil para resolver uma questão ou outra da empresa, que estava muito centrada na minha figura. Até por isso, a empresa tinha poucos clientes."

UM REVÉS À FRANCESA

"Em 2001, Pedro parou de correr, mas decidiu comprar uma escuderia. Ele não queria se desligar da F1 e tinha uma grana guardada da época de piloto." Ainda assim, precisaria da ajuda do pai, que gostou da ideia. A oportunidade de negociar surgiu com um velho conhecido dos amantes de F1: Alain Prost, o dono da equipe Prost e que, quando piloto, fora o arquirrival do inesquecível Airton Senna.

"Abilio me pediu que supervisionasse essa negociação, que seria conduzida por Pedro. Apesar da experiência na F1, Pedro ainda era bastante jovem. Prost é um cara complicado. Abilio me queria por perto. A ideia de Abilio era que eu gerisse com Pedro a escuderia, assim que o negócio fosse fechado, e tudo levava a crer que seria."

Brunoro conta que Pedro e ele embarcaram para a França para passar seis meses dentro da escuderia. Havia aí já um esforço de transição. "Seria um semestre de grande aprendizado. Entenderíamos tudo sobre uma empresa de F1. Eu aprendi muito nesse período e acredito que Pedro também. Depois desses meses, a ideia era fechar negócio e nos mudarmos, de vez, para a França."

Porém Prost apareceu com um fato inesperado no momento decisivo. "Em várias oportunidades, ele tentou me tirar das reuniões com Pedro. De alguma maneira, eu atrapalhava os planos dele. Mas nós fizemos tudo certo, como manda o figurino. Demos a proposta dentro do que havíamos conversado antes. Mas, para nossa surpresa, ele disse que não era bem o que queria."

Foram alguns meses sem que Prost desse uma resposta sobre a proposta apresentada. "Nesse meio-tempo, ele passou a andar com um príncipe árabe e, finalmente, veio até nós e disse que não iria mais fazer negócio: 'Como não?', disse a ele. 'Estamos há seis meses aqui na escuderia, preparando tudo, e você vai desistir da venda?' Ele me respondeu que havia recebido uma proposta maior do príncipe. Foi inacreditável. Estávamos com ele diariamente e não nos disse nada."

A desistência de Prost trouxe problemas a Brunoro. "Nessa época, eu já estava casado. Enquanto estávamos no período de aculturação na França e o negócio parecia certo, Abilio me pediu para escolher apartamento lá. Pensando no que receberia como um dos gestores da escuderia, comprei também um apartamento aqui no Brasil acima das minhas posses na ocasião. Quando Prost pulou fora do negócio, levei uma paulada."

No entanto, Prost se deu mal com o príncipe e o negócio não aconteceu. "Bem naquele momento, houve o atentado às Torres Gêmeas em Nova York e o príncipe sumiu. Prost 'arregou' e veio atrás de nós, mas, aí, Abilio tomou a frente e disse: 'Agora, o negócio é comigo. Se quiser, dou US$1,00 e assumo as dívidas da equipe. Essa é a minha proposta." Prost não aceitou.

A PRIMEIRA PARCERIA E UM PROJETO INOVADOR

De volta ao Brasil, Brunoro se dedicou a dar corpo à sua empresa. Como seria difícil dar-lhe "braços" rapidamente sozinho, para absorver mais projetos, Brunoro optou por uma sociedade. "Fiz parceria com José Cocco, o Zé. Eu tinha poucos clientes. Com Zé, a ideia era mudar isso. A família Diniz seguia sendo cliente da, agora, Brunoro Cocco Sport Business. Minha relação com o automobilismo ganhou tanta força na vivência que tive na F1, que, em 2002, nossa empresa trouxe a Fórmula Renault para o Brasil. Por dois anos, foi a Brunoro Cocco que cuidou do evento."

No entanto, Brunoro conta que, desde o início de sua amizade e projetos compartilhados com Abilio, escutava o empresário dizer que desejava fazer algo no futebol. "Em 2003, ele me procurou para isso. Pediu para eu montar um projeto diferente." Assim, nasceu o Pão de Açúcar Esporte Clube que, depois, viria a ser o Audax. "Montamos uma equipe do zero. O time profissional nasceu das categorias de base. Desenvolvemos a base e, a partir do desenvolvimento dos nossos jovens jogadores, formamos o time profissional para disputar as diferentes divisões do futebol paulista até a série A."

Brunoro conta que foi um projeto completamente inédito. O Centro de Treinamentos (CT), que fica no Real Parque, na Zona Sul da cidade de São Paulo, foi todo planejado por ele. "Tive a oportunidade de pensar em tudo no CT, mas só obtive êxito, estou seguro, porque contei com o apoio inestimável de dois grandes profissionais: Fernando Solleiro, diretor do GPA que era responsável pelo time, e Thiago Scuro, gerente do Pão de Açúcar Esporte Clube. Scuro fez carreira na gestão de futebol e, hoje, é o CEO do Red Bull Bragantino."

Enquanto o CT era construído, o projeto precisava dos jogadores para ter, de fato, início. Então, Brunoro decidiu fazer uma grande peneira. "Escolhemos Cafu para ser o padrinho do projeto. Cafu foi reprovado em oito peneiras. A ideia era motivá-los a não desistir, mesmo se não conseguissem passar no teste." Os que não passavam receberiam uma cartinha do Cafu contando a história dele e pedindo para eles se manterem firmes em seus propósitos.

Além de Cafu como padrinho, a peneira foi diferente das habituais. "Sempre achei que, em uma peneira, onze contra onze é complicado. Quase não se pega na bola. Então, dividi o campo em quatro. Os meninos inscritos (as inscrições eram feitas por meio de fichas retiradas e entregues nos supermercados do grupo) eram divididos nas diferentes partes do campo de acordo com a posição em que jogavam: laterais em um campo, zagueiros em outro, meio-campistas em outro e atacantes no quarto. Cada time (eram dois por quarto de campo) tinha seis jogadores. Resultado, todo mundo pegava na bola."

A peneira foi divulgada no Grande ABC e na Baixada Santista. Contava-se com 20 mil garotos participantes. "A gente também não queria que o menino fosse eliminado na primeira peneira. Então, ele treinava umas três vezes nesse modelo e, só então, selecionávamos alguns para o onze contra onze. Imaginávamos que, quando estivéssemos no onze contra onze, teríamos 3 mil garotos e, daí, tiraríamos os times."

O problema é que a busca por inscrições começou a superar o planejado e, quando se chegou a 20 mil inscritos, havia filas nas lojas para retirar o formulário. A popularidade de todos os envolvidos no projeto atraiu muita gente. "Cheguei a Abilio e disse que tínhamos de parar. Ele disse que não, que não podíamos tolher a molecada. Mas eu disse que não ia dar. Não havia como atender todos os garotos. Ele insistiu, mandou seguir. Em 40 mil inscritos, voltei a falar com ele. Só parou quando chegou a 72 mil, porque eu contrariei Abilio. Ele queria mais."

A peneira que era para durar dois meses, durou seis e a etapa final da seleção dos garotos aconteceu no Pacaembu. "Foi sensacional… Bom, os meninos selecionados tinham tudo o que exige a legislação brasileira: alojamento, comida, enfim, tudo dentro do contrato de formação. Para ter ideia da potência do projeto, no primeiro ano, fomos campeões Paulista sub 15. No segundo, fomos campeões Paulista sub 17. Os grandes times queriam morrer."

O PROJETO VAI AO RIO TAMBÉM

Em 2004, foi aberto o Pão de Açúcar Esporte Clube no Rio de Janeiro. Isso porque, um ano antes, o GPA comprou a rede Sendas no Rio de Janeiro. "Mas, no Rio, eu exigi de Abilio: serão 20 mil moleques. Robinho e Diego foram os padrinhos do projeto lá."

Brunoro cuidava diretamente dos dois projetos, que lhe consumiam muito. "Adorava os projetos, mas os demais clientes da empresa não tinham a mesma atenção. Assim, depois de alguns anos, eu cheguei a Zé (Cocco) e disse: 'Vou me dedicar aos projetos do Pão exclusivamente.' Era o correto a fazer. Fui e sou muito grato ao Zé por tudo o que me ensinou sobre marketing esportivo. Muito do que sei nessa área, eu aprendi com ele."

A sociedade foi desfeita e Brunoro voltou a trabalhar sozinho. "Nessa época, Abilio falou para eu mudar meu escritório para dentro do projeto. Ele me queria com a máxima dedicação. Eu topei; estava encantado. Via muito potencial em expandir o projeto para outros lugares do país e até para clubes consagrados. É o tipo de coisa que me entusiasma."

Mas, enquanto desenvolvia o Pão de Açúcar Esporte Clube, começaram a aparecer oportunidades para negociar patrocínio para clubes. "Eduardo Rezende, um amigo, atuava como agente no sentido de unir patrocinadores e clubes. Ele sempre me pedia para apresentá-lo a executivos ou diretores de times. Assim, comecei a reacender a empresa nessa área também." O negócio parecia promissor e Eduardo trouxe alguns parceiros para encorpar esse braço de atuação da empresa de Brunoro. Em pouco tempo, alguns desses jovens se tornariam sócios da Brunoro Sports Business.

"Enquanto isso, o projeto voava: passamos a ser altamente competitivos em todas as equipes de categoria de base e criamos um time profissional forte, que, ano a ano, subia de divisão. Nesse período, conforme crescíamos, começávamos a ter alguns jogos transmitidos pela TV e, então, nos deparamos com um problema: algumas emissoras se negavam a dizer o nome do time, porque ele era o nome de uma empresa. Começaram a chamar de PAEC. Abilio ficou indignado."

Embora o empresário tenha insistido por um bom tempo que seu time fosse chamado pelo nome de sua marca, não houve maneira de fazer com que isso acontecesse. Por mais anúncios que sua empresa fizesse na emissora, não havia a menor possibilidade de que ela dissesse o nome Pão de Açúcar no lugar de PAEC.

"Em 2011, decidimos mudar o nome do projeto, que passou a se chamar Audax, nome que sintetizava os principais valores do GPA. O 'x' no final foi a minha contribuição." A agência contratada para pensar o nome havia sugerido Audaz, mas Brunoro não gostou da sonoridade e propôs substituir o 'z' pelo 'x', como no latim. Testou-se, então, as duas pronúncias em um piloto gravado pelo narrador José Silvério e não houve dúvida sobre qual das opções caía melhor a um grito de gol.

O novo nome parecia perfeito para dar ainda mais fôlego para o projeto futebolístico do Pão de Açúcar. A fase embrionária e talvez mais delicada já fora vencida com êxito impressionante. Porém, no ano seguinte à mudança de nome para Audax, o grupo francês Casino — maior acionista do GPA desde 2005 — fez valer seu direito, que passava a vigorar a partir de 2012, de gerir a empresa. Até 2012, Abilio, embora fosse o sócio minoritário, manteve consigo essa prerrogativa por força de contrato. "Assim que assumiram a gestão da empresa, os franceses acabaram com todos os projetos do Abilio. O Audax, em pouco tempo, passou às mãos de outro empresário."

Brunoro, levando consigo a satisfação de ter tocado um projeto como o Pão de Açúcar-Audax, seguiria por outros caminhos, mas, como não poderia deixar de ser, estaria sempre ligado ao esporte.

PROJETOS VÃO, PROJETOS VÊM

"Ainda enquanto eu estava tocando o Audax, meus novos sócios tocavam a empresa. Eles tinham comprado a maior parte dela e eu tinha me tornado sócio minoritário. Além dos patrocínios, nesse período, a empresa passou a realizar mais eventos esportivos e foi crescendo nesse segmento."

Mesmo com o bom desempenho da empresa, Brunoro conta que não se entusiasmava tanto com os trabalhos realizados por ela. "Meu negócio era executar projetos como o do Audax. Por isso, disse a meus sócios que poderiam usar meu nome por um tempo, para atrair negócios, mas a minha ideia era, em três anos, deixar a sociedade. Assim, fui 'largando de mão'."

Ao mesmo tempo, surgiu a oportunidade de criar um Curso de Gestão Esportiva em parceria com a consultoria Trevizan. "Foi outro projeto que me pareceu bem interessante, até porque, aos meus olhos, faltava esse tipo de formação no mercado." Brunoro diz que tudo começou como curso de extensão, depois pós-graduação e, enfim, mestrado. "O curso foi e segue sendo um sucesso."

Porém, se o curso ia bem (e ainda vai), outros projetos de Brunoro viviam seu ocaso. Um deles foi o trabalho que realizou na Confederação Brasileira de Basketball (CBB).

O leitor pode se surpreender com a súbita citação a esse projeto no basquete, mas, definitivamente, Brunoro é uma máquina de executar projetos, e traduzir isso em texto não é tarefa fácil. Durante nossa conversa, enquanto falava de um, não era raro que ele se lembrasse, de repente, de outro projeto que tocava em paralelo. "Cheguei na CBB em maio de 2009. Começamos a trabalhar na campanha do então candidato à presidência da confederação, Carlos Nunes." Com a vitória dele, Brunoro assumiu o marketing e a gestão técnica da CBB.

"Fizemos muitas coisas diferentes e o resultado veio. O reflexo mais visível do nosso trabalho foi que, depois de dezesseis anos de ausência nas Olimpíadas, a seleção masculina voltou, em Londres, a disputá-la." Brunoro se orgulha de ter trazido o técnico argentino campeão olímpico em 2004: Rubén Magnano. Para Brunoro, Magnano foi fundamental para o retorno da Seleção Brasileira masculina às quadras olímpicas em Londres 2012. "Os caras me diziam: 'Tem certeza de que vai trazer um técnico argentino para treinar a Seleção Brasileira?' Eu dizia: 'Claro, o importante é o resultado.'"

Brunoro procurou reproduzir no basquete o mesmo trabalho que havia sido feito no vôlei algumas décadas antes. "Criamos as seleções permanentes de base para termos, depois, uma seleção principal consistente, entrosada. Assim, fomos terceiro lugar no Mundial Feminino Juvenil. A melhor jogadora do torneio foi brasileira, Damiris (Dantas)."

No entanto, em 2013, quando ainda havia muito a construir, os dirigentes da CBB começaram a dar um rumo à gestão da entidade com a qual Brunoro não concordava. "Então, eu decidi sair."

O QUE ESPERAR DE UM GRANDE E RADICAL SALTO?

Em 2012, ainda antes de deixar o Audax e a CBB, Brunoro foi procurado pela Disney-ESPN, que queria a sua empresa como parceira para a realização de um X-Games no Brasil. A ideia dos organizadores do evento era realizá-lo em outros países, não apenas nos EUA, e o Brasil era uma das principais alternativas.

"Os X-Games são uma Olimpíada de esportes radicais que acontece todos os anos. Eu achei que era areia demais para o caminhão da Brunoro Sport. Mas a molecada da empresa via nisso nossa grande chance de mudar de patamar. A gente, para entrar, precisava participar de uma concorrência. Só o projeto, para apresentar na concorrência, é caríssimo. Estamos falando de R$800 mil, aproximadamente."

Nessa época, Brunoro ia muito a Foz do Iguaçu (PR). "Eu tinha a ideia de ressuscitar os Jogos Mundiais da Natureza. Na época, Al Gore era o cara na defesa da causa ambiental. Esse tema começava a ganhar um destaque absurdo. Pegar esses jogos seria legal para a Brunoro. Mas, como a realização dos Jogos Mundiais da Natureza era mais incerta do que a dos X-Games, sugeri aos meninos entrar na concorrência por Foz do Iguaçu."

Seus sócios não pareceram acreditar muito na capacidade da cidade em sediar os X-Games, questionaram a ausência de grandes e bons ginásios por exemplo. "Eu respondi que poderia ser o primeiro X-Games a céu aberto da história. Disse a eles que Foz poderia ser o principal diferencial em termos de concorrência: já imaginou a pista de skate com as Cataratas do Iguaçu ao fundo? Espetacular!"

Eles começaram a ver com outros olhos. Brunoro os convenceu definitivamente quando disse que estava indo para a cidade e que seu amigo poderia lhe apresentar o prefeito. "Quem sabe ele não se interessa em pagar o bid?" A "molecada" concordou com a ideia do sócio mais experiente e a prefeitura de Foz também topou pagar o bid (apresentação do projeto). "Com o apoio da prefeitura, montamos um projeto sensacional. Foi um trabalho realmente muito bem feito."

Os concorrentes de Foz do Iguaçu eram São Paulo, Rio de Janeiro e uma cidade Argentina. Havia quatro empresas diferentes por trás das candidaturas. "Quando vi os rivais, cidades com mercados maiores, com melhor infraestrutura, enfim, pensei: 'Não vai dar.' Aquela ideia inicial de que era areia demais seguia comigo. Por isso, não me frustraria nem um pouco se perdêssemos. Eu até tinha medo de ganhar, para ser sincero."

Então, os norte-americanos vieram conhecer o projeto e sobrevoaram a área do evento de helicóptero. O evento ocuparia trechos de dois parques: Nacional do Iguaçu e da Infraero. "No fim do voo, eles assistiram a uma competição de skate em local que tinha as Cataratas ao fundo... X-Games é imagem, né, cara? Resultado, ganhamos a concorrência."

O "porém" de mais essa história viria depois dos jogos. "Investimos R$18 milhões nos X-Games. O Ministério dos Esportes ajudou, mas, no fim das contas, morremos com um prejuízo de R$5 milhões. A gente pensou assim: normal, pouca gente acreditou que pudesse ser feito um X-Games em Foz e, depois de feito, com o sucesso que tivemos (o evento encantou o mundo), atrairíamos mais investimentos para os outros dois anos, afinal, nosso contrato previa três edições."

Ainda assim, Brunoro ficara extremamente incomodado com o prejuízo. Para ele, os meninos não deveriam ter cedido a todas as exigências dos norte-americanos, até porque, por causa delas, os gastos ficaram bem acima do que fora definido no caderno de encargos. "Não tive esse negócio nas mãos. Os meninos tocaram os X-Games, fizeram um baita trabalho, mas foram muito permissivos nesse sentido."

UM PALMEIRAS "ESTOURADO" E A BOMBA DOS X-GAMES

Os X-Games aconteceram no início da segunda quinzena de abril de 2013. Quase no mesmo período, Brunoro estava saindo da CBB, do Audax e assinando com o Palmeiras novamente, a convite do então presidente do clube, Paulo Nobre. "Eu assumiria como CEO do clube todo. A missão era profissionalizar o Palmeiras." A ideia lhe agradava muito, mas o ambiente político de um clube tradicional é bem mais complicado do que o vivido em um clube-empresa.

"O Palmeiras estava, na época, sem nenhum recurso financeiro. O time de futebol era muito fraco. O elenco tinha vinte jogadores. Na época da Parmalat, o elenco era fraco, mas havia um elenco. Dessa vez, nem isso. Se não bastasse, o componente político era uma algema e eu não estava habituado."

De certa maneira, Brunoro sentia, naquele momento, como se não tivesse nada de fato em suas mãos. No Palmeiras, um time fraco e uma tremenda pressão que não lhe deixava seguir o caminho em que acreditava. Nos X-Games, um prejuízo de R$5 milhões, embora tenha sido um grande evento, com mais de 60 mil pessoas nas arquibancadas e um enorme reconhecimento internacional, a ponto de ser eleito o melhor dos quatro X-Games realizados naquele ano.

"Em agosto, cinco meses depois do evento, a Disney-ESPN (dona dos X-Games) fez um call para comunicar a nós e aos demais países que não fariam mais os jogos fora dos EUA. Não teve nem justificativa. Acabou. Eu falei: 'Como acabou? E o contrato?' Fui ver o contrato, os meninos não colocaram cláusula de multa sobre rompimento. Eles pensaram: norte-americanos, Disney-ESPN, não vão furar."

A dívida que, em tese, seria paga nos X-Games de 2014, caiu como uma bomba no colo da Brunoro Sport Business. Brunoro conta que, até hoje, estão pagando a dívida e, por causa dela, a empresa "foi para o espaço".

A VITÓRIA INVISÍVEL NO PALMEIRAS

No Palmeiras, segundo Brunoro, era "um pepino atrás do outro". "Estávamos na série B (segunda divisão do Campeonato Brasileiro). Tínhamos caído (da série A para a B) no ano anterior. Eu fiz um projeto de cinco anos. Para 2013, previamos subir para a séria A sem sustos. Essa era a prioridade. Mas a torcida e a imprensa queriam um baita time. Os caras não querem saber se você tem ou não grana."

Brunoro conta que a pressão externa (imprensa e torcida) contaminava o ambiente político. "O sensacionalismo da opinião pública se sobrepunha à sensatez e colocava em risco o planejamento. Para não perder a mão do negócio, eu só tinha uma escolha: fazer o que havia planejado, ignorar o resto e ser fritado politicamente no clube."

Ao fim de 2013, o Palmeiras havia voltado à primeira divisão. "O time, agora, era um time. Podia não ser o que se esperava por se tratar de Palmeiras, mas o trabalho feito em 2013 firmou as bases que têm sido fundamentais para o time resgatar sua essência grandiosa de campeão. Para a maioria, porém, isso não era tão fácil de enxergar na época e, pouco mais à frente, custaria a minha permanência no clube."

Para colocar a casa do Palmeiras em ordem, Brunoro teve de mexer em vespeiros. "Quando cheguei, o marketing tinha mais de mil produtos licenciados e duzentos deles davam R$100 de lucro por ano. Para que vou continuar com esses produtos? Tira fora e tenta explorar melhor os que dão mais lucro." O problema, segundo Brunoro, era que, muitas vezes, esses produtos licenciados eram de conselheiros. "Acabei também com a história de conselheiro ter percentual de jogador da base. Profissionalizei a base."

Assim, no final de 2014, Paulo Nobre o procurou e disse: "Brunoro, se você quiser ficar no Palmeiras, eu não ganharei as eleições." A partir de 2015, o Palmeiras teria sua condição financeira renovada, tudo fora saneado. "As receitas, que antes entravam já gastas, entrariam de fato e o presidente colocaria uma grana do próprio bolso para investirmos pesado na equipe. Ou seja, a partir dali, era só crescimento. Eu sou palmeirense e sabia que Nobre precisava ser reeleito pelo bem do Palmeiras. Então, eu disse a Nobre: 'Você precisa ganhar. Eu saio.'

Brunoro saiu, Nobre venceu as eleições e Alexandre Matos assumiu o futebol do clube com dinheiro para gastar. "Mas veja como são as coisas: quando o Palmeiras, em 2015, ganhou o título da Copa do Brasil, Nobre se lembrou de mim no calor das emoções, durante a comemoração, ainda no campo, em entrevista aos repórteres. Ele me agradeceu e disse que eu tinha parte naquela conquista." A gratidão do presidente, publicamente exposta, foi o troféu de Brunoro por ter superado os dois anos de forte pressão no Palmeiras.

Aliás, nessa segunda passagem pelo clube paulista, Brunoro ilustra um aspecto importante do conceito de execução do Esportismo. No primeiro livro que escrevemos, a epígrafe do capítulo que trata da competência execução é uma fala de Rocky Balboa, personagem de Sylvester Stallone no filme homônimo, em que aborda justamente a importância de aguentar "apanhar"[3].

> **"** EXECUTAR É, ESSENCIALMENTE, SER RESILIENTE, DISCIPLINADO E AUTOCONTROLADO[4]."

Brunoro se provou tudo isso e não foi apenas nessa passagem de sua vida.

AS LIÇÕES DE UM PERÍODO CHEIO DE REVEZES

"Qual é a lição que tirei de tudo isso? Eu tenho de executar, é o que sei fazer. Sou ainda melhor quando o projeto que executo é planejado por mim. Para isso, precisam ser projetos do meu tamanho e é necessário que eu esteja plenamente dedicado. Por causa dos contratempos que tive, me vejo obrigado hoje a arremeter minha carreira profissional, quando, ao menos em tese, deveria estar aterrissando, afinal, tenho 69 anos de idade."

---

3 · "Não se trata de quão forte são seus golpes. Trata-se de quão forte você pode ser golpeado e seguir em frente."

4 · CASTROPIL, Wagner; MOTTA, Rodrigo. *Esportismo*: Valores do Esporte para o Alto Desempenho Pessoal e Profissional. Gente, 2010. p. 95-108.

Porém, como um eterno atleta, Brunoro está acostumado aos contratempos. "Tenho certeza de que, se não fosse pela minha trajetória no esporte, eu não teria a disposição que tenho agora para seguir. Juro que sinto o mesmo tesão em realizar que sentia aos 22 anos, quando tive a atitude de fazer da minha experiência como jogador ponte para chegar à Seleção Brasileira de vôlei como treinador. Foi por causa da alma de atleta que superei um câncer de próstata em 2009, experiência que me fez enxergar a vida com mais leveza diante das maiores dificuldades."

Depois de tudo, ainda em 2015, Brunoro teve outro jogo difícil para vencer: sua esposa teve de encarar uma grave doença. "Eu estava montando um projeto esportivo em Brasília quando soube. Era bem sério. Larguei esse projeto para cuidar dela. Ou seja, para quem achava que o momento era difícil por causa do Palmeiras e da empresa, o que dizer dessa notícia? Quando eu tive câncer, não havia nenhum drama financeiro. O GPA me deu todo o suporte. Agora, era diferente, mas eu tinha passado por um câncer e sabia que a minha experiência ajudaria a minha esposa a enfrentar o problema que ela precisava enfrentar. Eu tinha de estar perto dela para ajudá-la a vencer aquele momento e ela venceu."

Brunoro seguiu trabalhando, mas de modo que lhe permitisse estar com a esposa e com os dois filhos, afinal, eles também precisavam de suporte. "Meu desafio, nessa época, foi não levar meus problemas do trabalho para casa e de casa para o trabalho. Eu tinha de encontrar meios de não seguir tendo perdas. Aqui vale o mesmo que disse sobre o esporte competitivo: se perdeu hoje, recupera amanhã. Tem de fazer, não pode parar. Minha mulher se curou, meus filhos estão muito bem e eu sigo com a disposição de um garoto."

AUTONOMIA PARA PLANEJAR E EXECUTAR

Depois de sair do Palmeiras, Brunoro montou uma consultoria de projetos esportivos. Primeiro atuou no projeto em Brasília, que precisou deixar pelo problema de saúde da mulher. Depois, ajudou a criar o departamento de futebol do San Francisco Deltas, um time da Califórnia que já atuava com destaque em outras modalidades esportivas, como basquete, e queria fazer o mesmo no futebol. "As coisas foram bem nos EUA, até cogitei ficar por lá e levar a família. Os norte-americanos me propuseram um contrato de permanência e eu gostei da ideia. A montagem do time foi tão boa que, no ano seguinte da sua criação, ganhou a segunda principal liga de *soccer* dos EUA."

O plano de se mudar para lá não foi adiante porque lhe chegou uma proposta irrecusável para ser presidente do Desportivo Brasil, clube do interior de São Paulo que tinha acabado de ser comprado por um grupo chinês. "Os chineses montaram uma baita infraestrutura, sete campos, e me propuseram um contrato de dois anos como presidente."

Brunoro ficou no Desportivo Brasil até abril de 2018, quando acabou seu contrato e ele não quis renovar. Preferiu ir para o Goiás, como consultor. A tradicional equipe do Centro-Oeste disputava a série B. "Quando cheguei lá, de 21 pontos disputados até aquele momento, o time tinha ganhado dois. Estava em último na competição. Meu objetivo era simples: não deixar o time cair para a série C. O desempenho era muito ruim. Falei muito com o técnico, usei toda a minha experiência. Resultado, o Goiás subiu para a série A."

Depois dessa experiência, da experiência com os norte-americanos e com o próprio Desportivo Brasil, Brunoro chegou a uma conclusão. "Ficou claro para mim que não deveria ser mais funcionário de clube. Tinha de ser consultor. Assim, tenho liberdade para trabalhar à minha maneira: faço o diagnóstico e vou para os pontos críticos. Feito o trabalho, parto para um novo projeto." Tanto é que, ao fim do campeonato brasileiro da série B, Brunoro deixou o Goiás.

No primeiro semestre de 2019, Brunoro conduziu, nos mesmos moldes do trabalho realizado com o Goiás, a gestão do futebol da Chapecoense, que foi vice-campeão catarinense no período. "Também tenho sido procurado para montar times, da mesma maneira que fiz no Audax, em outros lugares do mundo. Montei projetos para um grupo peruano e português, já incluindo até a construção do CT, e aguardo o retorno. Eles buscam investidores e, dependendo de como for, talvez precise passar uma longa temporada no exterior para executar esses projetos. Eu estou muito empolgado com a possibilidade de realizá-los."

Experiência e jovialidade de esportista para mais realizações, seguramente, não faltam a Brunoro, como atestam as incontáveis histórias que já "escreveu" ao longo de sua impressionante vida.

" CONSTRUIR, CONQUISTAR E COMPARTILHAR... NÃO É POR OUTRA RAZÃO QUE ESTAMOS AQUI. ESSAS TRÊS PALAVRAS TAMBÉM TRADUZEM O PRINCÍPIO MÁXIMO DO JUDÔ: JITA-KYOEI (BEM-ESTAR E BENEFÍCIOS MÚTUOS) E RESUMEM A IDEIA DA JORNADA DO HERÓI."

— Flávio Canto

TEAMWORK

FLÁVIO CANTO:
"SOMOS TODOS DO MESMO TIME"

"Bons trabalhos de teamwork estão sempre atrelados a boas histórias para contar." Flávio Canto diz isso visivelmente convencido da atemporalidade de sua afirmação, não apenas pela própria experiência de vida e pelas leituras de Campbell[1], mas porque traz, em si, uma certeza intuitiva de que toda vida precisa ser mitológica, ou seja, precisa ser individual, mas só valerá a pena, mesmo, se proporcionar benefícios e legados coletivos.

Canto encarna a última competência do Esportismo: teamwork, ou trabalho em equipe. Apesar de ser um dos principais nomes da história do judô, um esporte individual, Canto sempre soube do valor coletivo dessa arte. Para ele, o judô é mais coletivo que individual, porque sem uma boa equipe técnica, sem bons companheiros de treino, não há talento que prospere.

"Sempre lutei melhor em competições por equipe. Tenho cinco medalhas em mundiais nesse tipo de disputa." Individualmente, seus números também impressionam, mas, em mundiais, as medalhas que conquistou ao longo da carreira são todas por equipe. "O torneio em que mais me diverti foi o mun-

---

1 · Joseph Campbell é um mitólogo norte-americano e autor de obras como *O Herói de Mil Faces*. Campbell concebeu e sistematizou a teoria da Jornada do Herói, baseada na teoria do processo de individuação (principal fim de toda existência individual) do psicólogo suíço Carl Gustav Jung, por meio do qual o homem expande sua consciência, realiza seu projeto de vida e — não menos importante — compartilha a riqueza das suas descobertas com a "tribo" (sociedade). Para Campbell e Jung, toda narrativa mitológica é uma projeção das transformações inconscientes do homem e de um povo. Essas são individuais e coletivas ao mesmo tempo, e, por meio delas, os homens se unem em torno de um mesmo objetivo e transformam a sua realidade.

222 • JORNADAS HEROICAS

dial por equipe de 1998 (em Minsk, na Bielorrússia), quando voltamos com a medalha de prata."

Sua biografia, em grande medida, ilustra essa fé em um propósito que extrapole o individual pelo coletivo. "Todas as pessoas em terapia ou afetadas pela reflexão terapêutica [...] estão buscando uma biografia adequada: como juntar as peças de minha vida para formar uma imagem coerente? Como encontrar a trama básica de minha história?[2]" As questões trazidas pelo psicólogo norte-americano James Hillman, no caso de Canto, não são difíceis de responder.

Nosso medalhista olímpico é brasileiro no jeito e no sotaque carioca, mas nasceu na fria Oxford, na Inglaterra, em março de 1975. Seu pai, um físico nuclear, fora aprofundar seus estudos na grande ilha da Europa e levou consigo a esposa, que lá engravidou. Essa não foi a única experiência internacional do pai de Canto e, por extensão, de sua esposa e filhos fora do país.

"Acho que o fato de ter conhecido outras realidades, outros países, bem menos desiguais, e ser de uma família de classe média alta do Rio de Janeiro [uma cidade em que a desigualdade se pronuncia em morros, ou seja, as mazelas sociais não se escondem em periferias, ao contrário], fez com que eu sempre estivesse muito incomodado, assustado e indignado com a realidade do meu país."

Por essa razão, Canto, ainda antes dos 20 anos, já como judoca, começou a fazer inúmeros trabalhos sociais, em uma demonstração incontestável de atitude. "Juntava-me a amigos do judô e outros amigos e fazia ações de arrecadação de roupa e alimentos para distribuir em orfanatos. Todo Natal, nós nos reuníamos, a partir da uma da manhã, e saíamos pelo Rio distribuindo roupas e brinquedos. Lá pelo quinto ano dessa prática, notamos que os presentes acabaram muito rápido. Havia muitas pessoas na rua para receber. Foi aí que eu percebi que não ia mudar muita coisa assim", diz Canto, que teve essa visão aos 24 anos de idade.

Esse ímpeto solidário de Canto caminhava de mãos dadas com sua vida de atleta e seria por meio da conexão entre esses dois mundos que ele encon-

---

2 • HILLMAN, James. *O Código do Ser: Em Busca do Caráter e da Vocação Pessoal.* Objetiva, 1997. p. 14-15.

traria um sentido de verdade para a sua vida, o preenchimento da sua alma e, também, a energia necessária para virar o jogo em sua vida profissional num momento de queda, de frustração profunda. Da sua reação, viria uma de suas maiores vitórias na vida, se não a maior delas: um projeto social que hoje atende e busca dar horizonte a 1.800 crianças, o Instituto Reação.

Porém, antes de chegarmos a esse ponto, vamos à história de Canto com o esporte e, sobretudo, com o judô, sem o qual essa grande vitória, a grande Reação, talvez jamais acontecesse.

O CAMINHO DOS CAMINHOS

O judô surge como uma possibilidade real na vida de Canto em 1988, por meio da magia de uma conquista olímpica, o primeiro ouro da história do país no esporte, com sabor muito familiar. "Em uma madrugada, meu irmão entra no quarto e me acorda. Eu vou para a sala e encontro meu pai e minha mãe assistindo a uma final olímpica de judô. Olho para a TV e vejo um gordinho invocado brasileiro lutando contra um alemão bem mais alto do que ele."

A razão daquela reunião familiar inusitada, porém, não era o valente "gordinho", mas o técnico dele e da seleção. "O técnico era Geraldo Bernardes, sensei do meu irmão. Meu irmão treinava, com destaque e conquistas já naquela época, pelo Clube Marapendi, que ficava a poucos minutos da minha casa, na Barra da Tijuca. Nessa época, ainda não fazia judô, mas nadava pelo Flamengo."

Canto conta que o seu deslumbramento olímpico já tinha acontecido quatro anos antes, em Los Angeles em 1984, e que logo depois desses jogos ele se mudaria para os EUA com sua família. "Lembro-me de ter ficado impressionado com Joaquim Cruz (medalha de ouro nos 800 metros raso no atletismo) e com Ricardo Prado (prata nos 400 medley na natação). Foi também por causa de Ricardo Prado que comecei a nadar quando cheguei aos EUA."

Agora, em Seul em 1988, com aquela conquista tão familiar no judô, ele passava por um novo e mais marcante arrebatamento olímpico. "O fato é que o gordinho, o genial Aurélio Miguel, ganhou do gigante alemão. Por extensão, Geraldo também ganhou, meu irmão ganhou e todos nós ganhamos."

Uma conjunção de fatores, então, soma-se ao vagaroso, mas consistente ingresso de Canto pelo "Caminho Suave". "1988 foi um ano difícil. Eu estudava em uma escola construtivista um ano antes e, naquele ano, passei para uma escola anglo-americana altamente competitiva. Nas primeiras semanas, apanhei de um garoto que, descobriria depois, apanhava de todo mundo. Ou seja, eu virei o garoto que apanhava na turma. Imagina, bullying não existia, nem se cogitava tal abordagem sobre esses problemas. Eu teria de resolver."

Canto viveu um ano de revolta e conflito. "Além desse ambiente na escola, meu desempenho como nadador era medíocre. Eu estava em um dos clubes mais fortes do país na modalidade, porque nadava direitinho, mas não me destacava e isso me abalava a autoestima; ainda mais porque, quando comecei a nadar, nos EUA, eu me destacava bastante. Cheguei a receber, em uma competição, o troféu de MVS (Most Valuable Swimmer)."

Para se ter ideia do valor dessa conquista para Canto, quando estava na Inglaterra, em uma segunda passagem de estudos e trabalho de seu pai pelo país, não teve dúvidas sobre qual objeto salvar de um incêndio no prédio em que vivia com a família. "No fim, o incêndio foi controlado e não alcançou nosso andar, mas, de qualquer maneira, meu troféu de MVS estava são e salvo comigo na rua, enquanto os bombeiros apagavam o fogo."

Seja como for, esse período de glória na natação havia acabado, a paz do construtivismo havia passado também. Enquanto isso, seu irmão ganhava medalhas no judô e se dava superbem nos desafios de lutinha com os primos e os amigos. O "gordinho invocado" e campeão olímpico caiu do céu, embora Canto ainda não tivesse clareza sobre tudo o que seria o judô em sua vida.

O MENTOR

"Naquele mesmo ano, 1988, eu comecei a treinar judô. Porém não tinha consistência: começava, parava, começava de novo, parava. Assim foi, até que, no ano seguinte, em março, mês em que completaria 14 anos, eu decidi, de uma vez por todas, mergulhar no judô. Nesse mesmo ano, conheci Geraldo Bernardes e foi um divisor de águas na minha vida."

Aos 14 anos, Canto começava efetivamente a treinar judô. Sem dúvida, um início tardio. Poucas pessoas poderiam acreditar que alguém, começando tão tarde, se tornaria um medalhista olímpico, heptacampeão pan-americano e conquistaria cinco medalhas em mundiais por equipe. Mas foi assim e, na visão de Canto, só foi assim por causa de Bernardes.

"Pensando em Campbell e na Jornada do Herói, Geraldo foi o meu mentor. Ele acreditava em mim mais do que eu. Eu treinava muito, mais que todos os outros. Eu criei uma lógica de que deveria treinar mais que todo mundo para chegar aonde eu queria. Isso porque eu apanhava muito no início. Não foi um caminho fácil, mas eu sabia o que tinha de passar para alcançar meu objetivo. Eu cresci perdendo no judô, diferentemente do Tiago (Camilo) e do Leandro (Guilheiro), que sempre foram prodígios e depois vieram a ser meus amigos de seleção."

Contudo, Canto não demoraria a reverter esse começo de frustrações, fazendo valer a fé que seu mentor depositava nele e que, no fundo, ele sempre trouxera dentro de si. "Com 19 anos, fui fazer uma seletiva para a seleção adulta. Eu era júnior e estava ali muito mais para ganhar experiência. De repente, estava na final... Para minha surpresa, venci e estava, aos 19 anos, na seleção brasileira."

Naquele mesmo ano, Canto defenderia o Brasil nos Jogos Pan-Americanos de Mar Del Plata (Argentina) e conquistaria sua primeira grande medalha: um bronze na categoria meio-médio, a mesma pela qual lutaria ao longo de toda a carreira. Na litorânea cidade argentina, começa efetivamente a trajetória vitoriosa e longeva de Canto como atleta profissional de judô, arte marcial que lhe daria mais que uma profissão, também lhe daria todo o estofo narrativo que precisava para materializar sua vocação altruísta, para realizar seu mito "transformador de mundos".

"No ano seguinte, em 1996, disputo a minha primeira Olimpíada, em Atlanta (EUA) e fico em sétimo lugar. Em 1997, venço um campeonato [não

Jogos] Pan-Americano, venceria outro em 1999 e seria prata nos Jogos daquele mesmo ano, em Winnipeg (Canadá). Mas, antes, em 1998, conquisto o vice--campeonato mundial por equipes."

MORTE E RENASCIMENTO[3]

A partir de 1997, Canto alcança excelentes resultados internacionais e conduz um ótimo ciclo olímpico. Sidney, em 2000, parece a Olimpíada feita para ele. Nem a cirurgia no tornozelo pela qual passa em 1999 parece ser um grande obstáculo. A classificação é mais que provável e um bom resultado nas Olimpíadas também. "Reabilitado da cirurgia, eu entro no ano olímpico com foco absoluto em Sidney. Quando se é atleta, todo o seu trabalho tem um só objetivo: Olimpíadas. Todo o resto não tem importância."

Essa obsessão, contudo, começa a cobrar seu preço ainda nos primeiros meses de 2000, antes das seletivas, quando, durante os treinos para o Torneio de Paris, Canto tem um *overtraining*, que consiste, grosso modo, na perda de desempenho em razão de treinamento excessivo. Ainda assim, ele chega às seletivas como franco favorito à conquista da vaga para as Olimpíadas. "Mas eu perco para Marcel Aragão e fico fora. Quando isso acontece, a sensação que se tem é a de que não haverá amanhã. Parece que tudo acabou. Fiquei emocionalmente destroçado, deprimido. Eu sentia que não queria mais treinar judô."

Emocionalmente fragilizado, Canto vai para Sidney como reserva. "Durante a Olimpíada, tive bastante tempo para pensar em tudo o que havia acontecido. Eu constatei que a vida continuava e que havia muito mais do que apenas o sonho olímpico." Toda essa temporada no buraco melancólico da frustração faz com que se avivem em Canto questões mais profundas, cujos fios ele já estava desenrolando há um bom tempo, por meio das ações filantrópicas que realizava ao lado de amigos.

---

3 · CAMPBELL, Joseph. *O Herói de Mil Faces*. Cultrix/Pensamento, 2007. p. 91-94.

"Eu posso afirmar que, desse momento de queda — o mais importante no judô, no esporte e na vida —, começou a amadurecer o Instituto Reação. O nome Reação nasceria dessa ideia.

> ▌▌ **DEFINITIVAMENTE, O GRANDE MÉRITO DO ESPORTE NÃO É ENSINAR A VENCER; É ENSINAR A PERDER."**

Eu comecei a amar o esporte com a Seleção Brasileira de futebol de 1982, uma das mais brilhantes da história, e ela me encantou não só porque estava recheada de craques e jogava por música, mas porque, parecendo invencível, perdeu. Ali, comecei a entender que cair e levantar é uma vitória.

> ▌▌ **ESSA É A GRANDE LIÇÃO DO JUDÔ, DECLARADAMENTE. TREINAMOS QUEDA NO JUDÔ TODOS OS DIAS. COMEÇAMOS A TREINAR JUDÔ APRENDENDO A CAIR."**

Para ser um judoca de verdade, talvez Canto precisasse se levantar e seguir lutando. Razão para isso — o tempo mostraria — não lhe faltava.

Antes do revés olímpico e do Reação, Canto diz que havia desenhado um programa de alfabetização com Marcio Varejão (amigo judoca) e Luciano Gomide, que, hoje, é diretor financeiro do Reação e seu sócio nos negócios que empreende. "Fomos, na ocasião (final da década de 1990), com esse projeto, a uma favela em Laranjeiras, mas não conseguimos tirá-lo do papel."

Em resumo, ao retornar para o Brasil, depois das Olimpíadas de 2000, Canto estava disposto a colocar em prática as ideias que tinha e que iam além da sua carreira como atleta. "Não queria esperar nada para iniciá-las. Durante as minhas reflexões em Sidney, percebi que mudar uma vida já valia a pena. Que não era preciso mudar o mundo todo. Meus esforços, então, seriam nesse sentido. Assim, comecei a dar aula de judô na Rocinha, como voluntário, em um projeto conduzido pela Universidade Gama Filho em parceria com a prefeitura do Rio. Foi aí que a minha vida começou a mudar" e o embrião do Reação começou a ganhar forma.

O CAMINHO DE PROVAS

Canto diz que Geraldo Bernardes ficou desesperado quando soube da sua escolha. "Ele me dizia: 'Agora que virou reserva da seleção, como é que vai recuperar a vaga com mais essa atividade'. Mas, dois meses depois, ele estava fazendo o mesmo, dando aulas voluntariamente na Cidade de Deus. Ele entendeu o quanto isso valia. Ele costuma dizer que me ensinou a ser um atleta olímpico e que eu o ensinei o valor social do esporte."

O judoca de classe média alta entrou na Rocinha em uma época em que não havia internet. "Os mundos, naquela época, eram muito mais distantes. Querendo ou não, a internet aproximou muito esses mundos e essas realidades. Eu chegava na Rocinha e era recepcionado por uma galera de fuzil. Meus pais — imagina! —, superpreocupados. Mas eu pensava assim: 'Estou fazendo a coisa certa. Se eu morrer assim, está tudo certo.' Não tinha e não tenho medo nenhum. Realmente, sou muito destemido nesse sentido. É até um perigo, reconheço."

Segundo Canto, foi um episódio de morte que o convenceu do tanto de vida que havia em sua atitude solidária. O episódio se deu quando o Instituto Reação já havia se constituído oficialmente e estava bem no início. Cabe aqui contar essa história mesmo antes de chegar à gênese do Reação propriamente dita. "Um jovem que participava do projeto, fazia judô comigo, foi assassinado. Eu fui ao enterro e vi que ele estava sendo enterrado com a camisa do Reação. Ali, eu vi o valor que o projeto tinha para aquela garotada e me motivei ainda mais."

Antes desse fato marcante, porém, Canto quase viu o Reação morrer ainda na fase embrionária. "Em dado momento do Educação Criança Futuro, a Gama Filho sai do projeto e, com ela, saem os professores remunerados. Eu fico dando as aulas sozinho por praticamente um ano. A situação vai ficando insustentável para mim, porque, a essa altura, eu já havia recuperado a titularidade na seleção, mas eu queria, de todo o jeito, que o projeto continuasse."

Foi então que, em 2003, Canto resolveu promover uma ação entre amigos. "Chamei quarenta amigos para explicar o projeto que tinha na cabeça. Muitos deles eram judocas, mas não precisava ser judoca para participar. A ideia, basicamente, era mudar mundos com o que cada um sabia fazer bem. Enfim, contei uma boa história a ser escrita por todos nós juntos, eles gostaram e cada um se comprometeu com um boleto mensal fixo durante doze meses para sustentar o projeto antes de atrairmos patrocinadores e apoiadores."

Canto tinha acabado de terminar a faculdade de Direito, com um TCC (trabalho de conclusão de curso) sobre o terceiro setor. Seu irmão seria o diretor jurídico da ONG. O diretor financeiro, no início, seria Luiz Felipe D'Urso. Depois, a função seria exercida por seu grande amigo Luciano Gomide, que havia chegado ao Reação, antes, como diretor de captação.

"A mim, foi imposta a condição de ser o porta-voz e de dar visibilidade ao projeto que, até ali, era silencioso, mas, dali para frente, precisaria atrair patrocinadores. Eu resistia um pouco à ideia de aparecer nesse papel, por achar que, aparecendo, o projeto perderia um pouco da sua nobreza. Mas, depois, concluí que, assim, o projeto ganharia mais. Claro que, no fim das contas, ser o porta-voz de um projeto como esse favoreceria imensamente a minha imagem. Eu ganhei muito com o Reação, inclusive em termos de patrocínio como atleta."

Agora, a missão de Canto tinha CNPJ e fôlego para desenvolver um plano de ação e correr atrás de patrocinadores e financiadores. "Nossa gestão financeira, desde aquele começo, foi extremamente austera. Não tinha esse negócio de tirar daqui para pôr ali. Todo ponto de partida tinha destino e não seria extraviado. O planejamento precisava ser cumprido à risca. Mais do que ser efetivamente corretos, nós pareceríamos, a toda a sociedade, de fato, corretos."

O ciclo do Esportismo estava quase completo: a atitude de dar aulas na comunidade, a visão de que era necessário algo mais bem estruturado e de que era possível estruturar uma ação transformadora na comunidade, a estratégia de unir competências e a capacidade de contar uma boa história para engajar as pessoas, ou seja, teamwork, a especialidade de Canto. Faltava, dali em diante, a execução, e ela viria.

O judoca lembra que, durante a reunião com os quarenta amigos, um deles sugeriu que o nome do Instituto fosse Flávio Canto. "Naquele mesmo momento, eu respondi a ele que o Reação estava nascendo para ser muito maior do que qualquer um que estava ali presente, justamente por conjugar toda essa simbologia que dá lastro a uma cultura, a cultura do judô, que, não à toa, foi concebido para ser um caminho de vida; justamente por se propor a transformar mundos e mostrar que passado não é destino. Não é porque se tem menos recursos financeiros que não se terá a oportunidade de construir o futuro que se deseja."

NO PANTEÃO OLÍMPICO

Depois da queda em 2000, que lhe valeria o Instituto Reação e um sentido mais elevado para a existência, Canto seguiu sua carreira como atleta. Mais leve pela alma preenchida, o brasileiro de Oxford recobrou fôlego e caminhou uma longa trilha de conquistas.

No mesmo ano em que criou, oficialmente, o Reação, Canto faturou a medalha nos Jogos Pan-Americanos de Santo Domingo, na República Dominicana. Quem não conhece os bastidores dessa conquista pode pensar que era uma medalha inevitável, considerando a carreira de Canto. Mas não é o caso.

"Cinco semanas antes do início dos jogos, eu rompi o ligamento do joelho. (Wagner) Castropil (médico da Confederação Brasileira de Judô, CBJ, na época) me disse que eram necessárias cinco semanas para cicatrizar o ligamento. Só depois eu poderia treinar. As chances de perder a vaga para os Jogos eram enormes. Aí, Castropil falou: 'Como você é um cara disciplinado e dedicado, podemos fazer o programa especial de reabilitação.'"

Com sete horas de fisioterapia por dia todos os dias ao longo de cinco semanas e sem fazer nem um treino até pousar na capital dominicana, Canto foi para os Jogos Pan-Americanos. "Eu passei esse tempo todo estudando minuciosamente meus principais adversários. Mentalizei inúmeras lutas. Cheguei lá para vencer na tática. Foi o que fiz, até a última luta. Na final, venci, em menos de um minuto, o cubano Gabriel Arteaga, na época, meu grande rival nas Américas. Eu o fiz levar quatro penalidades e ser desclassificado ao anular o jogo dele." Canto havia seguido o caminho da tática — o que sempre fez com maestria — nas outras lutas da competição também e, assim, levou o ouro.

Mas, a Canto, ainda estava reservado o Olimpo dos judocas, e ele viria em 2004, em Atenas, o berço dos jogos na Antiguidade e sede da primeira Olimpíada do século XXI. Um ano antes, ele havia derrotado Tiago Camilo na seletiva. Sua presença na competição naturalmente pressupunha uma grande responsabilidade, mas o Canto de Atenas era bem diferente do Canto de Sidney. "Foi um ano marcante. O sensei do meu sensei havia falecido e meu pai, dois meses antes das Olimpíadas, sofreu um infarto e, por muito pouco, não morreu."

O atleta conta que seu pai precisava de três semanas para se recuperar do infarto e, então, submeter-se a uma cirurgia de alto risco. "Eu interrompi a preparação para a Olimpíada para acompanhar a cirurgia dele no Rio. Estava na França, onde a seleção se preparava, mas voltei ao Rio. Depois da cirurgia, com tudo em ordem, eu me reintegrei à equipe, que havia ido para o Japão, e fiz o último mês de preparação. Enquanto isso, meu pai se reabilitava da cirurgia no Rio."

O pai de Canto se recuperou a ponto de viajar para Atenas para acompanhar o filho. "Mas eu confesso que minha cabeça estava mais nele e em me assegurar de que ele se recuperaria mesmo do que na Olimpíada." Em Atenas, Canto competiu sabendo que não havia nada a perder. Sabendo, como os samurais sabiam, que só vive de verdade quem não se deixa amedrontar pela morte. Canto lutou sem medo de cair, porque sabia que sua maior vitória era sua capacidade de se levantar, já colocada à prova quatro anos antes. Em Atenas, Canto conquistou a tão ansiada medalha olímpica: um dourado bronze.

DEPOIS DO OLIMPO

De alma lavada, depois de um histórico 2004, Canto resolve aproveitar o início de 2005 para surfar no mar peruano que, para alguns historiadores, é o berço desse esporte. "No primeiro dia de surfe no Peru, sofro uma lesão no ligamento colateral medial." Focado na "temporada" de surfe, ele, mesmo lesionado, não abriu mão de pegar onda ao longo das férias. "Como vinha de um ano muito bom, resolvi encarar as competições do início de 2005 sem tratar a nova lesão, na esperança de que não atrapalharia muito."

O fato é que o ano de 2005 não foi tão bom quanto o anterior. "Eu também sentia que a CBJ estava preocupada com a renovação e eu já estava com 30 anos." Em outras palavras, para impressionar os técnicos da seleção, ele precisava estar 100%. Resultado, Canto perdeu a titularidade na seleção brasileira. Diante dessa constatação e desse fato, ele decidiu tratar a lesão no fim de 2005 e concentrar seus esforços para voltar 100% em 2006.

Ainda em 2005, Canto experimentou, pela primeira vez, trabalhar na televisão, como comentarista do Mundial de Judô, disputado no Cairo, capital do Egito. Canto não sabia, mas, ali, começava a desempenhar o papel profissional que exerceria depois da aposentadoria como atleta. "Foi uma experiência incrível, porque pude comentar o título mundial de João Derly e a prata de Luciano Corrêa, dois dos grandes amigos que o judô me deu."

Com o joelho bom, em 2006, Canto não teve tempo para comentar campeonatos, no SporTV, canal de esportes da Globo na TV fechada. "Fiz o melhor ano da minha carreira. Ganhei tudo. Para ser preciso, perdi uma luta no ano todo. Terminaria a temporada como o primeiro do ranking mundial na minha categoria."

O ano seguinte seria o dos sonhos para qualquer judoca brasileiro e Canto queria fazer uma temporada parecida com a anterior. O Rio de Janeiro, sua terra, seria sede dos Jogos Pan-Americanos, naquele ano, e do Mundial também. O Pan viria primeiro. "Estava muito bem para o Pan, mas, na semifinal, contra o norte-americano, eu lesiono seriamente o braço." Embora visivelmente sem condições, ele insiste em seguir lutando. Sem conseguir mexer o braço direito, ele perde.

Na época, Wagner Castropil era o médico da Confederação Brasileira de Judô. "Castropil me enganou. Ele queria me levar ao hospital, mas eu disse a ele que só iria se ele me prometesse que eu voltaria para disputar a medalha de bronze. Ele me promete. Chegando no hospital, ele me diz que eu só voltaria mesmo para a disputa se conseguisse levantar o braço. Tentei levantar, mas não consegui. Naquele momento, chorei, estava perdendo a chance de ganhar uma medalha no Pan e no Mundial na minha cidade."

Canto se refere também ao Mundial, que seria disputado logo depois do Pan, porque não haveria tempo de se recuperar para a competição. Sem contar que, antes, teria de disputar a vaga no Mundial com Camilo. Ele não teria, de jeito nenhum, tempo hábil para a recuperação. Com o caminho livre, o amigo Tiago Camilo, que no Pan lutara uma categoria acima, vai para o mundial na categoria 81kg e dá um show. "Tiago, simplesmente, não deu a menor chance aos adversários. Ele se sagrou campeão mundial com ippon em todas a sete lutas que fez, todos obtidos com menos de um minuto de combate. Sem dúvida, um feito."

UM OCASO COM O BRILHO DA TERRA DO SOL NASCENTE

Aos 33 anos, em 2008, Canto se mantinha na seleção, brigando pela titularidade na categoria e por uma vaga olímpica. Porém trazia uma lesão no punho e outra no cotovelo, que demandavam cirurgia. Se a fizesse, não poderia brigar pela vaga com Tiago Camilo, que vivia grande fase. "Naquele ano, fui com a seleção para a temporada europeia e, enquanto Tiago competiu muito bem, eu fui muito mal. Sabia que não iria para Pequim em 2008 nem como reserva."

O atleta conta que, durante uma competição na Áustria, em que foi precocemente derrotado, procurou Luiz Shinohara, técnico da seleção na época, e disse: "'Não se dê ao trabalho de me dizer que não irei à Olimpíada. Você não seria doido de me levar. Eu só peço que me libere do treino de amanhã.' Eu me lembro de, no dia seguinte, depois de esquiar, tomar uma cerveja no alto de um morro, assistindo ao pôr do sol, comendo uma salsicha e pensando: 'Life is good'."

Flávio Canto foi para o ano 2009 se "arrastando", segundo ele mesmo. "Lutei tão mal quanto em 2008. Pensei: 'Estou fazendo hora extra no judô.'" Porém, em 2010, deu-se uma espécie de último suspiro. "Tinha tomado um pé na bunda, daqueles de arrasar mesmo. Sofri muito. Mas também pensei: 'Vou fazer uma despedida do judô como o judô merece. Vou treinar muito e curtir o judô'. Foi a primeira vez que toquei a carreira tranquilo, curtindo o judô. De repente, eu estava medalhando em todos os torneios importantes. Fiz um dos meus melhores anos. Talvez só não tenha sido melhor que 2006."

As esperanças de Canto de alcançar resultados inéditos em torneios como o Mundial se renovaram. "Confesso que pensei seriamente em lutar por uma vaga em Londres. Estaria escrito nas estrelas: ser campeão olímpico, aos 37 anos, no país em que nasci."

Porém o Mundial estava mais à mão. "Cheguei à semifinal do Mundial de Tóquio 2010 e meu adversário era ninguém menos que Leandro Guilheiro. Fiquei emocionado. Guilheiro é um irmão mais novo para mim e, na ocasião, lutaríamos em Tóquio em uma semifinal de Mundial. Se vencesse o mundial, aos 35 anos, me consagraria como o mais velho campeão da história dos mundiais. Bom, fizemos uma luta horrorosa e ele ganhou: um shido a dois."

No fim de 2010, depois de quase um ano inteiro sem lesões, Canto teve uma infecção no joelho, uma bursite. "Fiquei sete meses parado e fiz quatro cirurgias. A essa altura, eu vinha fazendo mais do que comentar lutas no SporTV. Apresentava o programa Sensei SporTV, já que era possível conciliar com a vida de atleta." Porém o próximo passo exigia de Canto uma escolha.

"Fiz pilotos, como apresentador, do que seria o programa Corujão do Esporte e o programa foi aprovado. Em dezembro de 2011, depois do Mundial de que participei na China com desempenho bem aquém das minhas expectativas, eu tinha de dar uma resposta à Globo sobre se seria ou não o apresentador do Corujão do Esporte. Essa era, então, a deixa que precisava para encerrar a carreira tendo um emprego e uma fonte de renda alternativa ao esporte."

A IMPORTÂNCIA DA TRANSIÇÃO

Em fevereiro de 2012, o Corujão do Esporte estrearia e Canto iniciaria um novo ato em sua narrativa. Porém o eixo essencial de seu mito estava preservado e seguiria expandido nessa nova etapa. "O Reação não permitiu que a aposentadoria no judô me deixasse um vazio. Ele, desde a sua criação, me preenchia. Eu tinha um sentido, um propósito, uma gratificação espiritual muito grande há quase dez anos. Isso era o mais importante."

Com o emprego na Globo, a questão prática estava encaminhada também e, dessa forma, a quase sempre tão traumática transição de carreira fora realizada com êxito e com bem menos sofrimento do que costuma ser para a maioria dos atletas de ponta. "Definitivamente, a expressão correta é: 'Não sofri tanto.' Um pouco, a gente sempre sofre. Faz parte."

Embora a Globo resolvesse uma questão prático-financeira em sua vida, "e a questão financeira sempre foi secundária para mim", Canto diz ter encontrado no jornalismo esportivo outra fonte de gratificação anímica. "Tenho a felicidade de sempre ter feito o que gosto. Gravei um reality de judô (que envolveu uma equipe treinada por Canto e outra por Tiago Camilo, ambas com atletas juniores da categoria meio-médio, ou seja, até 81kg); tenho um projeto de documentário sobre refugiados olímpicos e, além disso, também pretendo contar a história de dez atletas olímpicos que saíram de programas sociais, caso de Isaquias Queiroz, por exemplo. Eu nunca me senti trabalhando, na real. Sempre me diverti muito com o que faço. Justamente por isso, faço tudo intensamente. Na minha agenda, não há horário de almoço."

Apesar de sua transição bem-sucedida, Canto demonstra uma enorme sensibilidade em relação aos colegas atletas que não percorrem esse caminho com o mesmo êxito. Faz parte dos seus planos criar algo no sentido de garantir que atletas não tenham uma aposentadoria esportiva que signifique também sua decadência profissional e pessoal.

"No Brasil, há a cultura de que alto rendimento não permite ao profissional se dedicar a uma carreira alternativa. Nada disso, o certo é o cara pensar na transição ainda no pré-carreira, quando é adolescente. Ele tem de pensar e fazer uma boa faculdade. Ele tem de estudar e ter um acompanhamento, para não acontecer o que acontece com frequência: ex-atletas em depressão e sem rumo na vida por não poderem mais competir em alto nível."

A REALIZAÇÃO DO REAÇÃO

Como se vê, todas os passos de Canto formam uma trilha na direção de uma sociedade mais justa e capaz de integrar as diferenças. O Reação foi, até aqui, dos seus passos, o mais ambicioso e, de fato, transformador. Mas, desde o começo, Canto sabia que, para validar a crença por trás do seu projeto, era necessário que o próprio Reação frutificasse um "herói".

"Desde o começo, precisávamos de uma Rafaela (Silva) para convencer nossas crianças de que elas podem ser quem elas quiserem.

" O QUE É O REAÇÃO? É A LUTA CONTRA A FALTA DE OPORTUNIDADE NA LARGADA, PELA INVERSÃO DAS ESTATÍSTICAS QUE PREDIZEM O FUTURO DAS PESSOAS A PARTIR DA ORIGEM SOCIAL E POR FORMAR FAIXAS-PRETA DENTRO E FORA DO TATAME. ENFIM, DESENVOLVER POTENCIAIS ADORMECIDOS, SUBESTIMADOS E DESCONHECIDOS."

Canto diz que Construir, Conquistar e Compartilhar são as palavras e as etapas que resumem o Reação e que precisam resumir também as pessoas que fazem parte desse projeto. "É a essência da Jornada do Herói e do atributo do judoca: *jita-kyoei.*"

Rafaela, no Reação, é o mais notório exemplo de alguém que construiu, conquistou e, agora, está compartilhando. A atleta da seleção de judô, que nasceu e cresceu na favela de Cidade de Deus, é uma das mais vitoriosas da história: tem, entre inúmeros títulos conquistados em sua ainda breve carreira, uma medalha de ouro olímpica e um ouro em mundiais individuais. Sem dúvida, um fenômeno. "Ela é prova de que é possível, não importa onde se nasça, ser o que se deseja."

Segundo Canto, no começo do Reação, sem esse exemplo, era muito mais difícil convencer os alunos do Instituto de que isso era possível. "Eu era o único exemplo. Eles olhavam para mim e pensavam: 'Pô, para você, que nasceu em Oxford, na Inglaterra, é fácil falar que todo mundo pode ser o que quiser.' Não tem jeito, a gente precisa de heróis e mentores com os quais possamos nos identificar."

Rafaela é uma heroína que está se transformando em mentora. "No Grand Prix nacional, maior competição interclubes do país, Rafaela venceu uma atleta do Pinheiros na final. Na ocasião, em entrevista logo após a conquista, ela disse que aquela era uma vitória de 1.800 crianças que fazem parte do projeto Reação, que estavam assistindo à sua luta acreditando que poderiam mudar de vida e que o resultado era a prova de que elas poderiam mesmo... Isso é muito forte. É nesse sentido que digo que uma boa história é o que define um bom time."

Fica evidente, por sua história, o alto grau de desenvolvimento da competência teamwork em Canto. Porém identificam-se, em grande medida, as demais competências nele também. Afinal, se assim não fosse, seu projeto social, que começou quase do zero, como se viu, hoje, não assistiria 1.800 crianças nem seguiria expandindo e ramificando novas ações ainda mais impactantes. Atualmente, além dos alunos, o Reação conta com 72 colaboradores, sem considerar os voluntários. "Estamos indo para Cuiabá (MT). Vamos para Brumadinho (MG) e, se tudo der certo, para São Paulo."

UM GIGANTESCO PASSO

Contudo, o olhar empreendedor e transformador de mundos de Canto parece estar sempre sedento por novos horizontes. A partir do Reação, Canto teve uma nova visão. "Estamos entrando na fase mais ambiciosa do trabalho que começamos com o Reação. O projeto social dará à luz um projeto de sociedade que eu chamo de 'O Caminho'. Vamos levar a essência do Reação para novos mundos. A gente sempre atingiu um público essencialmente de baixa renda. A ideia, agora, é integrar outros públicos."

Canto faz questão de usar o termo integração, porque, sob seu ponto de vista, inclusão parte de um pressuposto preconceituoso.

> **" INCLUSÃO É SEMPRE LEVAR O POBRE PARA CIMA, COMO SE QUEM ESTIVESSE 'EM CIMA' FOSSE MELHOR QUE O OUTRO. A IDEIA É DIFERENTE, É INTEGRAR, PORQUE QUEM SUPOSTAMENTE ESTÁ EMBAIXO TEM TANTO A ENSINAR QUANTO QUEM ESTÁ 'EM CIMA'."**

Flávio Canto diz que o propósito de trabalhar dessa forma é totalmente baseado em sua própria história. "Eu fui integrado ao mundo que me propus a ajudar: conheci a Rocinha, a Cidade de Deus e, lá, encontrei pessoas que passaram a ser meus filhos, meus amigos, irmãos, enfim, passaram a ser parte da minha vida. Fui achando que ia ajudar e aprendi muito mais. Hoje, me considero parte de todas essas comunidades."

O Caminho será erigido a partir da metodologia de ensino e dos valores professados no Reação, de modo a ampliá-los em uma escala muito maior do que se tem conseguido atualmente. "Nesta nova etapa, nossa missão é entrar em escolas privadas do Brasil, passar esse nosso olhar, nossa metodologia a elas e, com esse conhecimento, as escolas privadas adotarão escolas públicas e serão responsáveis por levar, aos alunos do ensino público, o ensino do judô, dando, assim, a possibilidade de cada um dos envolvidos transformar seu próprio mundo, como aconteceu com Rafaela e com outros alunos do Reação."

Mais do que ensinar o valor do "levantar-se a cada queda", a ideia é compartilhar a mentalidade construída e conquistada no Instituto Reação, a partir da qual a maior vitória possível é ajudar outras pessoas a também se levantarem. "Neste projeto, duas vezes por ano, os alunos das escolas (pública e privada) terão uma reunião de integração para compartilhar os aprendizados do semestre."

O objetivo é aproximar mundos, colocar todos na mesma frequência. "Só assim vamos mudar alguma coisa, só assim promoveremos igualdade.

" É PRECISO EMPATIA, COMPREENSÃO MÚTUA. UM TEM DE ENTENDER QUE DEPENDE DO OUTRO E VICE-VERSA. SOMOS UMA COISA SÓ. É COMO EM UMA COMPETIÇÃO POR EQUIPES: GANHA-SE OU SE PERDE JUNTO. DESSA FORMA, O POBRE NÃO É 'O FAVELADO' E O RICO NÃO É 'O *PLAYBOY*'. SOMOS DO MESMO TIME, SOMOS COMPANHEIROS DE EQUIPE."

"EU NÃO SABIA COM PRECISÃO O QUE EU QUERIA FAZER, MAS SABIA QUE QUERIA FAZER ALGO GRANDE, ALGO BEM GRANDE, E FOI NESSE SENTIDO QUE TRABALHEI TODA A VIDA."

— Jorge Paulo Lemann

ESPORTISMO

LEMANN:
A SÍNTESE DO ESPORTISMO EM UM SONHO GRANDE

Em seu escritório, no alto de um edifício na Zona Sul de São Paulo, agradavelmente tomado pela luz natural da tarde ensolarada que o invade a partir das amplas janelas e vidraças, um dos maiores empresários do mundo, o octogenário Jorge Paulo Lemann, recebe-nos com seu marcante e carismático sotaque carioca. Sua vivacidade impressiona: conversa com as pessoas no escritório e caminha sempre dando a impressão de ter clareza sobre para onde está indo. Precisamente no horário marcado, estamos diante dele em uma sala de reuniões aconchegante, funcional e sem nenhuma suntuosidade.

A história de Lemann é longa, mas é possível ter uma ideia dela quando damos algumas de suas credenciais empresariais: sócio da maior cervejaria do mundo, a Anheuser-Busch Inbev; da Lasa, grupo que controla empresas como Lojas Americanas e Americanas.com; do Burger King e da Heinz. Detalhes da sua trajetória empresarial e da de dois de seus principais sócios, Beto Sicupira e Marcel Telles, foram registrados no livro *Sonho Grande*[1]. O nome da obra, sem dúvida, traduz com propriedade a grandeza e a simplicidade que caracterizam a personalidade de Lemann, um homem que sintetiza, como poucos, as cinco competências do Esportismo: atitude, visão, estratégia, execução e teamwork. E é justamente com o propósito de mostrar essa relação que escrevemos este perfil.

---

1 · A obra foi escrita pela jornalista Cristiane Correa e publicado em 2013 pela editora Sextante.

"O esporte ajuda muito para vida de qualquer um. Em primeiro lugar, ele ensina que, sem treinar, você não faz nada. Pelo esporte, desenvolvemos a disciplina para o treino. O resultado é sempre fruto de muito treino. Essa mentalidade se aplica a tudo. Quem acha que vai ter sucesso ou fazer bem alguma coisa sem fazer força não vai conseguir.

> **" O ESPORTE TAMBÉM NOS ENSINA A PERDER, O QUE É ESSENCIAL NA VIDA. QUANDO PERDEMOS, SOMOS OBRIGADOS A PENSAR SOBRE COMO FIZEMOS, ONDE ERRAMOS, ONDE PRECISAMOS MELHORAR, ENFIM, LEVA-NOS À AUTOANÁLISE E AO AUTOAPRIMORAMENTO."**

O tênis foi muito importante para mim nesse sentido e acredito que seja assim com todos os outros esportes."

Nascido no Rio de Janeiro, em agosto de 1939, filho de imigrantes suíços, sua capacidade intelectual se fez notar desde cedo. Não por acaso, a família buscou, para ele, a oportunidade de fazer um teste para ingressar na faculdade de Economia de Harvard University e, aos 17 anos, ele iniciaria seus estudos superiores em uma das universidades mais respeitadas do mundo, embora sua passagem por Harvard não tenha sido só flores. "Principalmente no primeiro ano, eu não gostava de estar em Boston. Era tudo diferente daquilo a que estava habituado e gostava. Eu era um garoto do Arpoador, surfava, jogava tênis. Na época, não via o valor que aquele período de estudos, um dia, teria para mim."

Lemann conta que as únicas atividades que, de fato, entusiasmavam-no em Harvard, naquele primeiro ano, eram o tênis e o squash. "Jogo tênis desde criança e disputava competições no Rio de Janeiro. Quando fui para os EUA, estudar em Harvard, logo fui incorporado à equipe de tênis da universidade. Como o inverno na região era bravo e não tínhamos quadras cobertas, no frio, a equipe de tênis virava a de squash. Assim, aprendi a jogar squash. Fazia parte da equipe de tênis, no verão, e do time de squash, no inverno."

Jogando, Lemann estava em casa, estava em seu território. "Eu sempre fui competitivo. Quando criança, só queria competir. O que mais gostava era de corrida, futebol... Eu só ia a festa de aniversário se tivesse alguma competição. Doces, bolos, enfim, essas coisas não me seduziam. Queria competição. Se não tivesse competição, não ia." Dessa forma, a prática de esportes se pronunciaria espontaneamente na vida de Lemann, mas desde que pudesse, de fato, realizar seu lado competitivo. "Acho que praticar esporte apenas pela parte física é meio sem graça, embora esteja cada vez mais em voga. Sem dúvida, competir nos melhora muito. Tem que competir."

Lemann se refere à importância do esporte competitivo como escola para a vida, uma escola que nos ensina o valor da coragem de sempre tentar, cada vez com mais competência[2]. "O que me vem à cabeça, muitas vezes, em momentos difíceis nos negócios, e tenho clara consciência de que aprendi isso no esporte, é nunca desistir."

" QUEM COMPETE SABE QUE É SEMPRE POSSÍVEL MELHORAR. SE VOCÊ ESTÁ GANHANDO, DEVE ENCONTRAR MANEIRA DE SE MANTER À FRENTE, ADAPTANDO-SE AOS ESFORÇOS DO ADVERSÁRIO PARA REVERTER A SITUAÇÃO. SE ESTÁ PERDENDO, MUDE, ADAPTE-SE, FAÇA ALGO PARA GANHAR. MAS, ESSENCIALMENTE, O SEGREDO É NUNCA DESISTIR. QUEM NÃO TEM GARRA NÃO GANHA NADA."

DAS PRIMEIRAS PROVAÇÕES

A garra a que se refere Lemann, seguramente, ele já demonstrava desde pequeno nas competições de tênis que disputava no Rio de Janeiro Country

---

2 · A competitividade congênita de Lemann deve ser associada, sem dúvida, à competência atitude. Na visão dele, fica claro que a prática de esportes, competitivamente, aprimora a atitude e é fundamental para outros aspectos da vida.

244 ▪ JORNADAS HEROICAS

Club, mas sua ida a Harvard exigiria que aplicasse essa garra e as competências do Esportismo em um novo contexto: o acadêmico. Sua história em Harvard, em grande medida, serve de alegoria para sua mente esportista altamente competitiva. "Como eu dizia, meu primeiro ano em Harvard foi turbulento. Era muito novo, uns caras superinteligentes, um frio danado, tinha de estudar muito... Meu negócio era só tênis e squash. Resultado: notas horrorosas. Peguei um professor de francês que não ia com a minha cara, eu não ia com a dele e acabei reprovado. Para piorar, no último dia letivo, soltei umas bombas (no estilo das que se usa no Brasil no período junino) nos jardins de Harvard."

Sua rebeldia mais o mau desempenho escolar resultaram em uma carta de Harvard, que lhe chegou às mãos durante as férias que passava em casa, no Rio de Janeiro. "Na carta, os representantes da faculdade recomendavam que eu me ausentasse por um ano de Harvard para maturar um pouco mais antes de voltar aos estudos. Eu fiquei muito incomodado com aquilo. Minha mãe respondeu à carta, dizendo que eu era um gênio mal compreendido. Essas coisas de mãe. O fato é que eu decidi não seguir a recomendação e voltei disposto a terminar a faculdade em dois anos, que somariam três ao todo, considerando o meu primeiro."[3]

Lemann diz categoricamente que queria "acabar com aquilo rapidamente", porque "não gostava, burrice, mas eu não gostava. Então, fiquei bolando o que eu poderia fazer para realizar o plano de concluir a faculdade de Economia em Harvard em três anos. Foi então que eu descobri que todos os exames realizados ficavam arquivados na biblioteca da universidade e qualquer um que quisesse podia ir lá e olhar todas as provas dos anos anteriores. Assim, sempre que eu ia fazer um curso, ia à biblioteca consultar as provas e tomava nota daquilo que eu interpretava como sendo os cinco pontos mais importantes daquela matéria e sobre os quais provavelmente o professor perguntaria na prova. Eu não me prendia às perguntas, mas aos pontos e temas. Estudando esses cinco pontos, eu desenvolvi uma noção bastante boa de para onde o

---

3 ▪ Aqui temos a clara demonstração de duas das competências do Esportismo: atitude e visão. A atitude de se incomodar e se prontificar para agir e a visão que servirá de combustível para essa atitude: terminar a Faculdade de Economia em Harvard em três anos.

PERFIS ESPORTISTAS ▪ **245**

professor conduziria a matéria e as provas. Eu fazia isso, também, porque, enquanto todo mundo pegava cinco ou quatro matérias por ano, eu pegava sete ou oito, já que a ideia era terminar rápido. Precisava ser mais preciso, otimizar meu tempo. Eu meti as caras usando esse método e, assim, passei. Comecei a tirar notas bem boas, fui em frente e realizei meu plano"[4].

Essa passagem da vida de Lemann revela um forte atributo de sua natureza: a simplicidade, que, vale ponderar, é parte fundamental da competência Execução. "Acredito, com base em minha experiência de vida e profissional, que ninguém consegue captar nada que tenha mais do que cinco itens essenciais. Cinco itens é o máximo, passou disso, as pessoas não gravam. Mesmo como tenista, nunca ia para a quadra com a expectativa de lançar mão de diversas jogadas. Eu ia fazer de três a quatro jogadas. Tinham que funcionar, poderia combiná-las de maneiras diferentes, enfim, poderia inventar em cima delas, mas se tivesse mais opções ficaria difícil. Isso vale para os negócios: grandes estudos precisam ser simplificados, senão ninguém entende e fica difícil transmitir e desenvolver ações efetivas."

Em Harvard, essa capacidade de simplificar foi posta à prova e com sucesso e, embora não tenha, na ocasião, lançado mão da quinta competência do Esportismo, teamwork, Lemann deixa claro que a simplificação tem, como uma de suas principais finalidades, facilitar o compartilhamento do conhecimento, para que mais pessoas estejam na mesma página e possam avançar juntas, uma dando força à outra[5]. "Como sempre pratiquei esportes individuais, a noção da importância do grupo para alcançar conquistas maiores não era tão flagrante, mas eu adquiriria essa habilidade com o passar do tempo, sobretudo ao empreender, quando ficaria claro, para mim, que precisava de pessoas com

---

4 • Lemann, com a atitude incorporada e a visão clara, traçou a estratégia e a executou primorosamente. Ou seja, nesta passagem da vida, ele já mostrava um grande domínio sobre boa parte das competências do Esportismo.

5 • Facilitar o compartilhamento valores e conhecimentos é indispensável para o êxito de qualquer trabalho em equipe e o trabalho em equipe é essencial para quem sonha grande.

perfis complementares ao meu e não iguais."[6] O fato é que Lemann, diferentemente de muitos homens de negócios e investimentos, sempre fez questão de frisar a importância de seus sócios e, mais do que isso, sempre procurou dar, aos seus funcionários, a oportunidade de se tornarem seus sócios. Para isso, contudo, competitividade e garra não poderiam lhes faltar. Eles precisariam trazer em si a alma de esportista.

O ESPORTE COMO TREINO PARA O TRABALHO

Depois de três anos de vida universitária, Lemann, graduado em Economia por Harvard, partiu para a Suíça para trabalhar no banco Credit Suisse. A nova etapa em sua vida, contudo, não o impediria de seguir treinando e competindo como tenista. "O tênis não era mais minha prioridade há um bom tempo, mas eu seguia treinando e jogando com bastante disciplina. Chegando perto da data do campeonato suíço de tênis, o pessoal onde eu treinava me avisou e me chamou para participar do torneio. Como tenho também nacionalidade suíça, topei. Falei com meu chefe no banco, pedi uma semana para disputar o torneio e ele me liberou. Bom, cheguei lá, ninguém me conhecia, nem sabiam ao certo se eu era suíço, mas, independentemente disso, ganhei o campeonato. Os adversários não eram grandes astros do tênis como há hoje na Suíça, mas havia bons jogadores. Resultado, fui convidado pelos suíços para defender o país na Taça Davis e em outros torneios internacionais. Achei que era uma boa ideia e uma experiência importante para viver. Fui em frente."

Assim, aos 21 anos de idade, o tênis voltava a ter protagonismo na vida de Lemann. "Decidi jogar tênis 'profissionalmente' por um ano: joguei Wimbledon, Roland Garros, Taça Davis..." Lemann parece compreender que seria apenas uma fase, que sua prioridade era o trabalho e o aprendizado que vinha obtendo no mercado financeiro. De volta ao Brasil, em 1963, ele passa

---

6 · É curioso observar como a vida de Lemann ilustra bem a ideia presente no conceito de aprendizagem na prática. Durante a nossa conversa, inúmeras vezes ele disse que desenvolveu a maior parte de seus aprendizados como gestor enquanto "ia fazendo". O aprendizado sobre como trabalhar em equipe, para ele, segue esta lógica, assim como muitos outros atributos. O fato é que, devido à sua personalidade extremamente prática, o aprendizado pela realização flui com naturalidade para Lemann.

a trabalhar em uma financeira e, quatro anos depois, ingressa em uma corretora de ações, a Libra. O mercado de investimentos no Brasil está no início e as oportunidades de ganhos são enormes. Logo, a sagacidade empresarial de Lemann o leva ter 13% da corretora. Depois de frustradas tentativas de compra da empresa, ele a deixa e, em 1971, com um grupo de sócios, compra o título da corretora Garantia, que se tornaria a plataforma inicial para a construção de seu império empresarial.

Sua vida agitada nos negócios, contudo, não o impedia de seguir jogando tênis e, dessa forma, também em 1971, ele voltaria a jogar a Taça Davis, agora, pelo Brasil. "Dez anos depois de jogar a Davis pela Suíça, eu estava no Brasil e alguém adoeceu no time brasileiro. Aí, chamaram-me para substituir o jogador. Eu não poderia jogar por duas seleções, mas, como eu não era lá um grande jogador, ninguém falou nada. O fato é que joguei contra a Argentina. Logo de saída, peguei o (Guillermo) Vilas (um dos maiores tenistas sul-americanos de todos os tempos, vencedor de cinco Grand Slams, dois Australian Open, um USOpen e um Roland Garros). Pelo menos ganhei um set dele."

Como é possível supor, pelas competições das quais participou e venceu, Lemann era melhor tenista do que sua frase "eu não era lá um grande jogador" deixa entrever. Na realidade, além de campeão suíço, foi cinco vezes campeão brasileiro, mesmo sempre dando prioridade ao trabalho. "Treinava uma hora e meia por dia, todas as manhãs. Eu acordava bem cedo e seguia, correndo pela praia, para o Country Club: às 6h30 da manhã, estava treinando". Em todos os brasileiros que disputou, Lemann enfrentou tenistas profissionais, como Thomas Koch. Foram, realmente, conquistas expressivas. "Eu esperava, ansiosamente, todos os anos, pelo campeonato brasileiro, que era a minha chance de pegar os tenistas que jogavam torneios internacionais com frequência. O fato é que, no Brasileiro, eu era páreo duro e ganhei deles muitas vezes."

Lemann costumava chegar meia hora antes de cada partida do Brasileiro, fazer seu aquecimento e entrar em quadra. "Quando possível, antes de começar o jogo, pedia para molhar a quadra." A estratégia se devia ao fato de Lemann ter um estilo de jogo muito sólido e consistente, baseado no fundo de quadra. Antes de partir para o *winner* (bola vencedora), Lemann tinha paciência de sobra para "preparar o ponto". Trabalhava com muita segurança e, quando a bola decisiva se apresentava, costumava ser cirúrgico e decidido, dificilmente perdia as chances que tinha, nem por erro de execução do golpe, nem por titubear diante da oportunidade que se apresentava. Nos negócios, embora pareça extremamente ousado a olhares desatentos, a lógica e o estilo empregados são bem parecidos aos dos jogos. Até nas grandes cartadas, Lemann sabia o que estava fazendo.

ALÉM DO MERCADO FINANCEIRO

Os dias de Lemann como sócio do Garantia, atuando no mercado de ações, foram superbem-sucedidos, mas sua inquietude e intuição parecem levá-lo a alçar voos completamente improváveis, ao menos aos olhos da maioria. Foi assim que, para surpresa de muitos, ele pegou dinheiro que poderia ser aplicado no então infalível mercado financeiro, o qual dominava e no qual enriquecia sem sobressaltos, e comprou uma rede de cerca de quarenta lojas, que atuava no varejo de itens diversos e duráveis: a Lojas Americanas.

"Era moleza ganhar dinheiro no mercado financeiro, mas eu resolvi fazer algo diferente: comprei as Lojas Americanas. Paulo Guedes, hoje nosso ilustre ministro da Fazenda, escreveu, na época, um artigo dizendo que eu era maluco. De fato, era um movimento estranho e aparentemente ilógico. Mas eu achava que deixar meu dinheiro apenas no mercado financeiro era pouco, compreende? As ações, por si só, não tinham substância. Um negócio era diferente." Além disso, não foi uma compra sem estudo, no impulso, muito pelo contrário. "Eu comprei a empresa porque ela me parecia mal administrada e com potencial enorme. Ela tinha uns cinquenta imóveis próprios e valia, na bolsa, uns US$40 milhões. Ao mesmo tempo, só os imóveis valiam uns US$100 milhões. Eu pensei, vou tentar melhorar a empresa, se não der, vendo os imóveis todos e me safo."

Lemann não precisou se safar e, além do sucesso na gestão da empresa comprada, teve a oportunidade de aprender muito com os erros cometidos e as dificuldades enfrentadas nessa jornada. "Esta é outra lição que aprendemos por meio do esporte. Numa partida, não é incomum vivermos momentos difíceis; pelo contrário, nós os vivemos com frequência e tais adversidades nos trazem valioso conhecimento para a vida e os negócios. Sempre procurei entender, após uma derrota, onde estava errando. Nos negócios, essa prática é indispensável." O fato é que, com esses e outros aprendizados do esporte, a gestão das Lojas Americanas foi bem-sucedida. "A empresa, na época, tinha quarenta lojas. Hoje, tem 2 mil. Os imóveis estão lá até hoje. No fim das contas, a compra das Lojas Americanas nos deu segurança e experiência para, sete anos depois, diante de outra oportunidade, termos tido coragem de dar um passo ainda mais ousado: a compra da Brahma."

Sem dúvida, a Brahma foi resultado do amadurecimento não apenas de Lemann, mas do grupo ao qual ele estava associado. Contudo, mais do que as Lojas Americanas, a compra da Brahma, cujo protagonismo de Lemann é flagrante, revela, com ainda mais clareza, a maneira rara como ele é capaz de combinar as competências do Esportismo em escalas cada vez maiores. "A Brahma foi um bom negócio porque gastamos, para comprar o controle da empresa, US$60 milhões. Estamos falando de 1988. Eu vinha há dez anos falando com os donos da Brahma na época, uns alemães bem tradicionais, que, durante muito tempo, não cogitavam vendê-la. Tinham recusado inúmeras propostas e não eram muito de eventos sociais e de amizades[7]."

Porém Lemann trabalhava duro e pacientemente na construção desta amizade. "Eles eram muito gratos a mim, porque, certa vez, resistiram a uma tentativa de compra da Brahma graças à minha intervenção. Eu os 'defendi', vamos dizer assim. Porém eu sempre dizia a eles: 'Se um dia quiserem vender, eu estou aqui.' Cerca de quinze dias antes das eleições presidenciais de 1988, que envolviam Lula e Collor, em uma tarde, eles me chamaram e perguntaram: 'Você ainda quer comprar?' Respondi: 'Quero.' Naquela tarde, eu comprei a Brahma."

---

7 · Não é exagero dizer que, já em 1978, antes mesmo da compra das Lojas Americanas, Lemann pretendia comprar a Brahma. Ele tinha essa visão e a atitude lhe sobrava desde sempre. Contudo, considerando o perfil dos donos da empresa, ele não poderia se precipitar. Deveria ter paciência e estratégia, e teria.

A razão pela qual Lemann insistiu nessa compra é mais uma prova da forma prática, simples e resoluta pela qual ele mira o mundo. "Estamos em um país quente durante o ano todo e cheio de jovens: as pessoas não param de beber cerveja! Na época, eu também fiz uma pesquisa e descobri que os homens mais ricos da América Latina eram donos de cervejaria. Os caras mais ricos do México, da Venezuela, da Colômbia e da Argentina eram todos cervejeiros. Aí, pensei: 'Os caras não podem ser melhores do que nós. Cerveja é um bom negócio!' Além de tudo isso, eu também sabia que a companhia poderia ser mais bem administrada e entregar melhores resultados do que entregava. Aí, fui em frente."

A essa altura do campeonato, a capacidade de Lemann lidar com pessoas e administrar diferentes perfis em busca de um mesmo "sonho" estava mais que provada, mas, diante de um negócio deste tamanho, seria posta à prova novamente. "O esporte, de modo geral, mas, sobretudo, os coletivos nos ensinam a analisar o outro e o contexto: adversário, companheiro, técnico, equipe, ambiente, enfim, por meio dele, desenvolvemos nossa capacidade de nos relacionar de forma inteligente e na direção de um objetivo." Seguramente, entre seus sócios, haveria divergências a respeito da compra que ele havia feito, mas ele estava preparado para isso. Na mesma tarde em que comprou a Brahma, Lemann voltou ao escritório do banco Garantia e comunicou aos seus sócios o que havia feito. "Aí, os mais inteligentes, como Cláudio Haddad, PhD de Chicago (University of Chicago), falou: 'Tá maluco! Não sabemos nada de cervejaria. Não vamos pagar isso nunca.' Por outro lado, os mais corajosos, Beto (Sicupira) e Marcel (Telles), que são meus sócios até hoje em vários negócios, disseram: 'Vam'bora! Vamos mandar brasa.' Aí, eu virei para o Cláudio e disse: 'Você não fica nesse negócio, então.' Aí, ele disse: 'Não, eu vou ficar, vou ficar.' Enfim, ele ficou e ganhou muito por ter ficado."

GRIT: A GARRA NECESSÁRIA PARA TRABALHAR COM LEMANN

Aos 81 anos, Lemann reconhece o valor do esporte recreativo, sobretudo para pessoas mais velhas, ao cumprir o papel de mantê-las com boa saúde, mas lhe estranha esse gosto por parte de muitos dos jovens de hoje. Na visão dele, algumas vezes falta, às gerações atuais, o que sobrava à sua: gana. "Minha geração era muito competitiva."

> **" O PESSOAL DE HOJE SE PREOCUPA MENOS COM GANHAR E MAIS COM BEM-ESTAR. BEM-ESTAR É IMPORTANTE, MAS COMPETIR TAMBÉM É."**

Lemann parece não acreditar que seja melhor para o mundo haver menos competição. Para ele, a farta oferta de oportunidades e a boa vida que alguns povos alcançaram levaram seus jovens a um certo acomodamento. "Geralmente, quem precisa, como os imigrantes, trazem mais essa competitividade dentro de si. Em países mais desenvolvidos, é comum vermos esportistas filhos de imigrantes. A Suíça, onde vivo, tem bons tenistas suíços por causa do fenômeno Roger Federer[8], mas muitos são filhos de imigrantes, e essa força se deve à necessidade de lutarem por seu espaço, de não terem tudo muito facilmente."

O empresário destaca que no meio corporativo-empresarial é importante ter uma mentalidade competitiva. "Nos EUA, está cheio de livros sobre *grit* (gana). Estão chegando à conclusão de que garra e coragem são mais importantes que QI, habilidade etc. Estão concluindo que os caras que fazem são aqueles que querem, de fato, fazer. Como se ensina isso? Não sei."

---

8 · Tenista suíço nascido em 1981, que segue em atividade até hoje e é considerado pela maioria dos fãs e especialistas em tênis o maior jogador de todos os tempos. Para se ter ideia, Federer venceu vinte Grand Slams (os quatro torneios mais importantes do calendário anual do esporte). Antes dele, o tenista com mais Grand Slams era o norte-americano Pete Sampras, que havia vencido quatorze. Federer e Lemann são amigos bem próximos. Atualmente, Federer conta, em sua equipe, com um estatístico indicado por Lemann.

Embora não saiba como se ensina o tal *grit*, Lemann concorda que o esporte ajuda a despertar essa coragem e essa garra nas pessoas. Ele também faz questão de dizer que, em suas empresas, a competitividade é importante. "Sempre dependemos muito de contratar gente jovem, de treiná-los. É nesse treinamento que vemos se o jovem tem mesmo o nosso perfil. Já na seleção, fazemos um bom filtro. Se não for competitivo, nem entra, fica de fora. Nós, aqui, somos competitivos. É preciso competir eticamente e é assim que fazemos. Deixamos claro para os trainees que, depois de um ano, se ninguém quiser contratá-los, eles estarão fora. Não somos bonzinhos, mas também não somos maus: nosso sistema de remuneração é agressivo, promove, dá oportunidades. O cara que quer trabalhar aqui sabe que esse é nosso estilo."

Se garra e coragem são pré-requisitos para os profissionais que trabalham com Lemann, diversidade é fundamental, até para que haja a soma de competências complementares. "Quando comecei, eu buscava contratar pessoas iguais a mim, mas não dá certo. Tem de ter gente diferente, com qualidade e competências diferentes e complementares. Eu sempre acreditei muito em gente e logo descobri que cada um tem a sua maneira. Como líder e empreendedor, é preciso fazer o profissional crescer à maneira dele, dando-lhe a oportunidade que sirva para ele. A partir desse pressuposto, é preciso colocar todos para trabalhar e de modo que agreguem um ao outro. Com isso em mente, cabe ao líder avaliar seus profissionais o tempo todo e sempre dar feedbacks sobre o que precisa ser melhorado."

O VISLUMBRE DE UM IMPÉRIO

Avaliar o tempo todo e o tempo todo melhorar o que vale aos profissionais que trabalham com Lemann, naturalmente vale, e em uma escala muito maior na relação que ele estabelece consigo mesmo. Lemann avalia-se e busca melhorar-se o tempo todo. Essa busca pela excelência, em grande medida, que permeia toda atitude, visão, estratégia, execução e capacidade de trabalhar em equipe, explica o tamanho de sua obra: um dos maiores impérios empresariais do mundo. "Eu não sabia com precisão o que eu queria fazer, mas

PERFIS ESPORTISTAS • **253**

sabia que queria fazer algo grande, algo bem grande, e foi nesse sentido que trabalhei toda a vida."

Passo a passo, tijolo por tijolo, com o máximo de eficiência e excelência, o "sonho grande" foi sendo erigido e ganhando contornos para lá de reais. Começou com o Garantia em 1971, que 27 anos depois (em 1998) seria vendido ao Credit Suisse por US$675 milhões; passou pelas Lojas Americanas; pela Brahma; pela criação do primeiro fundo de private equity do Brasil, a GP Investimentos; pela compra da Antártica e a criação da maior cervejaria do país, a Ambev; pela criação do fundo de investimentos 3G; pela fusão da Ambev com a belga Interbrew, que resultaria na criação da Inbev, uma das maiores cervejarias do mundo, mas ainda não a maior; com o fortalecimento da Americanas.com (Lojas Americanas no ambiente digital), que compraria outra gigante do e-commerce, a Submarino.

Contudo, outros grandes passos estavam por ser dados e todos eles já tinham sido pensados antes. É curioso observar como Lemann erigiu a maior cervejaria do mundo. Ele sabia que, para chegar a esse ponto, precisaria estar no maior mercado do planeta, o americano, mas, para isso, era necessário robustez. Assim, antes, ele conquistou outro grande mercado, o europeu, por meio do negócio que deu origem à InBev. Suas ações, para entrar na Europa, foram sólidas e engenhosas. Não poderia ser diferente, considerando o apego dos europeus a suas cervejarias. Assim, em um primeiro momento, a Interbrew preservou a maior parte das ações da InBev, mas Lemann e seus sócios seguiram com boa partição. Com o passar do tempo, eles foram aumentando a participação, até serem majoritários novamente.

O próximo passo seria ainda mais ousado, entrar no mercado norte-americano, onde, além do apego dos cidadãos à nacionalidade de suas cervejas, a briga de mercado é ainda mais intensa. O plano, contudo, fora desenhado para não falhar. A exemplo do que fazia em uma partida de tênis, em que trabalhava exaustivamente o ponto antes de dar o bote, Lemann não estava disposto a desistir nunca. Prova é o contexto em que se deu a assinatura de compra da Anheuser-Busch, dona da cerveja mais vendida no mundo, a Budweiser. Estamos falando de 2008. Alguns dias antes de assinar o contrato de compra da empresa norte-americana, Lemann viu eclodir uma das maiores crises econômicas da história. A caneta e o contrato de compra, no valor de US$52 bilhões, estavam na frente de Lemann e o mercado virado de ponta cabeça, cheio de inseguranças e poucas garantias de que aquele negócio, de fato, daria o retorno que se esperava.

Mais uma vez, o treino mental a que nos submete o esporte cumpriria papel fundamental em sua frieza diante da decisão a tomar. Não é exagero dizer que, em grande medida, a assinatura daquele contrato se assemelhava ao quinto set do jogo (o mais longo da história do tênis brasileiro) em que Lemann venceu Fernando Gentil após seis horas e meia, na final de um campeonato brasileiro. "Foi a maior virada da minha história como tenista. Eu havia perdido os dois primeiros sets e, depois, ganhei o terceiro e o quarto dele. No quinto set, estávamos exaustos e ele conseguiu uma quebra e abriu três sets a um. Pensei: 'Não vou conseguir ganhar dele jogando um tênis normal. Minha única chance é devolver bola até matá-lo. Tenho de devolver tudo. Não há outra chance. Ele bate mais forte do que eu.' Bom, eu fiz meu segundo set e ele fez o quarto na sequência, abrindo quatro sets a dois. Mas eu segui na mesma estratégia, até que ele caiu no chão por causa de câimbras. O pai dele entrou na quadra para massagear a perna dele. Fiquei quieto, mas sabia que aquilo poderia espalhar a câimbra e, em vez de ajudar, atrapalhá-lo ainda mais. Não deu outra: dali em diante, ele se arrastava em quadra e eu consegui vencer, até com facilidade."

Diante do contrato de compra da Anheuser-Busch, a tática de Lemann foi a mesma: não desistir, continuar a "devolver bola" até vencer o adversário, e a história está aí para mostrar o sucesso de sua escolha. "Eu sabia que não podia apavorar nem desistir. As crises passam, por isso, não podemos nos contagiar pelo momento, sob pena de que todo o resto se perca. Foi o que aconteceu naquele dia. Eu assinei e toquei em frente." O tocar em frente de Lemann envolvia seguir empreendendo. Depois da Anheuser-Busch, seu fundo, o 3G, adquiriria, por US$4 bilhões, a rede de lanchonetes norte-americana Burger King em 2010 e, em 2013, a fabricante de alimentos norte-americana Heinz, por US$28 bilhões.

O PROFESSOR

Certa vez interrogado sobre como se via, Lemann disse que se via como um professor.

" É DIFÍCIL VOCÊ CONSTRUIR QUALQUER COISA SOZINHO. PARA CONSTRUIR COISAS GRANDES, PRECISEI DE OUTRAS PESSOAS, TIVE DE 'VENDER' SONHOS E É FUNDAMENTAL QUE AS PESSOAS 'COMPREM'."

Quando fala de ser um professor, então, Lemann se refere à capacidade de mostrar aos outros um sonho e, mais do que isso, ensiná-los que, por maior que seja esse sonho, é possível alcançá-lo. "Nossa principal qualidade, aqui, é a criação de pessoas que acreditam nos sonhos que temos."

O empresário conta que, atualmente, aos 81 anos, embora preserve sua sede de realizações, já não é mais tão "fominha" quanto foi no passado. "Eu 'criei' tanta gente que vale a pena deixá-los tocar adiante o que precisa ser tocado." A frase soa despretensiosa, mas, com certeza, traz, em si, uma ideia muito clara sobre o que é melhor para seu império continuar sólido e seguir crescendo. Lemann, ao dizer isso, provavelmente leva em consideração a constante necessidade de adaptação que o mundo exige de nós desde sempre. "Mudar e se adaptar sempre foi necessário, mas, nos dias de hoje, essa demanda é ainda maior. As coisas estão mudando numa velocidade assombrosa e, por mais capacitado que se seja, nem sempre é fácil acompanhar. Nesse contexto, a importância de fazer parte de um bom time aumenta ainda mais."

O empresário, em nossa conversa, demonstra um desapego nem sempre comum entre seus pares. Parece não ser um esforço tão grande, para ele, deixar um pouco o ego de lado quando o que está em jogo é o sonho grande. "As lições de sempre ainda valem: temos de seguir nos adaptando. Muitas coisas que fizemos no passado e deram certo não servem mais, pelo menos não para este momento. Temos de adicionar novas qualidades ao nosso negócio. Hoje, por exemplo, não dá mais para uma só pessoa querer ter controle total do

JORNADAS HEROICAS

funcionamento. A questão tecnológica influencia demais e é preciso atrair os melhores dessa área para o seu lado também. Precisam ser caras que entendem desse novo tipo de marketing. Enfim, para quem está há mais tempo no mercado, é mais difícil, porque não entendemos tão bem esse novo mundo, como entendíamos o mundo anterior."

José Salibi Neto, na obra *O Novo Código da Cultura*[9], fala que muitas empresas poderosas ficam para trás e somem do mapa diante de transformações tecnológicas, mas não em razão da nova tecnologia diretamente, e sim por sua incapacidade de mudar a própria cultura, o que, com disrupções tecnológicas, torna-se obrigatório. Se o mundo e seus valores mudam, sua empresa precisa mudar também. Ao dizer que precisa, na empresa, de caras que entendem esse novo mundo, Lemann mostra o quão flexível e adaptável ele está, aos 81 anos de idade, para assegurar a continuidade de seus negócios. Em 2018, em evento nos EUA, o empresário deu uma grande prova de humildade ao dizer que se sentia um "dinossauro apavorado" diante de tantas mudanças. A frase, porém, de maneira alguma, significa que ele precisa deixar o comando de seus negócios para outras pessoas. Muito pelo contrário, revela sensatez e a tomada de providências para entender e se adaptar ao novo mundo.

É necessário, ainda, compreender que alguns aspectos da gestão de um negócio são essenciais, menos técnicos e são poucos os que dominam esses aspectos. Lemann é um desses poucos.

> **" AINDA CABE AO HOMEM DECIDIR SEUS RUMOS E OS RUMOS DE UM NEGÓCIO. UMA BOA DECISÃO EXIGE, ANTES, UM BOM DIAGNÓSTICO."**

"A maior parte das pessoas quer tomar decisão sem fazer um bom diagnóstico antes. Acho que, em geral, as pessoas complicam demais as coisas. São poucos os que conseguem simplificar e ir ao essencial rapidamente. A partir do momento que se identificou o problema, é fundamental convencer os demais sobre seu diagnóstico e, juntos, elaborar as medidas que resultarão

---

9 · SALIBI NETO, José; MAGALDI, Sandro. *O Novo Código da Cultura*: Vida ou Morte na Era Exponencial. Gente, 2019.

na solução. Nesse processo, entra aquilo que disse anteriormente: ninguém lembra mais do que cinco coisas, não adianta grandes tratados. Como eu falei antes também, na quadra, não tentava de tudo, tentava o que eu sabia que seria capaz de fazer bem."

Foi assim que Lemann venceu cinco brasileiros, foi campeão suíço, disputou os principais torneios do mundo e superou adversários do peso de Jan Kodes, duas vezes campeão de Roland Garros e campeão de Wimbledon, e Nicola Pietrangeli, quatro vezes campeão de Roland Garros. "Esses caras vinham ao Brasil e iam jogar no Country Club. Eu falava: 'Ah, aqui, no meu clube, não vão me ganhar, não'. É difícil acreditar, mas, há pouco tempo, eu estava em Roland Garros, almoçando com Donald Dell, que foi capitão da seleção americana de tênis na Davis e hoje é comentarista. De repente, chegou um cara, cumprimentou o Donald, bateu um papo e eu não reconheci o cara. Quando o cara foi embora o Donald se virou para mim e disse: 'Esse aí é o Jan Kodes, ganhou duas vezes Roland Garros, ganhou Wimbledon'. Respondi: 'Eu ganhei dele, pô!' Donald ficou me olhando como se eu fosse um maluco. Kodes estava perto, eu me levantei, fui atrás dele e disse: 'Olá, Jan. Você não se lembra de mim, mas eu joguei com você no Rio de Janeiro'. Ele se lembrou... 'Ah, eu me lembro de você. Você me venceu'. Donald ficou impressionadíssimo com o fato de eu ter vencido Kodes."

Mais difícil de acreditar, contudo, seria se Donald Dell encontrasse Lemann em um clube e se dispusesse a jogar uma partida contra ele, sem saber quem era aquele senhor e, ao fim do bate-bola, escutasse-o contar sua trajetória no mundo dos negócios. Mesmo que Donald não acreditasse, ainda assim, seria tudo verdade, uma verdade que apenas os que nunca desistem têm o privilégio de viver.

EPÍLOGO

DA PRIMEIRA À ÚLTIMA LINHA, UMA OBRA ESPORTISTA

Esta obra começa a ser concebida, efetivamente, nos últimos meses de 2016. Uma reunião entre nós, os autores, estabelece um fluxo de trabalho, cujo início acontece em fevereiro de 2017. A ideia era que, ainda em 2017, tivéssemos o livro escrito para publicá-lo no primeiro semestre de 2018.

Contudo, o destino nos obrigaria a dedicar mais tempo para a finalização deste projeto, fazendo valer a máxima de que o caminho se faz caminhando e não de véspera. Coincidência ou não, para contarmos essas histórias do esporte, precisaríamos cumprir um verdadeiro ciclo olímpico.

Nesses quase quatro anos, o próprio livro, como não poderia deixar de ser, se constituiria, por si mesmo, em um exemplo de aplicação do Esportismo. A atitude necessária para irmos até o fim se provaria muito mais importante do que poderíamos imaginar na gênese do projeto. Não faltariam contratempos para colocar à prova nossa disposição de realizar a visão de compartilhar experiências esportivas que transformaram, para melhor, muitas vidas.

Inúmeras vezes, houve a necessidade de reformularmos a estratégia e, seguramente, se não houvesse compreensão, flexibilidade e colaboração entre as

260 ▪ JORNADAS HEROICAS

partes envolvidas, ou seja, teamwork, você, leitor, não teria esta obra, agora, em suas mãos, porque não teríamos sido capazes de executá-la[1].

Não seria exagero dizer que, nesta jornada literária de quase quatro anos, experimentamos momentos dramáticos de verdade. Se não bastasse a história central — com o evidente drama de Motta e sua lesão —, um fato novo e totalmente imprevisível nos surpreenderia no início de 2018.

É PRECISO CONTAR

"No dia 25 de março de 2018, um domingo, disputei a Copa São Paulo de Judô de Veteranos e consegui a medalha de bronze. Porém, quando fui subir ao pódio para receber a medalha, eu senti um desequilíbrio acentuado para o lado direito. Exceção feita à minha surpresa e incômodo com aquela sensação, não houve nenhum problema maior. Recebi a medalha e fui para casa", explica Rodrigo Motta.

Contudo, algumas horas depois, já em sua casa, Motta teria uma crise de vertigem. "Imediatamente, ao sentir que era algo novo e um pouco sério, decidi cancelar os compromissos que teria na segunda-feira, a maioria deles de trabalho. Algo me dizia que aquele problema não passaria tão rapidamente."

De fato, de um dia para o outro, Motta não sentiu nenhuma melhora significativa. Porém, por volta das 19h da segunda-feira, encorajou-se a assistir à série *O Mecanismo*, do diretor de *Tropa de Elite*, José Padilha. "Enquanto assistia ao episódio, comecei a escutar um forte barulho de sirene, que parecia estar na porta de casa. Imaginei que alguém estivesse tentado assaltar a minha casa

---

1 · É importante frisar que, a exemplo do que professa a aprendizagem na prática e o próprio Esportismo, tivemos de mudar o projeto inicial algumas vezes, ou seja, o projeto criou seu próprio caminho de aprendizado. Sem dúvida, a prática molda os projetos e sua execução. Tínhamos, por exemplo, em um primeiro momento, a ideia de contar com dez entrevistados, cujas histórias seriam diluídas em meio à história central. Depois, constatamos que, em vez de dar clareza ao leitor, a concepção da obra dessa maneira geraria mais confusão do que esclarecimento. Além disso, pela importância das pessoas que queríamos no livro, não seria fácil nos reunirmos com dez pessoas em um tempo aceitável. No fim, encontramos, por meio da prática, uma opção que, hoje, parece-nos mais apropriada do que a pensada inicialmente. Contudo, se não nos deixássemos levar pelo fluxo e o aprendizado na prática, ficaríamos presos a um projeto supostamente ideal e perderíamos a chance de fazer o trabalho que fizemos.

e que a polícia havia chegado. Tudo parecia acontecer no plano real, mas logo eu percebi que o som vinha da TV e que todo o resto era uma espécie de alucinação. Imediatamente depois, comecei a vomitar."

Motta conta que, nesse momento, chamou pela esposa. Aflito com o que lhe acometia, tentou se levantar, mas constatou que não era capaz disso. "Estava completamente desequilibrado e, logo, não era nem sequer capaz de falar. Chamaram o serviço público de saúde, que não apareceu. Após uma hora de espera, minha esposa e outras pessoas que me acudiam resolveram me levar a um hospital particular."

Submetido a exames no hospital, Motta foi diagnóstico com labirintite. Teve alta na própria segunda-feira. Contudo, na terça, seu quadro clínico piorou. Se não bastasse a vertigem sem fim, Motta não conseguia enxergar com o olho esquerdo. "Meu pai me recomendou ir ao Hospital Alemão Oswaldo Cruz e passar com a neurologista dele, Dra. Gisela Tinone, e com a clínica geral, Dra. Silvia Pinella. Fui para lá e repeti os exames que havia feito no outro hospital. Com os resultados em mãos, as médicas me deram um novo diagnóstico: acidente vascular cerebral (AVC)."

Motta foi internado imediatamente na UTI do Oswaldo Cruz para ficar sob observação e tratar as consequências e causas do AVC. No entanto, no sexto dia de internação, quando assistia a uma partida de futebol pela televisão, algo estranho ocorreu. "A TV, de repente, para mim, ficou de ponta cabeça. Imediatamente, como ocorrera em casa diante d'*O Mecanismo*, oito dias antes, comecei a vomitar. Era o segundo AVC, agora, dentro da UTI."

A situação era bem crítica. Os médicos precisavam tomar decisões com celeridade e estabelecer novos procedimentos para reverter o quadro bem desfavorável de Motta. A partir dali, Motta viveria uma longa temporada no hospital, similar à experimentada quase vinte anos antes em Curitiba (PR). "Também nesse caso, saí do hospital muito debilitado. A partir da alta, além de agradecer aos médicos, familiares e amigos pelo atendimento e apoio por ter sobrevivido a dois AVCs, eu tinha mais um longo caminho a percorrer. Mais uma vez, teria de lançar mão das competências e da essência do Esportismo."

MAIS UMA REABILITAÇÃO DESAFIADORA

Sob a liderança da neurologista, um plano de trabalho de reabilitação foi desenhado para Motta vencer mais essa adversidade[2]. "Com o objetivo de minimizar meus déficits de memória e visuais, sequelas dos AVCs, fiz uma forte reabilitação. Tratei com uma fonoaudióloga especializada em neurologia e sempre sob as orientações da Dra. Gisela. Depois de seis meses de tratamento e sem uma plena recuperação (o que já era previsto, pela profundidade dos dois AVCs), fui orientado, por ela, a procurar um ortopedista."

Em razão do déficit visual, Motta tinha desequilíbrio crônico, o que o levava a chocar-se com facilidade com outras pessoas ou objetos. "Eu ficava furioso com essa situação, e a ortopedia me ajudaria a minimizar o problema. Quem sabe, até, não me permitiria ir além, aproximando-me ainda mais da vida que levava antes dos acidentes."

Em outubro de 2018, Motta procurou o velho amigo Castropil: um especialista em superar limitações aparentemente insuperáveis. "Ele montou um plano de trabalho para a minha reabilitação ortopédica. Eu passei por exames no Laboratório de Performance do Movimento (LPM) do Vita, que permitiram um diagnóstico preciso sobre as minhas condições de equilíbrio, coordenação motora e de força. A partir daí, tínhamos a real noção do impacto dos acidentes sobre aspectos estruturais do meu corpo e como deveríamos trabalhar."

"Quando se trata de sistema nervoso central, o olhar integrado, que já caracteriza fortemente o trabalho de reabilitação de natureza ortopédica, torna-se ainda mais indispensável. Os acidentes que Motta experimentou exigiam atenção especial aos déficits para lançarmos mão dos tratamentos mais apropriados e eficientes", explica Dr. Castropil.

Contudo, vale salientar que Castropil não apareceu, nessa história, apenas quando Motta precisou da reabilitação ortopédica e dos serviços do Vita, ou

---

2 · Mais uma vez, Motta demonstrava atitude: não se entregava diante da adversidade. Sua visão, nesse primeiro momento, era recuperar uma vida ativa, dando continuidade aos seus projetos profissionais e pessoais. Contudo, essa visão poderia, em algum momento, ter um upgrade, por que não? A estratégia e a execução passavam pela excelência no trabalho de reabilitação. O teamwork, mais uma vez, seria constituído pelos médicos, fisioterapeutas e amigos, sobretudo, os mais próximos.

seja, ele não apareceu apenas em outubro de 2018. Na verdade, durante todo esse tempo de revezes neurológicos de Motta, Castropil esteve a seu lado, visitando-o no hospital, conversando e enchendo o amigo de confiança para superar mais esse obstáculo.

Além de médico de Motta, de companheiros nesta e em outras jornadas literárias, Castropil havia, no fim de 2017, incorporado Motta ao Conselho de Administração do Vita, com a finalidade de profissionalizar ainda mais a clínica que fundou. Ou seja, eles seguiam se vendo e trabalhando juntos com frequência.

INSTITUTO CAMARADAS INCANSÁVEIS

Antes dos acidentes, Motta tinha grandes planos e, ao ser capaz de sobreviver aos AVCs, estava mais do que disposto a tocar a maior parte deles adiante. Contudo, logo notou que alguns dos seus projetos precisariam ser interrompidos. Além da consultoria, em 2017, Motta havia reingressado no ramo de bens de consumo, como sócio-fundador de uma empresa de biscoitos saudáveis. Contudo, depois dos AVCs, decidiu sair do projeto e também desacelerou os trabalhos da consultoria.

Porém, se por um lado, desacelerava, por outro, acelerava. "Os AVCs me encheram de uma pressa por viver aquilo que realmente me entusiasma. Sempre quis trabalhar com o judô, liderar uma associação e, por meio da arte marcial, realizar algo de significativo do ponto de vista social. Essa oportunidade apareceu claramente, para mim, antes dos AVCs, e a ideia era tocá-lo em parceria com dois velhos e inestimáveis amigos da vida e do tatame: Bahjet Hayek e Cristian Cezário."

Na realidade, antes de passar pelas traumáticas experiências dos acidentes vasculares, já no fim de 2017, a parceria dele e dos dois amigos com o sensei Chiaki Ishii, que havia começado em 2015, estava passando por uma reformulação. "Na ocasião, sensei Ishii vivia problemas de saúde e precisava centrar suas energias na própria reabilitação. Ele já não dispunha das mesmas condições para se dedicar ao judô. Nesse momento, Bahjet, Cris e eu decidimos seguir adiante com as próprias pernas. Assim, deixamos a parceria e fundamos o Instituto Camaradas Incansáveis (ICI), que constituiria o meu debute como empreendedor do terceiro setor."

Durante os primeiros quatro meses de 2018, os Incansáveis treinaram no dojo do Projeto Budo, fundado pelo judoca Vinícius Erchov. A partir de maio, contudo, a sede do ICI foi inaugurada. Motta acompanhou todo esse período de gênese bem de perto e com extremo entusiasmo, até o fim de março, quando sofreu os AVCs. "Nessa hora, eu vi a importância do teamwork. Bahjet e Cris fizeram um excelente trabalho na minha ausência, mas, mesmo assim, não teríamos êxito se não fosse a amizade de Erchov. Em reconhecimento e gratidão, batizamos o dojo do ICI (localizado na Pompeia, Zona Oeste de São Paulo) com seu nome."

Recuperado, na medida do possível, dos AVCs, Motta voltaria com foco e força máxima dedicados ao ICI. Logo depois da inauguração do dojo, carinhosamente chamado pelos Camaradas de "Coliseu", uma filial da associação foi inaugurada em Guarulhos, região metropolitana de São Paulo. Claramente, o sonho de Motta ganhava marcantes contornos de realidade e, mais do que isso, abrangência.

"Com as duas filiais funcionando a pleno vapor, uma das primeiras medidas que tomamos foi firmar parceria com o Instituto Vita. Isso porque, na ocasião, mesmo recém-inaugurado, o ICI já estava criando as bases do Projeto Sempre Ippon, que seria oficialmente lançado no início de 2019 e cuja finalidade é usar o judô como ferramenta de inclusão social, ministrando aulas gratuitas a crianças carentes. Por meio da parceria com o Instituto Vita, assegurávamos, de cara, assistência médica e fisioterápica a essas crianças e jovens em sua caminhada em busca da realização pessoal e profissional por meio do judô competitivo", explica Motta.

Mais do que a competitividade das crianças e dos jovens, o ICI preservava seu DNA competitivo entre os judocas veteranos. "Em 2018, lideramos o Brasil para a inédita conquista do Campeonato Mundial de Veteranos na pontuação geral. Na ocasião, trouxemos diversas medalhas, inclusive o ouro de Silvio Uehara e de Cristian Cezário, maior medalhista brasileiro da história dos mundiais de veteranos."

Motta, obviamente, participava dessas conquistas como o gestor do ICI. Sempre que possível, ia para dentro do tatame do "Coliseu" e compartilhava suas experiências de vida com todos. Dava-lhe imensa satisfação participar, na medida do possível, dos treinos preparatórios para os grandes torneios e ajudar seus colegas a desenhar as melhores estratégias. Porém, como não poderia deixar de ser, ficava, na alma, um gosto de quero muito mais, que não poderia ser saciado naquele momento e, dificilmente, seria saciado em outro, mas Motta não perderia as esperanças.

O LIVRO

Quando Motta sofreu os AVCs, esta obra já se encontrava em estágio relativamente avançado. A chance de um episódio como este inviabilizar a sua realização era muito pequena. A história central, que trata da reabilitação do joelho de Motta sob as orientações de Castropil, já tinha sido escrita e buscávamos entrevistar os personagens que comporiam os cinco perfis — a princípio, seriam cinco perfis; a ideia do sexto viria depois.

Na verdade, já tínhamos, em fevereiro de 2018, entrevistado José Salibi Neto, porém ainda não tínhamos nem sequer os próximos nomes. Apesar da impressão de termos um material já bastante robusto, Castropil e Motta, desde o início, julgavam imprescindível a presença de personagens oriundos de diversos esportes para ilustrar o conceito e as competências do Esportismo de forma ampla.

"Precisávamos dar ao livro a abrangência que sabíamos ter o conceito. Não se trata de 'judoísmo', mas de Esportismo. Os nomes precisariam ter peso e vir de diferentes modalidades esportivas. Assim, a seleção foi cuidadosamente conduzida e, em razão da rotina atribulada desses personagens, nem sempre era muito simples conseguir agenda para entrevistá-los", explica Castropil.

Contudo, a ansiedade já tomava conta dos autores. Afinal, a obra, em um primeiro momento, fora planejada para ser publicada, no máximo, no primeiro semestre de 2018. A essa altura, porém, mergulhávamos no segundo semestre de 2018; Motta já tinha ânimo e disposição para centrar energia no livro e ele não poupava esforços para dar celeridade ao projeto.

A nova meta era publicar a obra até o meio do ano de 2019. Contudo, antes, precisávamos realizar todas as entrevistas e redigir os perfis. Até aquele momento, porém, reta final do segundo semestre de 2018, só tínhamos uma entrevista realizada. Considerando que todos os envolvidos no projeto tinham inúmeras atividades paralelas, acreditar que o segundo prazo seria alcançado era excesso de otimismo.

Voltamos a nos reunir, em novembro de 2018, para recobrar a disposição de execução que tivera ligeiro arrefecimento em razão de todo o acontecido. Da reunião, saímos com os próximos passos e, assim, em dezembro, realizamos a segunda entrevista, com Marilia Rocca. Na primeira semana de janeiro de 2019, seria a vez de José Vicente Marino. A quarta entrevista, então, aconteceria duas semanas depois e seria com José Carlos Brunoro. Mas ainda faltava a quinta e, sem ela, não tínhamos como fechar a obra. O tempo passou, o segundo prazo de lançamento expirou, mas, no finzinho de agosto de 2019, realizamos a quinta entrevista, com Flávio Canto.

Num primeiro momento, pensávamos ter fechado toda a apuração, mas, ao mesmo tempo, sentíamos a falta de algo... A ideia inicial era contar com Jorge Paulo Lemann como autor do prefácio da obra, mas, por sugestão de Salibi, mudamos de ideia: Lemann tinha de ser a síntese do Esportismo e não o autor do prefácio. Ao mesmo tempo, traríamos ao prefácio alguém de peso do mundo acadêmico: Maria Amélia Jundurian Corá. Também precisávamos trazer o making of desta história, considerando a relevância de tudo o que havíamos vivido nesse tempo. Daí, surgiu este Epílogo.

A essa altura, já estávamos em 2020, mas ainda antes de o mundo virar de cabeça para baixo por causa da pandemia do coronavírus. De qualquer maneira, algo nos chamou a atenção: publicaríamos o livro num ano teoricamente olímpico... Na primeira reunião que tivemos, em 2017, para iniciar os trabalhos do livro, Castropil comentou: "Seria perfeito se tivéssemos começado essa obra antes, para publicá-la às vésperas das Olimpíadas". Disse isso em clara referência às Olimpíadas do Rio, de 2016.

Como não é possível voltar no tempo, a vontade de Castropil parece ter enchido o nosso caminho de caprichos e, de maneira completamente imprevisível, depois de contratempos lamentáveis — mas que reforçariam, na prática e em narrativas, a essência do Esportismo —, cumprimos um ciclo olímpico e, mesmo com o adiamento das Olimpíadas de Tóquio, o valor simbólico de publicarmos a obra em 2020 segue, a nosso ver, preservado.

Em outras palavras, os contratempos, além de enriquecerem a obra de histórias e corroborarem o conceito e as competências do Esportismo — ao testar nossa atitude e visão, ao exigir disposição imparável da nossa capacidade de execução, revisão e refinamento permanente de estratégia e a ajuda direta e indireta de pessoas que acreditam nesse projeto —, tinham nos reservado uma data pra lá de especial para o lançamento desta obra... Desta vez, o prazo seria cumprido.

SOBRE SER IMPARÁVEL

Mas, antes de a obra ser lançada, ainda havia história a ser contada. O Vita, por exemplo, seguia e segue expandido o número de clínicas na cidade de São Paulo e seu braço social, o Instituto Vita, viu sua parceria com o ICI, no Projeto Sempre Ippon, encorpar, chegando a beneficiar, com assistência ortopédica e fisioterápica, 150 crianças e jovens atletas.

Aliás, o ICI, em 2019, reiteraria a vocação competitiva demonstrada em 2018 entre os veteranos. Os camaradas responderiam pelo maior número de medalhas conquistadas pela delegação brasileira no Mundial de Judô de Veteranos disputado em Marraquexe, no Marrocos, no qual o Brasil ficou entre os três primeiros. "Vale destacar o ouro do grande camarada Bahjet", diz Motta.

Porém, apesar das vitórias coletivas, Motta trabalhava enormemente para obter, mais uma vez, sua vitória pessoal. Enquanto conduzia os trabalhos no ICI, na consultoria e no livro, Motta fazia a reabilitação, para minimizar as sequelas dos AVCs, com os profissionais do Vita.

Embora não nutrisse a mesma angústia e ansiedade de vinte anos antes, Motta não escondia a vontade de poder voltar a pisar em uma área de luta. No íntimo, desejava muito, mas sabia que, desta vez, precisaria ser bem mais ajuizado. Estamos falando do sistema nervoso central e qualquer descuido se transformaria em um trauma monumental, cujas sequelas poderiam ser ainda mais danosas do que já tinham sido as dos dois AVCs.

Assim, após seis meses de tratamento com a fonoaudióloga, direcionado pela neurologista, Motta, sob as orientações de Castropil, fez mais seis meses de fisioterapia. Com um ano de trabalho, ele foi liberado para o randori e para competições amistosas. Em dado momento da recuperação, Motta realmente acreditou que não poderia mais voltar à área de luta.

Contudo, no dia 1º de junho de 2019, lá estava Motta, mais uma vez, colocando-se à prova na IV Copa Paulo Leite de Judô, disputada em São Luís do Maranhão. "Eu não consegui dormir durante a noite que antecedeu a competição. Estava muito apreensivo mesmo. Eu sabia da delicadeza desse desafio." Como acontecera mais de uma década antes, o retorno de Motta aos tatames foi dourado. Ele venceu a Copa Paulo Leite. "As lutas não foram vistosas, não consegui golpes expressivos, mas venci e sempre foi para isso que entrei no tatame."

Animado, no mesmo mês de junho, Motta voltou à área de luta, desta vez, em Bauru, interior paulista, para disputar a Economíadas, espécie de Olimpíada universitária que reúne algumas das principais faculdades de Administração e Economia do estado de São Paulo. "Embora seja uma competição universitária e eu não esteja mais estudando, pude participar porque, estatutariamente, os ex-presidentes de atléticas têm esse direito. Fui lá, competi e fui agraciado com o prêmio de melhor atleta do evento. Não poderia esperar resultado melhor. Uma honra tremenda poder representar a FGV, que conquistou, no judô, a medalha de prata por equipe."

Porém, a essa altura da vida e depois de tantos contratempos, Motta não tem dúvidas sobre o que é, de fato, mais importante. "Eu tenho uma tendência grande a sempre me cobrar por grandes resultados. Fui assim a vida toda. Vejo muito sentido nisso e acho que todos temos de nos pautar por grandes resultados. Agora, o que mais me motivou, nesse retorno, não foram as medalhas de ouro. Não me cobrava nem me angustiava como no passado por causa disso.

> **" MEU PROPÓSITO ERA UM SÓ: PROVAR A MIM MESMO QUE, POR MEIO DA VONTADE, TODOS NÓS PODEMOS SER IMPARÁVEIS."**

Como a ideia de Motta e também de Castropil é, enquanto houver vida, jamais desistir do que se deseja, Motta voltou recentemente a passar por uma bateria de testes no LPM do Vita e, a partir dos diagnósticos mais recentes, uma nova etapa de trabalho, com a finalidade de refinar ainda mais sua coordenação motora, equilíbrio e força, teve início. "Nesse momento, estou nessa segunda etapa do plano de trabalho, que envolve muita fisioterapia de princípio neurológico. A ideia é evoluir mais e, quem sabe, voltar a participar de competições de relevância nacional e internacional. A ideia é seguir realizando, sempre."

REFERÊNCIAS BIBLIOGRÁFICAS

CAMPBELL, Joseph. *O Herói de Mil Faces*. Cultrix/Pensamento, 2007.

CASTROPIL, Wagner; MOTTA, Rodrigo Guimarães. *Esportismo*: Valores do esporte para o alto desempenho pessoal e profissional. São Paulo: Gente, 2010.

CASTROPIL, Wagner; MOTTA, Rodrigo Guimarães; SANTOS, Neusa. Chiaki Ishii: uma pesquisa narrativa sobre o atleta que alavancou o judô no Brasil a partir das competências do Esportismo. *Revista Realidade e Pensamento*, São Paulo, v. 32, n. 2, p. 123-140, 2017.

_____. Esportismo: Competências adquiridas no esporte que auxiliam o atingimento da alta performance profissional. *Revista SODEBRAS*, Guaratinguetá, n. 134, p. 25-30, fev. 2017.

CASTROPIL, Wagner; MOTTA, Rodrigo Guimarães; CEZÁRIO, Cristian. Esportismo: Uma análise com judocas paralímpicos das competências que auxiliam o atingimento de desempenho esportivo superior. *Revista SODEBRAS*, Guaratinguetá, n. 136, p. 33–37, abr. 2017.

CORÁ, Maria Amélia Jundurian; MOTTA, Rodrigo Guimarães. Teoria do Esportismo e as Economíadas: Evento de festa e esporte universitário em São Paulo. *Revista Realidade e Pensamento*, São Paulo, v. 34, n. 1, p. 94-110, 2019.

CORREA, Cristiane. *Sonho Grande*: Como Jorge Paulo Lemann, Marcel Telles e Beto Sicupira revolucionaram o capitalismo brasileiro e conquistaram o mundo. Rio de Janeiro: Sextante, 2013.

GHERALDI, Silvia; STRATI, Antonio. *Administração e Aprendizagem na Prática*. Campus, 2014.

HARARI, Yuval Noah. *Sapiens*: Uma breve história da humanidade. L&PM, 2015.

HILLMAN, James. *O Código do Ser*: Em busca do caráter e da vocação pessoal. Objetiva, 1997.

ISHII, Chiaki. *Pioneiros do judô no Brasil*. São Paulo: Generale, 2015.

JUNG, Carl Gustav. *Memórias, Sonhos e Reflexões*. 18. ed. Nova Fronteira, 1975.

NETO, José Salibi; MAGALDI, Sandro. *Gestão do Amanhã*: Tudo o que você precisa saber sobre gestão, inovação e liderança para vencer na 4ª Revolução Industrial. Gente, 2018.

_____. *O Novo Código da Cultura*: Vida ou Morte na Era Exponencial. Gente, 2019.

AUTORES

RODRIGO MOTTA

Judoca (6º dan), executivo, empresário, escritor, mestre e doutor em Administração de Empresas, Rodrigo Guimarães Motta é dono de uma história pessoal de contornos épicos, como se pode constatar pela leitura de *Jornadas Heroicas*. O próprio Motta atribui tal característica à influência do esporte em sua vida. Em todas as suas atividades, faz questão de colocar sua digital esportiva. Para Motta, viver é caminhar sempre com o máximo de energia e garra em direção aos próprios objetivos, sem jamais se deixar deter por nenhum obstáculo. Essa é principal lição que ele pretende deixar a seus dois filhos: João e Antônio.

WAGNER CASTROPIL

"Dr. Olímpico", como ficou conhecido em 1992, ao representar o Brasil nas Olimpíadas de Barcelona, o judoca Wagner Castropil conseguiu a proeza de se formar médico pela USP ao mesmo tempo em que treinava e competia em alto rendimento, disputando grandes competições mundo afora. Ao passar a se dedicar apenas à medicina, não demorou a tornar-se um dos maiores ortopedistas da América Latina. *Jornadas Heroicas* mostra por que Castropil é tão reconhecido como médico e de que forma o esporte contribuiu para que ele se tornasse um ortopedista diferenciado, capaz de levar os pacientes a um outro nível de recuperação.

WAGNER HILÁRIO

Escrever narrativas é o que o escritor e jornalista Wagner Hilário Padula Borges faz há quase duas décadas. Com especialização em jornalismo literário, Borges escreveu *RAAM, Mr. Milan*: No limite do corpo, da alma e da razão, livro-reportagem que narra a participação de uma equipe brasileira na prova de ciclismo mais desafiadora do mundo, a Race Across America (RAAM). também assina o roteiro do filme a *Grande Vitória*, estrelado por Caio Castro que conta a história do professor de artes marciais Max Trombini. Borges ingressou neste projeto para traduzir em histórias o conceito e as competências do Esportismo.